ernsthaft verstehen

SQL

Band 1

3. Auflage, 2014

Reihe: ernsthaft verstehen

Herausgeber: John-Harry Wieken

Impressum

John-Harry Wieken: SQL – ernsthaft lernen, Band 1

© ServiceValue Fachbücher Verlag, 2010, 2012, 2014

SERVAL Information Engineering GmbH, Hermannsburg

Cover: Daniel Hillmann, Heide

Druck und Bindung CPI Books GmbH, 25917 Leck

Printed in Germany

ISBN : 978-3-9816-2530-1

Vorwort

Dieses Buch möchte Ihnen einen Weg zu SQL zeigen und dabei stets den Nutzen im Rahmen der Datenbankverwendung und -pflege in den Vordergrund stellen. Es erläutert die wesentlichen Aspekte von SQL vor dem Hintergrund der Prinzipien relationaler Datenbanken und geht dabei immer auf die unmittelbare Umsetzung ein. Das Buch beruht auf SQL92 mit den wesentlichen Erweiterungen von SQL99, SQL2003, SQL2006, SQL2008 und SQL2011.

SQL ist eine universelle Datenbanksprache, die allerdings Dialekte aufweist. Dialekte, die von den unterschiedlichen Datenbanksystemen gesprochen werden. Mit den Datenbanken ist es wie mit den Dialekten, es gibt kein besser oder schlechter, man mag einen Dialekt oder man mag ihn nicht. Schließlich hängt es auch davon ab wo man lebt, genauso wie von dem Datenbanksystem, das man lernen möchte, vielleicht weil es in der Firma eingesetzt wird, der Kunde es wünscht, die Hochschule oder Schule es vorgibt oder man es einfach schon ein wenig kennt. Vielleicht auch weil man ein neues System kennenlernen möchte.

Es soll Ihnen hier kein Dialekt vorgeschrieben werden. Daher sind alle Lösungen zu den Übungsaufgaben und viele Hinweise im Text auf die Systeme MySQL, MS Access, Oracle, MS SQL Server, PostgreSQL, Firebird und openOffice.base (hier kurz: openBase) bezogen. Basis für meine Auswahl war, dass die Systeme zusammen die in der Praxis verwendeten Systeme gut repräsentieren und von allen (bis auf MS Access) zumindest kostenlose Übungsversionen verfügbar sind, die Sie auch auf der Internetseite finden. Wählen Sie also Ihr System, Ihren »Dialekt« zum Erlernen von SQL.

Ich danke allen Lesern der ersten beiden Auflagen für viele Anregungen, Verbesserungsvorschläge und Korrekturen. Hier bin ich auch weiterhin für Anregungen und Hinweise dankbar (E-Mail: hw@serval.de).

Für dieses Buch habe ich eine eigene Internetseite eingerichtet: www.serval.de/SQL/. Dort finden Sie Links zum Download der Datenbankmanagementsysteme sowie Hinweise zur Installation und Nutzung. Ferner sind dort die Übungsdatenbanken sowie Lösungen zu den Übungen in diesem Buch zu finden. Ich werde dort auch versuchen, zeitnah Anregungen zu kommentieren, Fehler zu korrigieren und sonstige Informationen auszutauschen.

Mit dieser dritten Auflage hat eine Aufspaltung in zwei Bände erfolgen müssen. Der zweite Band beinhaltet die Erstellung und Pflege des Datenbankschemas, also die CREATE, ALTER und DROP-Anweisungen. Wie bisher werden dort auch Hinweise zur Administration mit Benutzerrechten und Indizes gegeben.

Der Teil des Datenbankentwurfs wurde neu strukturiert, um den zahlreichen Anfragen zu diesem Thema mehr Rechnung tragen zu können. Damit ist der Gesamtumfang entsprechend gewachsen und es hat sich eine natürliche Trennung zwischen der Nutzung der Datenbank (Band 1) und deren Erstellung (Band 2) ergeben.

John-Harry Wieken, Hermannsburg im Januar 2014

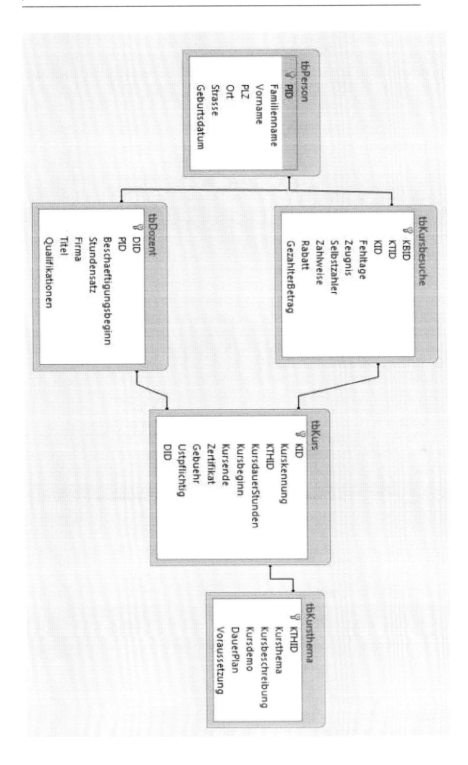

Inhaltsverzeichnis

1 Einleitung 5
2 SQL – Standard relationaler Datenbanken 7
2.1 Die Geschichte 7
2.2 Die Bestandteile 8
2.3 Die Verarbeitung einer SQL-Anweisung 10
2.4 Die Struktur von SQL-Anweisungen 15
2.5 Relationale Datenbanken 18
2.5.1 Tabellen 19
2.5.2 Primärschlüssel 21
2.5.3 Beziehungen 22

3 Die Beispieldatenbanken 25
3.1 Die Beispieldatenbanken 25
3.1.1 Die Kursdatenbank 25
3.1.2 Die Artikeldatenbank 27
3.2 Die Datenbanksysteme 27
3.2.1 MySQL 27
3.2.2 SQL Server 28
3.2.3 PostgreSQL 29
3.2.4 MS Access 29
3.2.5 ORACLE 30
3.2.6 Firebird 31
3.2.7 OpenOffice.orgBase 31
3.3 Installation der Beispieldatenbanken 32
3.3.1 MySQL 32
3.3.2 SQL Server 33
3.3.3 PostgreSQL 33
3.3.4 Oracle 34
3.3.5 Firebird 35
3.3.6 MS Access 35
3.3.7 openBase 36

4 Mit SQL Daten abfragen (SELECT) 37
- 4.1 SELECT – Die Syntax 37
- 4.2 Einfache Abfragen 39
  - 4.2.1 Alias in MS Access 44
  - 4.2.2 Alias in MySQL 44
  - 4.2.3 ALL und DISTINCT 46
- 4.3 Daten sortieren mit der ORDER BY-Klausel 47
- 4.4 Auswahl der Daten mit der WHERE-Klausel 52
- 4.5 Tabellen miteinander verbinden (JOIN) 61
  - 4.5.1 Der Klassiker (INNER JOIN) 61
  - 4.5.2 JOIN über mehrere Tabellen 68
  - 4.5.3 Varianten des INNER JOIN 72
  - 4.5.4 Non-Equi-Joins 74
  - 4.5.5 OUTER JOIN 76
  - 4.5.6 CROSS JOIN 80
  - 4.5.7 JOIN über mehrere Felder 83
- 4.6 Die GROUP BY-Klausel 84
- 4.7 Die HAVING-Klausel 95

5 Datentypen, Ausdrücke und Funktionen 100
- 5.1 Datentypen 100
  - 5.1.1 Alphanumerische Angaben (Text) 104
  - 5.1.2 Ganze Zahlen 108
  - 5.1.3 Gleitkommazahlen 110
  - 5.1.4 Datum/Uhrzeit 112
  - 5.1.5 Bits, BLOBs und andere Datentypen 115
- 5.2 NULL-Werte 116
- 5.3 Literale 117
  - 5.3.1 Alphanumerische Literale 118
- 5.4 Ausdrücke 120
- 5.5 Funktionen 121
- 5.6 Datensatzorientierte Funktionen (Skalarfunktionen) 125
  - 5.6.1 Funktionen in MS Access 125

	5.6.2	Numerische Funktionen...........127
	5.6.3	Alphanumerische Funktionen 135
	5.6.4	Datumsorientierte Funktionen...........139
	5.6.5	Datentypumwandlungsfunktionen (Casting) 145
	5.6.6	Logische und sonstige Funktionen...........148
5.7		Gruppenorientierte Funktionen (Aggregatfunktionen)...........153

6 Unterabfragen (Sub-SELECT) 159

- 6.1 Nutzung von Unterabfragen...........159
- 6.2 Unterabfragen mit Vergleichsoperatoren 163
- 6.3 Unterabfragen mit ALL und ANY 166
- 6.4 Unterabfragen mit IN und EXISTS...........169
- 6.5 Synchronisierte und korrelierte Unterabfragen 172
- 6.6 Regeln für Unterabfragen in der WHERE-Klausel 173
- 6.7 Erweiterungen der Unterabfragen 174
- 6.8 Unterabfragen mit MS Access...........176

7 Datenbankinhalte ändern 178

- 7.1 Neue Datensätze einfügen (INSERT)...........178
  - 7.1.1 INSERT mit Werten und Funktionen...........178
  - 7.1.2 INSERT mit Unterabfragen 181
  - 7.1.3 INSERT mit SET 184
  - 7.1.4 Besonderheiten des INSERT mit MS Access...........185
- 7.2 Vorhandene Datensätze ändern (UPDATE)...........191
  - 7.2.1 UPDATE-Anweisungen...........192
  - 7.2.2 Besonderheiten des UPDATE bei MS Access 194
  - 7.2.3 Zusammenfassung...........196
- 7.3 Datensätze löschen (DELETE) 197
  - 7.3.1 DELETE-Grundlagen 197
  - 7.3.2 Alle Datensätze löschen(TRUNCATE) 199
  - 7.3.3 Besonderheiten des DELETE bei MS Access...........199

8 Unterabfragen in der DML 202

- 8.1 UPDATE mit Unterabfragen...........202
- 8.2 INSERT mit Unterabfragen 203

8.3   DELETE mit Unterabfragen 206

9 Mengenoperationen 209
   9.1   Überblick 209
   9.2   Die Vereinigungsmenge (UNION) 210
   9.3   Die Schnittmenge (INTERSECT) 215
   9.4   Die Differenzmenge (MINUS/EXCEPT) 216
   9.5   Besonderheiten der Datenbanksysteme 218
   9.6   Zusammenfassung 219

1 Einleitung

Die zentrale Bedeutung von SQL liegt in seiner fast monopolartigen Position beim Zugriff auf relationale Datenbanken. Diese wiederum bilden das Rückgrat der Datenverarbeitung von großen, mittleren und immer mehr auch kleineren Unternehmen. Eine Bank, eine Versicherung, ein Industriebetrieb ohne eine relationale Datenbank ist schwer vorstellbar. Spätestens dann, wenn mehr als ein Mitarbeiter gleichzeitig auf den Datenbestand zugreifen soll ist eine Datenbank fast unerlässlich. Das kann beispielsweise ein Warenwirtschaftssystem, eine Internetpräsenz oder ein Berichtssystem sein. Datenbanken verbergen sich hinter Excel-Anwendungen genauso wie hinter klassischen maskenorientierten Systemen, hinter Web-Oberflächen wie hinter einer Großrechneranwendung.

Datenbanken spielen also eine zentrale Rolle für die Datenverarbeitung. Relationale Systeme haben in den vergangenen zwanzig Jahren ihre vorherrschende Rolle weiter ausgebaut und sind heute in vielen Bereichen konkurrenzlos. Auch wenn in den vergangenen Jahren NoSQL-Datenbanken eine gewachsene Aufmerksamkeit erfahren haben. Inzwischen übersetzt man NoSQL mit *Not Only SQL*. Auch spielt SQL inzwischen eine Rolle, wenn auch bei weitem nicht die zentrale wie in den relationalen Systemen. Deren Marktdominanz liegt neben der hohen Flexibilität des relationalen Modells auch und gerade in der Möglichkeit eines standardisierten Zugriffs auf alle diese Systeme, der auch einen Namen trägt: SQL.

SQL – dieses unscheinbare Kürzel, bei dem bis heute der Streit darüber anhält, ob es »Standard Query Language« oder »Structured Query Language« heißt. Richtig ist übrigens historisch der zweite Begriff. Praktisch beschreibt die erste Variante die Situation als Standard.

SQL, das bedeutet eine einzige Sprache, um auf alle wichtigen Datenbanksysteme zuzugreifen, sei es DB2, ORACLE, Adabas, SQL-Server, MySQL, MS Access, openBase, MaxDB, PostgreSQL oder Firebird(Interbase) um nur einige zu nennen. Darüber hinaus gibt es aus fast allen Programmiersprachen Zugriffsmöglichkeiten auf SQL, es gibt objektorientierte Erweiterungen, Erweiterungen für XML und standardisierte Schnittstellen wie ODBC, JDBC oder DAO und ADO. Hinzugekommen sind außerdem umfangreiche analytische Funktionen für das Reporting und die multidimensionale Analyse, geographische Funktionen und viele andere Spezialisierungen, deren Standardisierung aber leider der Implementierung in den großen Datenbanksystemen weit hinterherläuft.

Datenbanken werden mit SQL definiert, mit Daten versorgt und abgefragt. Zugriffsmechanismen werden gesetzt, Optimierungen vorgenommen und die Datenorganisation wird gesteuert.

Hier sollen die verschiedenen Aspekte von SQL betrachtet werden. Man muss dazu nicht die Schlagworte und Abkürzungen kennen, die hier gefallen sind. Hier sollen die Möglichkeiten von SQL mit verständlichen Begriffen Schritt für Schritt erschlossen werden.

Das Buch selbst gliedert sich in 4 Hauptabschnitte mit zusammen 9 Kapiteln. Die Struktur soll es ermöglichen, einzelne Abschnitte nach Bedarf zu lesen, ohne gezwungen zu sein alles von vorn bis hinten zu bearbeiten. Die folgenden Zeilen sollen ein kleiner Wegweiser durch das Buch sein.

Abschnitt I
Kapitel 1 - 3
Vorbereitung

Kapitel 2 dient dem Überblick über SQL und ist jedem Leser empfohlen, der ein paar Hintergrundinformationen zur Geschichte und dem Grundaufbau von SQL haben möchte. *Kapitel 3* dient dazu, die Umgebung der Übungsbeispiele zu erläutern. Die Beispieldatenbanken werden vorgestellt und auf die Installation der Beispielsysteme hingewiesen. Die Beispiele und Übungen sind wie erwähnt für die SQL-Datenbankmanagementsysteme MySQL, PostgreSQL, MS SQL Server, MS Access(2003, 2007 und 2010), Oracle, openBase und Firebird erarbeitet. Es sind überall Windows-Versionen und in den meisten Fällen auch Linux-Versionen der Datenbanksysteme verfügbar.

Abschnitt II
Kapitel 4 - 6
Abfrage und Bearbeitung

Kapitel 4 ist der schnelle Einstieg für den Datenbanknutzer. Mittels der SELECT-Anweisung werden Daten aus fertigen Beispieldatenbanken abgefragt, Informationen zusammengestellt und analysiert. Dies ist die Kernfunktionalität aller Datenbanknutzer. Entsprechend wird der **SELECT**-Anweisung hier breiter Raum eingeräumt. *Kapitel 5* vertieft die Nutzung der **SELECT**-Anweisung um Berechnungen und Umwandlungen der Ergebnisse mittels SQL-Funktionen. Basis sind die SQL-Datentypen. *Kapitel 6* führt das Thema »Abfragen« weiter und zeigt die Nutzung sogenannter Unterabfragen (Sub-Query) im Zusammenhang mit der **SELECT**-Anweisung.

Abschnitt III
Kapitel 7 - 8
Änderungen

Kapitel 7 führt in die Änderung (**UPDATE**), die Eingabe (**INSERT**) und das Löschen (**DELETE**) von Daten mittels SQL ein. Damit können die Daten in der Datenbank beliebig geändert werden. Die Unterabfragen werden anschließend in *Kapitel 8* auch auf die **INSERT**-, **UPDATE**-, und **DELETE**--Anweisungen übertragen.

Abschnitt IV
Kapitel 9
Mengen

Anschließend wird in *Kapitel 9* auf die Mengenoperationen zur Kombination mehrerer **SELECT**-Anweisungen eingegangen.

Die Erstellung von Datenbanken beginnend mit dem Entwurf, ER-Modelle, Normalisierung und die entsprechenden SQL-Anweisungen zur physischen Erstellung sind Inhalt des Bandes 2. Dort werden auch verschiedene Aspekte des Betriebs von Datenbanken angesprochen, wie etwa die Benutzerverwaltung, das Berechtigungskonzept, die Sicherung der Datenkonsistenz eines und mehrerer paralleler Benutzer über das Konzept der Transaktionen und die physische Datenspeicherung.

2 SQL – Standard relationaler Datenbanken

2.1 Die Geschichte

Die Grundlagen der Datenbanksprache SQL gehen bereits auf den Anfang der siebziger Jahre des vorigen Jahrhunderts zurück. Im Jahr 1974 stellte IBM erstmals eine Sprache mit dem Namen SEQUEL (Structured English Query Language) vor, den Urahnen unseres heutigen SQL. Wenn man in den USA über SQL spricht, wird man immer wieder feststellen, dass viele Amerikaner bis heute SQL als »Siquel« aussprechen, wenn auch natürlich die direkte Aussprache der Abkürzung SQL (»Es-Kju-El«) ebenfalls häufig zu hören ist.

Mathematisches Modell

SQL steht für »Structured Query Language«, also auf Deutsch etwa »Strukturierte Abfragesprache«. Zum Zeitpunkt ihrer Entstehung war SQL eine von mehreren Sprachen mit denen man versuchte, einen möglichst komfortablen Zugang zu den damals ebenfalls neuen relationalen Datenbanksystemen zu schaffen. E. F. Codd hatte 1970 das relationale Datenbankmodell vorgestellt. Seiner extrem einfachen, auf wenigen – aber klaren – mathematischen Regeln beruhenden Struktur verdankt es seinen Siegeszug, den es seitdem in der Informatik angetreten hat. Umgangssprachlich ausgedrückt beruht das relationale Modell im Wesentlichen auf der Mengenlehre.

Alle Informationen werden entsprechend ihrem Inhalt in Tabellen aufgeteilt und dort strukturiert in Datensätzen (auch Tupel genannt) gespeichert. Die Tabellen sind untereinander über Beziehungen (auch Relationen genannt) verbunden, die die einfache Kombination von Informationen aus verschiedenen Tabellen erlauben, also beispielsweise, welcher Kunde welche Bestellung abgegeben hat. Das System hat sich als extrem flexibel und zugleich einfach zu verwalten herausgestellt, so dass im Lauf der letzten 35 Jahre immer mehr Unternehmen ihre Datenspeicherung auf relationale Datenbanken umgestellt haben.

Abfragesprachen

Mit der Entwicklung der relationalen Datenbanken als Speicherform für praktisch jede Art strukturierter Informationen stellte sich die Frage nach dem Zugriff und der Verarbeitung dieser Informationen. Man suchte nach möglichst einfachen, zugleich aber umfassenden Wegen, um die Informationen in relationalen Datenbanken zu verarbeiten. Zahlreiche Namen wie QBE (Query by Example), QUEL (Query Language) und letzlich auch SEQUEL spiegeln diese verschiedenen Entwicklungen wider.

Durchgesetzt hat sich am Ende SEQUEL in seinem inzwischen mehrfach standardisierten Nachfolger SQL. Die Gründe für den Erfolg sind vielfältig. So ist die Marktmacht von IBM (und später deren Absplitterung Oracle) gerade im Bereich größerer Unternehmen nicht zu unterschätzen. Diese war gerade zum Entstehungszeitpunkt sehr groß. Heute ist SQL zum Marktstandard geworden. Kein Datenbankanbieter von IBM über Oracle, Microsoft bis zu den OpenSource-Anbietern wie MySQL kann ohne den Standard SQL auskommen. Kein Anbieter von Standardsoftware oder Programmierumgebungen kann ohne eine Zugriffschicht für SQL auskommen. Schließlich haben auch in heutigen Webanwendungen SQL-Datenbanken – insbesondere MySQL und PostgreSQL – ihren festen Platz gefunden. Neben der Unterstützung durch wichtige Hersteller von Software im Unternehmensbereich ist SQL auch dank seiner Standardisierung ein zentraler Pfeiler der Softwarearchitektur geworden.

ANSI-Standard

Die Standardisierung von SQL wird vom American National Standard Institute (ANSI) betrieben. Entsprechend spricht man auch von ANSI-Standards. Im Lauf der Jahre wurden verschiedene Standards für SQL verabschiedet, die entsprechend des jeweiligen Jahres mit SQL86, SQL89, SQL92, SQL99, SQL:2003, SQL:2006, SQL:2008 und SQL:2011 bezeichnet werden. SQL92 wurde auch SQL2 und SQL99 als SQL3 bezeichnet. Der aktuelle Standard SQL:2011 besteht mittlerweile aus 14 sogenannten »packages«, die noch einmal durch 6 «multimedia and application packages» erweitert werden. Die meisten verfügbaren realen Datenbanken stützen sich auf eine Mischung der Standards und haben eigene Erweiterungen in unterschiedlichem Umfang in ihrem »Dialekt« implementiert.

2.2 Die Bestandteile

Die Gründe für den Erfolg von SQL sind neben der Unterstützung durch namhafte Anbieter und die Standardisierung auch in der Sprache SQL selbst zu suchen. SQL bietet eine sehr einfache Syntax, die konsequent an der Idee der relationalen Datenbanken orientiert ist. SQL-Anweisungen sind vergleichsweise leicht zu schreiben, zu lesen oder mit Programmgeneratoren zu erzeugen. Gerade der letzte Umstand ist nicht zu vernachlässigen, werden doch sehr viele SQL-Anweisungen nicht manuell sondern maschinell erstellt. Doch auch maschinell erstellte Anweisungen müssen unter Umständen durch Menschen analysiert werden, sei es um Fehler zu finden, sei es um die Performance der Abfragen zu erhöhen oder auch um die Datenbankstruktur für bestimmte SQL-Abfragen zu optimieren.

SQL bietet einen kompletten Satz von Anweisungen, um mit relationalen Datenbanken umgehen zu können. Insbesondere sind hier zu erwähnen:

SQL-Bestandteile

- SQL-DDL (Data Definition Language): Die DDL dient der Erstellung, Änderung und Löschung von Datenbankstrukturen. Hiermit werden also die grundlegenden Strukturen der Datenbank (Tabellen, Feldern, VIEW, ...) verändert.
- SQL-DML (Data Manipulation Language): Die DML dient der Abfrage, dem Einfügen, der Änderung und dem Löschen von Daten in bereits vorhandenen Datenbankstrukturen, also vorhandenen Tabellen, Feldern und Beziehungen.
- SQL-DCL (Data Control Language): Die DCL dient der Pflege der Datenbankinfrastruktur, insbesondere der Zugriffsberechtigungen.

Während die SQL-DDL und die SQL-DCL vorwiegend von Datenbankadministratoren verwendet werden, ist die SQL-DML das wesentliche Instrument für den Datenbankanwender, sei es ein Mensch oder ein Programm. Die SQL-DML lässt sich aufgrund der Aufgaben noch einmal grob in zwei Gruppen untergliedern

- Die rein lesende Abfrage von Daten (**SELECT**)
- Die Veränderung der Daten durch das Einfügen, Ändern und Löschen (**INSERT, UPDATE, DELETE**).

Von herausragender Bedeutung ist dabei insbesondere das Lesen von Informationen mittels **SELECT**, das dem Anwender die ganze Flexibilität der Datengewinnung und Analyse zur Verfügung stellt, die relationale Datenbanken bieten. In *Kapitel 4* wird daher ausführlich auf den grundsätzlichen Aufbau des **SELECT** eingegangen.

SQL ist recht einfach zu lesen und zu verstehen, trotzdem bleibt es eine Programmiersprache. Die Mächtigkeit von SQL ist beeindruckend, man muss sie allerdings auch beherrschen. Die richtige Syntax ist wie bei jeder (Programmier-)Sprache entscheidend. SQL ist keine Windows-orientierte Sprache oder Anwendung. Helfen können bei der Erstellung von SQL-Anweisungen Programme mit grafischer Oberfläche, in denen SQL-Anweisungen »per Mausklick« erstellt und generiert werden. Aber auch wenn man derartige Programme nutzt, muss man in der Lage sein, die erzeugten SQL-Anweisungen zu lesen und zu verstehen – sei es zum Zweck der Fehlersuche, der Einbindung in Programme oder der Performanzanalyse.

Programmiersprache

MS Access ist nur ein Beispiel für eine solche Oberfläche. MS Access wurde in diesem Buch unter anderem deswegen berücksichtigt, um eine derartige Oberfläche beispielhaft zeigen und den Zusammenhang zwischen Oberfläche und dem eigentlichen SQL demonstrieren zu können. Schließlich haben viele Hersteller von Datenbanken zusätzliche Oberflächen zur Generierung von SQL entwickelt, um dem Anwender entgegen zu kommen, der nicht programmieren möchte. Diese Oberflächen haben alle gemeinsam, dass in einer Windows-typischen grafischen Umgebung die gewünschte Abfrage von Informationen aus der Datenbank zusammengestellt wird. Der Anwender beschreibt dabei die Eigenschaften der gewünschten Informationen in einem Formular. Hat der Anwender die gewünschten Informationen beschrieben, kann er sie per Knopfdruck aus der Datenbank erhalten. Tatsächlich werden aus den Beschreibungen des Anwenders SQL-Anweisungen generiert. Die Informationen werden dann mit diesen SQL-Anweisungen aus der Datenbank gewonnen und dem Anwender zur Verfügung gestellt. Das Vorgehen ist in Abbildung 2.1 schematisch dargestellt.

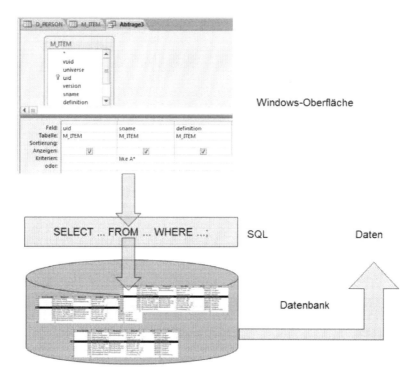

Abbildung 2.1: Generierung von SQL über eine Windows-Oberfläche

2.3 Die Verarbeitung einer SQL-Anweisung

Die Verarbeitung einer SQL-Anweisung ist in Abbildung 2.1 eher anschaulich dargestellt.

Technisch sind in die Verarbeitung eine ganze Reihe von Komponenten eingebunden, die Abbildung 2.2 etwas detaillierter wiedergibt. Der große Rahmen umfasst die Komponenten des Datenbanksystems im engeren Sinne. Die Datenbank beinhaltet dabei sämtliche Informationen über ihre eigene Struktur, die Strukturen, die Anwender angelegt haben, also Tabellen, Beziehungen, Benutzer und Benutzergruppen, Berechtigungen und viele weitere Informationen, die der Verarbeitung dienen. Diese Informationen sind im Data Dictionary gespeichert, das die Datenbank selbst verwaltet.

Data Dictionary

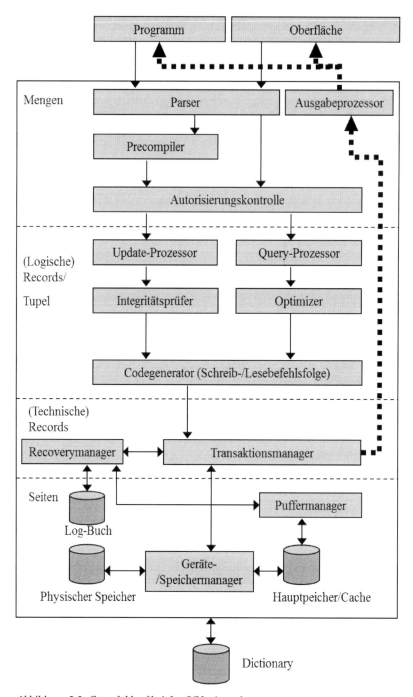

Abbildung 2.2: Grundablauf bei der SQL-Anweisung

Das Data Dictionary soll im Folgenden nur als »Merkposten« dienen, wenn unklar ist, wo bestimmte Informationen gespeichert werden beziehungsweise woher die Datenbank sie kennt. So werden beispielsweise alle Informationen, die bei der Erzeugung einer Datenbank mit SQL-Anweisungen (CREATE) angegeben werden im Data Dictionary gespeichert.

SQL-Befehle können prinzipiell auf zwei Wegen an die Datenbank gelangen. Zum einen über eine Programmierschnittstelle, bei der die SQL-Anweisungen in eine andere Programmiersprache wie C++, C#, Java, Pascal, COBOL, Basic, PHP, Perl, Ruby oder eine der vielen anderen Sprachen, für die Schnittstellen existieren, eingebettet werden. Zum anderen können die Anweisungen direkt über eine mitgelieferte und je nach Datenbanksystem mehr oder weniger grafische Oberfläche eingegeben werden. Zudem gibt es für praktisch alle Datenbanken weitere Oberflächenwerkzeuge, die von Dritten entwickelt und kostenfrei oder gegen Lizenzgebühr einen komfortableren Umgang mit der Datenbank ermöglichen. Wichtig ist, dass sowohl die Programme als auch die Oberflächen aus Sicht der Datenbank einen Benutzer darstellen, der SQL-Anweisungen an die Datenbank schickt und dafür einen Returncode und eventuell eine Datenmenge zurückgeliefert bekommt. Das ist die Aufgabe von SQL. **Programm oder Oberfläche**

Nimmt die Datenbank eine SQL-Anweisung entgegen wird diese zunächst auf formale Richtigkeit hinsichtlich der SQL-Syntax geprüft. Dies ist die Aufgabe des Parsers. Verglichen mit der deutschen Sprache, würde der Parser den Satz »Es heute regnen." als syntaktisch falsch abweisen. Die Kontrolle durch den Parser ist aber noch keine Garantie für eine sinnvolle SQL-Anweisung. Der Satz »Ich regne heute.« ist in der deutschen Sprache syntaktisch richtig. Der Parser würde ihn akzeptieren. Der Parser beurteilt also nicht den Inhalt der Anweisung. Ob eine Anweisung auch semantisch sinnvoll ist, sieht man erst, wenn der Ausgabeprozessor die ermittelte Datenmenge und den Returncode aufbereitet hat. **Parser**

Eine vom Parser akzeptierte SQL-Anweisung muss darauf geprüft werden, ob der Anwender berechtigt ist, diese Anweisung für die angesprochenen Daten in der Datenbank überhaupt auszuführen. Diese Berechtigungen werden mittels spezieller SQL-Anweisungen eingerichtet. **Authorisierung**

Danach wird unterschieden, ob es sich um eine rein lesende Anfrage (Query) oder eine den Datenbankinhalt ändernde Abfrage handelt (siehe *Kapitel 7*). Bei ändernden Abfragen werden die im Data Dictionary hinterlegten Integritätsregeln geprüft. Diese können beispielsweise beinhalten, dass ein Lagerbestand positiv bleiben muss, eine Bestellung einen Kunden haben muss oder ein Artikel sich einer bestehenden Warengruppe zuordnen lässt. Diese Regeln werden bei der Erstellung der **Update**

Datenbank festgelegt. Damit wird hier verhindert, dass eine Änderung zu einer Verletzung dieser Regeln führt.

Query

Bei einer rein lesenden Abfrage wird geprüft, ob die Abfrage unnötig kompliziert gestellt ist und vielleicht vereinfacht werden kann. Außerdem muss in jedem Fall bei dem Zugriff des Benutzers auf ein externes Schema (»VIEW«) eine Umsetzung der verwendeten Begriffe auf das eigentliche Datenbankschema erfolgen. Diese Abfragen (SELECT) werden in den *Kapitel 4, 5 und 6* ausführlich angesprochen.

Code-generator

Die bis hierhin akzeptierte und eventuell umgeformte SQL-Anweisung wird dann vom Codegenerator übernommen, der die SQL-Anweisung in eine Folge von Lese- und Schreibbefehlen umsetzt, die in der Datenbank ausgeführt werden müssen, um die SQL-Anweisung inhaltlich richtig umzusetzen. Gleichzeitig wird hierbei durch die Wahl performanter Zugriffspfade und die Nutzung von Indizes und anderer physischer Zugriffs- und Speicheroptimierungen ein möglichst performanter und ressourcenschonender Code erzeugt. Auf diesen Prozess hat man mit SQL nur indirekt Einfluss, beispielsweise über die Einrichtung von Indizes.

Transaktions-manager

Problematisch ist, dass es sich nicht um einen sondern um eine ganze Folge von Befehlen handelt. Da die Datenbank davon ausgehen muss, dass mehrere Benutzer gleichzeitig mit dem System arbeiten, muss sichergestellt werden, dass die Befehlsfolgen sich bei der Ausführung nicht gegenseitig beeinflussen. Daher steuert der Transaktionsmanager durch die Kapselung dieser Folgen zu Transaktionen eine sich gegenseitig möglichst wenig beeinträchtigende Abarbeitung dieser Befehlsfolgen, also letztlich der SQL-Anweisungen verschiedener Benutzer. Er liefert letztlich auch den Returncode und die Ergebnisse an den Ausgabeprozessor. Im Fehlerfall kann der Recoverymanager mittels des Log-Buches einen Zustand wieder herstellen, als wäre die SQL-Anweisung nie ausgeführt worden. Wie die Transaktionen gehandhabt werden sollen, kann in gewissem Umfang über SQL gesteuert werden.

Physische Speicher-verwaltung

Die unterste Ebene bildet die physische Speicherverwaltung, die die Schreib- und Lesebefehle umsetzt und an der zumeist mehrere Komponenten beteiligt sind, die eine möglichst optimale Nutzung des Puffers im Festspeicher (Hauptspeicher/Cache) sicherstellen sollen. Hier müssen möglichst viele benötigte Daten in schnellen Speichermedien zugreifbar sein. Die eigentliche physische Speicherung erfolgt zumeist seitenweise, also in größeren Blöcken, die vom Gerätemanager gelesen und geschrieben werden. Manche Datenbanken greifen hierzu ihrerseits auf Dateiverwaltungssysteme wie *InnoDB* oder andere Systeme zurück, die letztlich die physische Speicherverwaltung umsetzen. Diese können über eine eigene Transaktionssteuerung verfügen, so dass letztlich die Lese- und Schreibbefehle bereits für das Dateiverwaltungssystem erzeugt werden. Über SQL hat man hier nur über datenbankspezifische SQL-Erweiterungen und auch nur bedingt Einfluss.

2.4 Die Struktur von SQL-Anweisungen

SQL ist eine Programmiersprache und hat daher die üblichen syntaktischen Regeln, die ausführlich in den Standards und Handbüchern beschrieben werden. Die folgenden Kapitel werden sich mit vielen Details der einzelnen SQL-Befehle beschäftigen. Vorab an dieser Stelle aber ein paar wenige Grundregeln.

SQL-Anweisungen stehen immer für sich allein. Jede Anweisung bewirkt entweder die Bereitstellung einer Menge von Datensätzen aus der Datenbank oder die Änderung des Datenbankinhaltes.

Aufeinanderfolgende SQL-Anweisungen können normalerweise keine Informationen untereinander austauschen (eine Ausnahme sind Benutzervariablen). Eine Folge von SQL-Anweisungen kann aber komplexe Datenbankänderungen realisieren, die dann weiteren Anweisungen zur Verfügung stehen.

Alle SQL-Anweisungen beginnen mit einem (englischen) Verb, zumeist gefolgt von dem Objekt auf das sich die Anweisung bezieht und näheren Spezifikationen. Die Tabelle 2.1 zeigt die Logik am Beispiel der SQL-DML, also des Teils von SQL der der Abfrage und Änderung der Daten in der Datenbank dient.

Befehl	Bedeutung
`SELECT * FROM tbPerson;`	**Wähle** alle Datensätze aus der Personentabelle, also lies alle Personeninformationen.
`UPDATE tbPerson SET ... ;`	**Aktualisiere** die Informationen in der Personentabelle, also die Informationen über eine oder mehrere Personen.
`DELETE FROM tbPerson ... ;`	**Lösche** einen oder mehrere Datensätze in der Personentabelle, lösche also bestimmte Personen aus dem Bestand.
`INSERT INTO tbPerson ...;`	**Einfügen** eines neuen Personendatensatzes, also die Aufnahme einer neuen Person in den Bestand.

Tabelle 2.1: Die Befehle der SQL-DML am Beispiel der Tabelle tbPerson.

Die Grundstruktur ist also einfach. Die SQL-Anweisung

`SELECT * FROM tbPerson;`

bewirkt einfach, dass alle Informationen über Personen angezeigt werden. Das mögliche Ergebnis ist in Abbildung 2.3 wiedergegeben. Die Felder hängen natürlich von der Struktur der Tabelle ab. Typisch dabei ist die

Darstellung in Tabellenform. Die Zeilen entsprechen jeweils einem einzelnen Datensatz, in diesem Fall allen verfügbaren Informationen über eine Person. Das gesamte Ergebnis ist eine Menge von Datensätzen. Die Reihenfolge ist dabei zunächst willkürlich. Die Spalten entsprechen den Datenfeldern in der Tabelle. Für jeden Datensatz existieren stets die gleichen Datenfelder.

PID	Familienname	Vorname	PLZ	Ort	Strasse	Geburtsdatum
1	Weiss	Peter	30529	Hannover	Palmstraße 6	07.11.1963
2	Bucz	Susanne	30531	Hannover	Heinestraße 23	06.04.1976
4	Karmann	Thomas	29227	Celle	Trift 28	04.08.1954
5	Klötzer	Karl	29221	Celle	Bahnhofstraße 2	13.03.1971
6	Weiss	Karin	30529	Hannover	Palmstraße 6	05.10.1962
7	Weiss	Peter	38134	Braunschweig	Glanweg 4	02.03.1974
8	Meier	Kathrin	38154	Braunschweig	Welfenallee 23	03.05.1981
9	Schmidt	Karl	30529	Hannover	Lavesallee 32	25.06.1949
10	Müller	Claudia	29596	Breitenhees	In den Fuhren 12	
11	Lisewski	Bernd	30890	Barsinghausen	Roggenkamp 10	06.06.1960
15	Martens	Melanie	29221	Celle	Horstweg 258	17.02.1961
17	Schlachter	Dieter	29227	Celle	Mondhagen 43	02.02.1961
23	Peredy	Helmut	29221	Celle	Mauernstraße 2	23.02.1956
24	Ruppert	Nicola	29301	Bergen	Welfenallee 23	25.02.1962
25	Sander		29223	Celle	Marxallee 12	05.02.1953
26	Cromberg	Jörg	38152	Braunschweig	Nordring 13	07.06.1991
31	Schulze	Tanja	29308	Winsen	Berliner Ring 23	09.11.1992
32	Winter	Petra	29320	Hermannsburg	Immenhoop 51	30.12.1989
34	Plate	Ulrich	30529	Hannover	Gutenberggasse 5	02.12.1986
37	Magerkurth	Melissa	29336	Nienhagen	Am Tümpel 3	04.09.1951

Abbildung 2.3: Alle Informationen über Personen

Sollen nicht alle Informationen über eine Person ermittelt werden, sondern beispielsweise nur der Familienname, der Vorname und die Postleitzahl des Wohnortes so lässt sich das Ergebnis auch auf die gewünschten Spalten beschränken. Zusätzlich können die Zeilen eingeschränkt werden, indem z.B. nur die Datensätze der Personen ermittelt werden, deren Postleitzahl 29221 ist. Es ergibt sich die SQL-Anweisung aus Listing 2.1.

```
SELECT Familienname, Vorname, Geburtsdatum
FROM tbPerson
WHERE PLZ = 29221;
```

Listing 2.1: Personen mit der Postleitzahl »29221«

Wörtlich übersetzt heißt das:

```
LIES die Werte der FELDER Familienname, Vorname,
Geburtsdatum
AUS der TABELLE tbPerson
aller Datensätze FÜR die gilt, dass die PLZ 29221 ist.
```
Listing 2.2: Deutsche Umschreibung des Listings

Die Grundstruktur der **SELECT**-Anweisung wird durch die sogenannten Schlüsselworte (KEYWORDS) bestimmt, hier also

SELECT ... FROM ... WHERE ...;

In dieses Gerüst sind an Stelle der Punkte die benötigten Angaben einzufügen.

Am Beispiel dieser SQL-Anweisung kann man auch den Zusammenhang zwischen der eigentlichen SQL-Anweisung und der MS Access-Oberfläche erkennen. Abbildung 2.4 zeigt die Eingabe, die in MS Access für die Formulierung der obigen SQL-Anweisung notwendig ist. Im oberen Teil ist die Tabelle *tbPerson* dargestellt, die als Basis für die Informationen dienen wird. Der Name dieser »Datenquelle« für die SQL-Anweisung wird in der SQL-Anweisung als

MS Access

FROM tbPerson

wieder auftauchen. Die Felder der Tabelle werden im oberen Teil ebenfalls aufgelistet. Aus diesen verfügbaren Feldern werden die Felder der Abfrage ausgewählt. Diese Felder **Familienname**, **Vorname** und **PLZ** sind im unteren Teil des Fensters wiedergegeben. Aus ihnen erzeugt MS Access dann

```
SELECT Familienname, Vorname, PLZ
```
als SQL-Anweisung. Man sieht der grafischen Darstellung also bereits die später enthaltenen Spalten an. Schließlich erfolgt noch die Auswahl der Datensätze mit der Postleitzahl »29221«. Diese Einschränkung wird als Eintrag in die Zeile »Kriterien« eingetragen. Hieraus entsteht dann in der SQL-Abfrage:

```
WHERE PLZ = 29221;
```

Abbildung 2.4: Auswahl dreier Felder aus der Tabelle tbPerson in MS-Access

Ergebnis

Die Oberfläche beinhaltet zahlreiche weitere Eingabemöglichkeiten, die in SQL umgesetzt werden.

Das Einräge in Abbildung 2.4 führen zu der SQL-Anweisung aus Listing 2.1 und schließlich zu den Daten aus Abbildung 2.5.

Familienname	Vorname	PLZ
Klötzer	Karl	29221
Martens	Melanie	29221
Peredy	Helmut	29221

Abbildung 2.5: Ergebnisdaten der SQL-Anweisung

SQL-Grundregeln

- Eine SQL-Anweisung kann sich über mehrere Zeilen erstrecken, sie endet in der Regel mit einem Semikolon (;).
- SQL ist nicht »case-sensitiv«, Groß-/Kleinschreibung spielt also keine Rolle. Das gilt für die SQL-Schlüsselworte wie **SELECT**, **FROM**, **INSERT** genauso wie für die Datenbankobjekte (Tabellen, Felder ...). Ausnahmen bilden hier Datenbanken wie openBase, die aber später noch zu besprechen sind.
- Bei den Datenbankinhalten, also den eigentlichen Daten ist aber in den meisten Fällen auf Groß-/Kleinschreibung zu achten.

SQL ist für die Verwaltung und Nutzung relationaler Datenbanken optimiert. Entsprechend ist SQL keine allgemeine Programmiersprache zur Lösung beliebiger Problemklassen. Verzweigungen (IF, SWITCH, CASE, ...), Schleifen (WHILE, REPEAT, DO, ...), Unterprogramme und Prozeduren gibt es in SQL nicht. SQL konzentriert sich vollkommen auf die Objekte und Mengen relationaler Datenbanken.

Allerdings bieten die meisten Datenbankhersteller entweder eigene Erweiterungen zu SQL wie Oracle mit PL/SQL und/oder Einbettungen in anderen Programmiersprachen wie Visual Basic, Java oder andere Sprachen an.

2.5 Relationale Datenbanken

SQL ist aufs Engste mit der Nutzung relationaler Datenbanken verbunden. Es wurde ausschließlich zu diesem Zweck entwickelt. Daher ist für das Verständnis von SQL zunächst ein zumindest oberflächliches Verständnis der Struktur relationaler Datenbanken notwendig. Dabei soll von der Technik abstrahiert werden und die Ebene des sogenannten Datenbankschemas gewählt werden, das mit SQL bearbeitet werden kann.

Das Datenbankschema nimmt eine Art Mittelposition zwischen der technischen Sicht und der Anwendersicht ein. So abstrahiert es einerseits von den technischen Details der eigentlichen Datenspeicherung und ist andererseits so formal, dass es eine Programmierung erlaubt. Das

Datenbankschema einer relationalen Datenbank besteht im Wesentlichen aus Tabellen mit ihren Feldern (auch Spalten oder Attribute genannt) und (möglichen) Beziehungen zwischen diesen Tabellen.

2.5.1 Tabellen

Tabellen entstehen durch Gruppierung gleichartiger Daten. Typische Tabellen in der Datenbank eines Unternehmens sind »Artikel«, »Kunde«, »Auftrag«, »Rechnung« ... In der Beispieldatenbank »Kursverwaltung«, die im nächsten Kapitel installiert wird, findet man Tabellen wie *tbPerson*, *tbDozent* oder *tbKurs*.

Namen

> **Namen**
>
> Die Wahl von Namen für Tabellen wird von den meisten Unternehmen standardisiert. Um stets zu erkennen, um was es sich handelt, etwa um eine Tabelle, ein Feld oder andere Objekte wie einen VIEW oder eine Prozedur, ist es sinnvoll, ein Präfix zur Kennzeichnung der verschiedenen Datenbankobjekte zu verwenden. Hier wird das Präfix »tb« für Tabellen verwendet.
>
> Besteht ein Name aus mehreren Begriffen können diese mit Unterstrichen getrennt werden, also etwa *tbauftrag_position*. Ferner wird auch die sogenannte CamelCase-Schreibweise von Namen genutzt, bei der Namen, die logisch aus mehreren Worten bestehen ohne Trennzeichen mit führendem Großbuchstaben direkt aneinandergesetzt werden, also etwa **tbAuftragPosition**. Dies hat den Vorteil, dass keine Konflikte mit den jeweiligen Namenskonventionen der verschiedenen Datenbank-managementsysteme auftreten. Die Problematik der Groß-/Kleinschreibung muss in Abhängigkeit des verwendeten Betriebssystems und Datenbanksystems berücksichtigt werden.

Jede Tabelle gruppiert die Informationen in Feldern. Eine Tabelle *tbArtikel* beschreibt beispielsweise welche Informationen über einen Artikel gespeichert werden können. Für jede Information wird ein Feld verwendet. Ein Feld enthält **immer genau eine** Information – die Artikelnummer, die Artikelbezeichnung oder eine andere atomare Information – aber nicht zwei oder mehrere Informationen gleichzeitig. Sind die Felder einer Tabelle *tbArtikel* bekannt, weiß man, welche Informationen über einen Artikel gespeichert werden könnten.

Die Kursdatenbank, die hier als wesentliche Grundlage für die Beispiele verwendet werden wird, enthält unter anderem eine Tabelle *tbDozent*. Die Tabelle enthält alle grundlegenden Informationen über die Dozenten. Die Datenfelder sind in diesem Fall *DID*, *PID*, *Beschaeftigungsbeginn*, *Stundensatz*, *Firma*, *Titel* und *Qualifikationen*. Abbildung 2.6 zeigt einen Ausschnitt mit den ersten Datensätzen der Tabelle.

Beispiel

DID	PID	Beschaeftigungsbeginn	Stundensatz	Firma	Titel	Qualifikationen
812	1	01.07.2003	18,70 €	selbstständig	Informatiker	Word, Windows, Datenbanken
815	17	01.01.2002	15,00 €	selbstständig	IT-Kaufmann	Office, Datenbanken, Netzwerke
821	6	15.09.2005	13,00 €	Dreher l/O	Meister	CNC-Steuerungen

Abbildung 2.6: Beispiel mit den ersten Datensätzen in einer Tabelle tbDozent

Attribut

Hier werden die einzelnen Informationen einer Tabelle als Felder bezeichnet. Dies ist eine weit verbreitete Bezeichnung. Synonym werden Felder auch als Spalten bezeichnet, da jedes Feld in der Darstellung einer Tabelle als Spalte erscheint. Auch der Begriff **Attribut** wird gelegentlich verwendet, wenn auch zumeist mehr im Zusammenhang mit der Modellierung einer Datenbank, weniger im Zusammenhang mit SQL.

Für jeden einzelnen Dozenten wird für jedes einzelne Feld festgelegt, welche Information tatsächlich gespeichert wird, also der konkrete Wert. So wird beispielsweise im Attribut *DID* (Dozenten-Identifikationsnummer) eine eindeutige Nummer für den Dozenten festgelegt, im Attribut *Stundensatz* findet man seinen Bruttoverdienst in EURO.

Datensatz (Tupel)

Jede Zeile einer Tabelle beschreibt einen Datensatz, hier einen Dozenten. Jeder Datensatz hat strukturell dieselben Felder, die aber für jeden Datensatz natürlich einen unterschiedlichen Wert haben können und im Normalfall auch haben. Datensätze beschreiben also jeweils einen kompletten Satz von Daten, der eine Person, einen Gegenstand, ein Konzept oder einen Prozess charakterisiert. Die Tabelle ist die Sammlung dieser gleich strukturierten Sätze. Aus dem mathematischen Konzept, das dem relationalen Modell zugrunde liegt, wird für den Datensatz auch der Begriff des Tupels abgeleitet und synonym zum Datensatz verwendet.

Datentyp

Jedes Feld einer Tabelle hat einen festgelegten Datentyp. Ein Datentyp für Texte ist beispielsweise **CHARACTER**, für Zahlen **INTEGER**, **FLOAT** oder **DECIMAL**. Daneben existieren spezielle Datentypen wie **DATE**, **TIME** oder **TIMESTAMP**. Die Grundtypen sind in den einzelnen Datenbanksystemen weitgehend standardisiert, weitere Datentypen sind leider nicht einheitlich benannt und teilweise auch inhaltlich unterschiedlich realisiert, so dass sich hier in der Praxis immer wieder Probleme ergeben. Die grundsätzlichen Datentypen für Text, Zahlen und Datums-/Uhrzeitangaben sind aber in allen relationalen Datenbanken vorhanden und es muss auch in allen Systemen jedem Datenfeld ein Datentyp zugeordnet werden.

Der Dozent hat hier keinen Namen und keine Anschrift. Diese Informationen in einer anderen Tabelle, *tbPerson*, enthalten, auf die hier nur über die Personen-Identifikationsnummer (*PID*) Bezug genommen wird. Diese Tabelle enthält die in Abbildung 2.7 dargestellten Datensätze.

Über einen gemeinsamen Wert in einem Feld – hier der *PID* – kann eine Beziehung hergestellt werden. So kann über den Wert »1« als *PID* ermittelt werden, dass der Dozent 812 Informatiker ist und seine Qualifikationen Word, Windows und Datenbanken sind. Er heißt Peter Weiss und wohnt in Hannover in der Palmstraße 6.

Beziehung

PID	Familienname	Vorname	PLZ	Ort	Strasse	Geburtsdatum
1	Weiss	Peter	30529	Hannover	Palmstraße 6	07.11.1963
2	Bucz	Susanne	30531	Hannover	Heinestraße 23	06.04.1976
4	Karmann	Thomas	29227	Celle	Trift 28	04.08.1954
5	Klötzer	Karl	29221	Celle	Bahnhofstraße	13.03.1971
6	Weiss	Karin	30529	Hannover	Palmstraße 6	05.10.1962
7	Weiss	Peter	38134	Braunschweig	Glanweg 4	02.03.1974
8	Meier	Kathrin	38154	Braunschweig	Welfenallee 23	03.05.1981

Abbildung 2.7: Ausschnitt aus der Tabelle tbPerson

2.5.2 Primärschlüssel

Jeder Datensatz einer Tabelle muss eindeutig identifizierbar sein. So muss beispielsweise jede Person in der Tabelle *tbPerson* eindeutig erkennbar sein. Da Namen und auch Vornamen mehrfach auftreten können, sind diese nicht eindeutig. Es wird ein zusätzliches Feld eingeführt, dessen Wert für jeden Datensatz in der Tabelle eindeutig ist: die Personen-Identifikationsnummer (*PID*). In Abbildung 2.7 ist der Feldwert »1« des Feldes *PID* in der Tabelle *tbPerson* eindeutig. Mittels dieses Wertes kann der Datensatz des Dozenten Weiss eindeutig gefunden werden.

In vielen Fällen des alltäglichen Lebens ist man bereits daran gewöhnt, dass alles eine Nummer bekommt: Personalausweise, Artikel, Rechnungen, Fahrgestelle, Flüge, Versicherungspolicen sind nur einige Beispiele.

Diese Nummern werden vergeben, weil die Unternehmen ihre Informationen in Datenbanken abspeichern. In diesen Datenbanken müssen die einzelnen Datensätze eindeutig identifizierbar und unterscheidbar sein. Dies geschieht mit sogenannten Schlüsseln oder genauer Primärschlüsseln (manchmal auch Identifizierungsschlüssel genannt).

Ein Primärschlüssel (Primary key) ist ein Feld mittels dessen Wert jeder Datensatz eindeutig in einer Tabelle identifizierbar ist.

Primärschlüssel

Für jeden Primärschlüssel gilt, dass:

- er eindeutig jeden Datensatz in der Datenbank identifiziert.
- er sofort bei der Anlage eines Datensatzes vergeben wird.

- er sich während der Existenz des Datensatzes niemals ändern darf (oder bestimmte besondere Regeln beachtet werden müssen).

sprechende Schlüssel

Primärschlüssel können für den Anwender erkennbare und interpretierbare Informationen enthalten, beispielsweise Anfangsbuchstaben von Kunden, Unterscheidungen von privaten und geschäftlichen Kunden, Geschäftsstellen und andere Angaben, die Mitarbeitern weiterhelfen. Man spricht in diesen Fällen von sprechenden Schlüsseln. Dies ist aber für die Datenbank nicht zwingend notwendig, da die Nummern im Wesentlichen der automatischen Suche in der Datenbank dienen. Oft existieren auch sprechende Schlüssel neben den in der Datenbank verwendeten Primärschlüsseln, die für die Anwender dann nie sichtbar werden.

Manchmal ergibt sich der für eine Tabelle sinnvolle Primärschlüssel auf natürliche Weise, beispielsweise die Fahrgestellnummer für die Identifizierung eines Autos, die GTIN (Global Trade Item Number), die frühere EAN (Europäische Artikelnummer), als Primärschlüssel der Artikel aus dem Sortiment eines Handelsunternehmens oder die Bestimmung der Lage eines Ortes mittels seines Längen- und Breitengrades.

künstliche Schlüssel

Oft sind aber diese natürlichen Schlüssel gar nicht vorhanden oder sie sind vorhanden aber zu umständlich (Beispiel: Fahrgestellnummer), nicht eindeutig für das gesamte Sortiment eines Warenhauses (Beispiel: GTIN nicht für alle Artikel vorhanden) oder sie sind einfach unhandlich. Wer weiß schon welche Längen- und Breitengradangaben der Palmstraße 6 in Hannover entsprechen. In diesen Fällen werden bei der Gestaltung der Datenbank künstliche Primärschlüssel eingeführt, also Felder, deren Werte nur der Identifizierung der Datensätze in einer Tabelle dienen.

Künstliche Schlüssel sind nicht nur einfach zu realisieren, sie erleichtern auch die Realisierung der Beziehungen zwischen den Tabellen. Es ist daher naheliegend, einen künstlichen Primärschlüssel, beispielsweise die *PID* für Personen zu vergeben, der beim Aufbau der Datenbank mit Sicherheit eindeutig ist.

2.5.3 Beziehungen

Beziehung

Eine Beziehung (Relation) ist eine (mögliche) Kombination von Datensätzen aus zwei Tabellen. Ein Sonderfall sind rekursive Beziehungen, die eine Tabelle mit sich selbst in Beziehung setzen.

Bei einer Beziehung werden aus den beiden Tabellen diejenigen Datensätze als zusammenpassend angesehen, die in bestimmten Feldern denselben Wert haben. In einer der beiden Tabellen wird dazu zumeist der Primärschlüssel ausgewählt. In der zweiten Tabelle wird ein Feld bestimmt, dessen Werte mit den Werten des Primärschlüssels der anderen

Tabelle übereinstimmen müssen. Dieses Feld wird als Fremdschlüssel bezeichnet.

Fremdschlüssel

Ein Fremdschlüssel ist ein Feld, dessen Werte mit den Werten des Primärschlüssels einer anderen Tabelle übereinstimmen. Dadurch werden diejenigen Datensätze beider Tabellen in Beziehung zueinander gesetzt, deren Werte im Primärschlüsselfeld und im Fremdschlüsselfeld übereinstimmen. Aus jeweils einem Datensatz beider Tabellen entsteht so virtuell ein gemeinsamer Datensatz mit allen Feldwerten aus beiden Tabellen. Abbildung 2.8 zeigt den Zusammenhang am Beispiel der beiden Tabellen *tbPerson* und *tbDozent*.

Man sieht, dass der Dozent mit der *DID* »812« die *PID* »1« hat. Da dies in der anderen Tabelle dem Datensatz mit dem Primärschlüssel **PID** mit dem Wert »1« entspricht, ist klar, dass in Hannover in der Palmstraße 6 ein Peter Weiss wohnt, der als der entsprechende Dozent seit dem 01.07.2003 für einen Stundensatz von 17,- € unterrichtet, selbstständig und Informatiker ist.

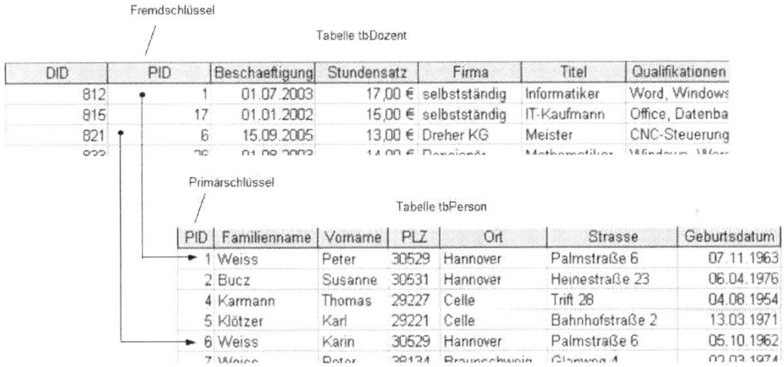

DID	PID	Beschaeftigung	Stundensatz	Firma	Titel	Qualifikationen
812	1	01.07.2003	17,00 €	selbstständig	Informatiker	Word, Windows
815	17	01.01.2002	15,00 €	selbstständig	IT-Kaufmann	Office, Datenba
821	6	15.09.2005	13,00 €	Dreher KG	Meister	CNC-Steuerung

PID	Familienname	Vorname	PLZ	Ort	Strasse	Geburtsdatum
1	Weiss	Peter	30529	Hannover	Palmstraße 6	07.11.1963
2	Bucz	Susanne	30531	Hannover	Heinestraße 23	06.04.1976
4	Karmann	Thomas	29227	Celle	Trift 28	04.08.1954
5	Klötzer	Karl	29221	Celle	Bahnhofstraße 2	13.03.1971
6	Weiss	Karin	30529	Hannover	Palmstraße 6	05.10.1962

Abbildung 2.8: Beziehung zwischen tbDozent und tbPerson über den Fremdschlüssel PID

Mehrere Primärschlüsselfelder

In der Praxis ergibt sich immer wieder die Problematik, dass Tabellen doch mehr als ein Primärschlüsselfeld aufweisen. In diesem Fall muss natürlich auch eine entsprechende Zahl an Fremdschlüsselfeldern vorhanden sein, die paarweise den Primärschlüsselfeldern entsprechen. Im Prinzip müssen zum Aufbau einer Fremdschlüsselbeziehung immer alle Primärschlüsselfelder der entsprechenden Tabelle, zu der die Beziehung aufgebaut werden soll, kopiert werden und eine entsprechende Anzahl passende Fremdschlüsselfelder angelegt werden.

Beispiele für die Verwendung von Beziehungen in SQL findet man in *Kapitel 4* unter dem Stichwort **JOIN**.

3 Die Beispieldatenbanken

Zwei Grundlagen werden für die Beispiele dieses Buches benötigt. Zum einen sind dies die Beispieldatenbanken, auf die sich die meisten SQL-Beispiele dieses Buches beziehen. Zum anderen ein Datenbanksystem zur Ausführung der SQL-Befehle. Alle Beispiele sind für MySQL, PostgreSQL, SQL Server, MS Access, openBase, Oracle und Firebird beschrieben.

Die Beispieldatenbanken und Hinweise insbesondere zur Installation findet man auf der zugehörigen Internetseite www.serval.de/SQL/. Sofern frei verfügbar, sind dort auch Downloads für die Datenbanksysteme in der hier verwendeten Version und Hinweise zu den neuesten Versionen angegeben.

3.1 Die Beispieldatenbanken

3.1.1 Die Kursdatenbank

Die wichtigste Beispieldatenbank ist die sogenannte »Kursdatenbank«. Sie beschreibt die Sicht eines Schulungsunternehmens auf seine Kurse. Dabei steht hier der Beispielgedanke im Vordergrund, viele Details sind daher nicht enthalten, die in der Praxis sicherlich eine zentrale Rolle spielen.

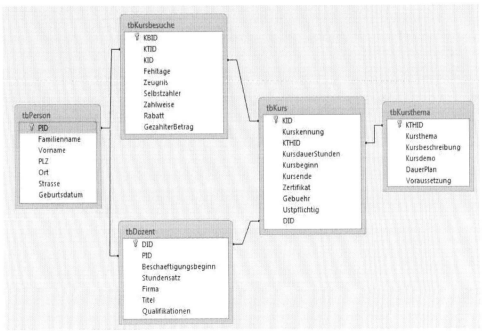

Abbildung 3.1 Datenbankschema der Kursdatenbank

Abbildung 3.1 zeigt die Datenbank mit ihren fünf Tabellen. Die Tabellen sind durch Linien verbunden, die die Beziehung zwischen den Tabellen symbolisieren. Eine Linie verbindet beispielsweise das Primärschlüsselfeld PID der Tabelle tbPerson mit dem Fremdschlüsselfeld PID der Tabelle tbDozent. Dies bedeutet, dass inhaltlich die Dozenten mit einer bestimmten PID den Personen mit derselben PID entsprechen.

tbPerson — Die Tabelle *tbPerson* beinhaltet die Stammdaten aller Personen, die mit dem Schulungsunternehmen zu tun haben, sei es als Teilnehmer oder als Dozent. Für jede Person sind außer ihrem Familiennamen und Vornamen noch die Postleitzahl, der Ort und die Straße sowie ihr Geburtsdatum hinterlegt.

tbDozent — Die Tabelle *tbDozent* beinhaltet zusätzliche Felder für alle Personen, die in dem Unternehmen als Dozenten tätig sind. So wird festgehalten, seit wann sie als Dozent beschäftigt sind, wie hoch ihr Stundensatz ist und welche Titel und Qualifikationen sie mitbringen. Da viele der Dozenten nebenberuflich tätig sind, wird außerdem der Name der Firma gespeichert in der sie hauptberuflich beschäftigt sind. Über die durch eine Linie symbolisierte Beziehung zur Tabelle tbPerson kann ermittelt werden, welche Stammdaten, also Adresse und Geburtsdatum die einzelnen Dozenten haben.

tbKursbesuche — Die Tabelle *tbKursbesuche* beinhaltet alle Teilnehmer an den Kursen. Sie ist wie die Dozententabelle über eine Beziehung mit der Tabelle *tbPerson* verbunden, in der sich die Basisdaten der Kursteilnehmer, insbesondere die Adressdaten befinden. In diesem Sinne bedeutet die Modellierung, dass es sich bei den Kursbesuchern immer um Personen handelt (*tbPerson*), die für einen Kurs die Rolle eines Kursteilnehmers (*tbKursbesuche*) annehmen.

tbKursthema — Auf der anderen Seite der Grafik findet man die Tabelle *tbKursthema*, die alle angebotenen Kurse thematisch enthält, also jeweils das Thema des Kurses, eine ausführliche Beschreibung und weitere Angaben. Der Primärschlüssel dieser Tabelle ist die *KTHID* (KursTHema-Identifikationsnmmer).

Die Tabelle *tbKursthema* ist aber nicht im Sinne eines konkreten Kurses zu verstehen, sondern als Modul, das inhaltsgleich zu verschiedenen Terminen von verschiedenen Dozenten für verschiedene Teilnehmer angeboten werden kann.

tbKurs — Die konkreten Kurse sind in der Tabelle *tbKurs* aufgelistet. Hier werden die Termine angegeben sowie alle weiteren eventuell für die Durchführung relevanten Angaben gemacht. Über die Beziehung zur Tabelle *tbKursthema* kann auf die genauen Angaben zum Thema eines Kurs zurückgegriffen werden. Diese Angaben sind bei jeder Durchführung identisch, während sich die Termine, die konkrete Dauer, eine eventuelle Umsatzsteuerbefreiung und andere Angaben ändern können. Die Tabelle *tbKurs* beschreibt also die eigentliche Durchführung des Kurses, die darin besteht, dass zu dem geplanten Termin der Dozent und die Kursteilnehmer zusammengebracht werden (auf den Ort ist hier noch verzichtet worden). Die Tabelle *tbKurs* ist somit das eigentliche Herzstück des Kursangebotes, obwohl sie vergleichsweise wenig Datenfelder enthält. Über die insgesamt drei Fremdschlüsselattribute werden das Kursthema, die Teilnehmer und der Dozent mit dem Kurs verbunden.

3.1.2 Die Artikeldatenbank

Das zweite Beispiel, die Artikeldatenbank, wird in Band 1 nur in wenigen Beispielen der hinteren Kaptel verwendet. Inhaltlich ist dies dann klar oder wird an der entsprechenden Stelle erläutert. Diese Datenbank wird schwerpunktmäßig in Band 2 verwendet und dort auch komplett entwickelt.

3.2 Die Datenbanksysteme

3.2.1 MySQL

MySQL ist ein Datenbankmanagementsystem, das neben einer kommerziellen Variante auch unter der General Public License (GPL) verfügbar ist. Die breite Verfügbarkeit und ihre Lauffähigkeit unter Linux wie unter Windows haben sie insbesondere für Internet-Server aber auch für viele mittelgroße Betriebe oder Abteilungen populär gemacht.

Hinzu kommt, dass MySQL sowohl über eine klassische zeilenorientierte SQL-Befehlseingabe als auch über zahlreiche grafische Front-Ends verfügt, mit denen komfortabel SQL-Befehle direkt eingegeben werden können. Man kann also sehr dicht am System sein aber auch sehr komfortable Oberflächen nutzen. Für MySQL spricht also

- Große Popularität und weite Verbreitung
- Freie Verfügbarkeit für die Leser
- Klassische SQL-Eingabemöglichkeiten verbunden mit einer grafischen Benutzeroberfläche

Die Beispiele beruhen auf der Version 5.0.41 für den Server und 5.0.11 für den Client. Natürlich gibt es laufend neuere Versionen, auf denen die Beispiele ebenfalls funktionieren sollten. Als Oberfläche wird MySQL Administrator 1.2.12 gewählt, eine ebenfalls weit verbreitete grafische Oberfläche.

3.2.2 SQL Server

Der SQL Server ist eine der am weitesten verbreiteten Datenbankmanagementsysteme. Zunächst eher als Server für kleinere Benutzergruppen eingesetzt ist das System längst auch in größeren Umgebungen im Einsatz und konkurriert mit Oracle und anderen Systemen. Die gute Integration in die Windowsumgebung und die Verbreitung der Windowsserver haben ebenfalls für einen breiten Einsatz gesorgt. Zudem wurde inzwischen ein vergleichsweise guter Übergang zu MS Access hergestellt, der auch ein Upgrade erlaubt. Mit der hier eingesetzten Version steht auch eine für die Zwecke dieses Buches kostenfreie Version zur Verfügung.

Die hier eingesetzte Version ist der SQL Server 2008 Express Edition. Diese Version (SQLEXPR_x86_DEU.exe) können Sie direkt von der Microsoftseite laden (zurzeit: http://www.microsoft.com/downloads/de-de/details.aspx? FamilyID=58ce885d-508b-45c8-9fd3-118edd8e6fff).

Es wird kein Konfigurationstool mitgeliefert, das nach der Installation unmittelbar zur Konfiguration des Dienstes nutzbar ist. Als Oberfläche für die SQL-Befehle bietet sich das Microsoft SQL Server Management Studio an.

Abbildung 3.2: Schematischer Aufbau des Management Studios

Die Datei SQLServerManagmentStudio_x86_DEU.exe für die Installation kann man ebenfalls direkt von Microsoft erhalten (zurzeit: http://www.microsoft.com/downloads/de-de/details.aspx?FamilyID=c243a5ae-4bd1-4e3d-94b8-5a0f62bf7796).

Es wird eine Instanz SQLEXPRESS installiert, die mit dem SQL Server Configuration Manager betrachtet werden kann.

Ausführliche Hinweise zur Installation, eine Starthilfe für den Umgang und zum Import der Beispieldaten finden Sie unter www.serval.de/SQL/.

3.2.3 PostgreSQL

PostgreSQL hat sich in den letzten Jahren zu einer echten Alternative zu MySQL für den Einsatz auf Internetservern entwickelt. Es wird von vielen Linux-Distributionen wie auch von Apple mit MacOS mitgeliefert, was weiter zu seiner Verbreitung beigetragen hat.Hinzu kommt die starke Konformität mit dem Standard von SQL und eine sehr solide technische Basis. Diese Kombination macht das System zunehmend attraktiv.

Hier wird die Version 9.1.1 verwendet. PostgresSQL kann für die Zwecke dieses Buches ebenfalls frei genutzt werden. Als Oberfläche steht beispielsweise PHPpgAdmin zur Verfügung.

Der Download der aktuellen Version kann von www.postgresql.org/download erfolgen.

Ausführliche Hinweise zur Installation, eine Starthilfe für den Umgang und zum Import der Beispieldaten finden Sie wieder unter www.serval.de/SQL/.

3.2.4 MS Access

MS Access ist eines der Datenbanksysteme, die in diesem Buch schwerpunktmäßig als Grundlage der Beispiele und Übungen verwendet werden. Im Fall von MS Access sind die Beispiele für MS Access 2013 (damit auch 2007 und 2010) und MS Access 2003 erstellt – die zurzeit meist verbreiteten Versionen.

Für die Nutzer älterer Versionen von MS Access (97, 2000) ist hier keine komplette Datenbank beigefügt. Sie können aber, wie die Nutzer aller Versionen von MS Access eine eigene Datenbank anlegen, indem Sie die beigefügten Excel-Dateien importieren.

Ältere MS Access Versionen

Für die Nutzer von MS Access 2013, MS Access 2010 und MS Access 2007 ist die beigefügte Datenbank im accdb-Format nutzbar. Bei der Oberfläche gibt es zwischen den Versionen natürlich ein paar Unterschiede, die aber beim Umgang mit SQL nicht besonders behindern sollten.

Access2013/ 2010/2007

MS Access wird hier als eines der Datenbankmanagementsysteme für die Übungen verwendet, obwohl es in vielen Bereichen etwas untypisch ist und von erfahrenen Datenbankanwendern als »kleine Münze« eingestuft wird. Gleichwohl ist es die Datenbank mit der viele Anwender als erstes in Berührung kommen, einfach weil sie als Teil der MS Office-Umgebung von Microsoft den Weg zu vielen Anwendern findet. Es darf auch nicht übersehen werden, dass viele Anwender in Fachabteilungen und auch private Nutzer zunächst MS Access zur Verfügung haben. Die grafische Windows-Oberfläche erleichtert außerdem den Zugang zur Datenbankwelt.

Daher wird an einigen Stellen gezielt auf die Besonderheiten der grafischen Oberfläche von MS Access eingegangen, um den interessierten Anwendern auch deren Nutzung nahezubringen und insbesondere den Zusammenhang zwischen der grafischen Oberfläche und dem darunter liegenden SQL zu erläutern. Es wird dabei auf Abbildungen aus Access 2010 und Access 2013 zurückgegriffen. Die inhaltlichen Unterschiede sind allerdings zumeist gering.

3.2.5 ORACLE

Oracle ist eines der »großen« Datenbankmanagementsysteme und neben DB2 das Datenbanksystem, das gerade in Großunternehmen oft das Rückgrat der IT bildet. Oracle ist inzwischen in verschiedenen Versionen in jeder Größenordnung der IT bis hinunter zur Einzelplatzversion für Windows verfügbar und hier auch für nicht kommerzielle Zwecke testweise kostenlos nutzbar. Daher ist es auch hier interessant zu nutzen. Oracle war immer wieder Vorreiter bei der Umsetzung komplexer SQL-Erweiterungen, was einerseits für umfangreiche Anwendungen sehr interessant ist, andererseits natürlich umgekehrt aber auch mit dem Nachteil verbunden ist, dass vieles was in Oracle »geht« in anderen Systemen nicht möglich ist. Wer Oracle bereits kennt oder entscheidet, dass ihn gerade wegen seiner Bedeutung für größere Unternehmen Oracle besonders interessiert kann die Beispiele auch mit dem frei nutzbaren Oracle Express bearbeiten.

Ausführliche Hinweise zur Installation, eine Starthilfe für den Umgang und zum Import der Beispieldaten finden Sie unter www.serval.de/SQL/.

Hier sollen nur ein paar kurze Hinweise genügen.

SYS und SYSTEM — Nach den gängigen Fragen zur Lizenzierung und zum Zielverzeichnis für die Installation fragt Sie Oracle nach einem Passwort. Dieses Passwort wird gleich für zwei Superuser verwendet, die Oracle SYS und SYSTEM nennt. Die genauen Unterschiede sind hier nicht relevant, im Wesentlichen wird mit SYSTEM gearbeitet, während SYS ein »Backup« für den Administrator darstellt. Verwenden Sie als Passwort am besten wieder »masterkey«, wie in diesem Buch immer empfohlen und worauf auch die Skripte abgestimmt sind.

3.2.6 Firebird

Firebird ist der Nachfolger und die Weiterentwicklung des Borland-Datenbankmanagementsystems Interbase. Es handelt sich wiederum um eine für Testzwecke frei nutzbare Datenbank, die dank der Vorarbeiten in Interbase eine erstaunliche Stärke und Robustheit für den produktiven Einsatz aufweist. Die geringe Verbreitung ist sicher in erster Linie auf ihre Herkunft aus dem Haus Borland, jetzt Embarcadero zurückzuführen. Der Ruf von Borland ist der eines hervorragenden Lieferanten von Softwareentwicklungsumgebungen wie Delphi, C++-Builder und inzwischen einer Reihe von Umgebungen für die Internetprogrammierung, aber eben nicht der eines Datenbankherstellers. Das Schattendasein des Systems ist daher eher auf die fehlende Positionierung im Markt als auf technische Schwächen zurückzuführen.

Das System wurde hier trotz der vergleichsweise geringen Verbreitung auch aufgenommen, da es gerade für Programmierer von Anwendungen mit einer embedded Database eine interessante Alternative bietet. Firebird bietet einen vergleichsweise geringen Funktionsumfang, der sich aber mittels sogenannter User Defined Functions (UDF) schnell erweitern lässt. Das System ist sehr schlank und stabil. Es ist aber eher untypisch als eigenständige Datenbank mit grafischer Oberfläche.

Damit Sie dieses System ebenfalls für die Beispiele des Buches nutzen können, wird kurz die Installation und die Bereitstellung der Beispieldatenbanken beschrieben. Die Beispiele sind aber – ähnlich wie bei Oracle – nicht schwerpunktmäßig auf Firebird abgestimmt, so dass einige Beispiele wegen der etwas unterschiedlichen Philosophie von Firebird mangels vorinstallierter Funktionen nicht genutzt werden können.

Einen Download für die hier verwendete Version finden Sie unter www.serval.de/SQL/. Weitere Downloads finden Sie unter www.firebirdsql.org.

Nutzen Sie bei der Installation den Superuser SYSDBA mit dem automatisch erzeugten Passwort masterkey. Ausführliche Hinweise zur Installation, eine Starthilfe für den Umgang und zum Import der Beispieldaten finden Sie unter www.serval.de/SQL/.

3.2.7 OpenOffice.orgBase

Abschließend gibt es noch eine Alternative zum Einsatz von MS Access. So steht mit der Datenbankkomponente orgBase von OpenOffice eine weitere Datenbank zur freien Nutzung für die hier benötigten Beispiele zur Verfügung. Die Einbindung in eine Office-Umgebung und die für viele Aufgaben unmittelbar nutzbare, grafische Oberfläche sind MS Access nicht unähnlich. In Art der Ausstattung und Nutzung, Datentypen und auch SQL-Dialekt gibt es allerdings auch gravierende Unterschiede. So ähnelt MS Access oft mehr einer Entwicklungsumgebung für Datenbankanwendungen unter Windows und speziell MS Office, während openOffice.orgbase mehr Ähnlichkeiten mit den »großen Geschwistern« wie MySQL aufweist. Auch wenn dies nicht ganz korrekt ist, soll die Datenbank im Folgenden entsprechend der Oberfläche immer kurz als »openBase« bezeichnet werden.

Eine Datenbank in openBase ist analog der MS Access-Datei mit der Erweiterung .accdb eine einzelne Datei mit der Erweiterung .odb. Natürlich werden wir auch hier die direkte Eingabe der SQL-Anweisungen vorstellen, die Oberfläche bietet aber einen schnellen Überblick.

HSQL Basis der Datenbank openBase ist die sogenannte HSQL-Engine. Daneben unterstützt openBase auch die Weiterleitung von Anweisungen an andere Datenbanksysteme. Hier wird aber die eigentliche und eigene HSQL-Engine für die Beispiele mit openBase verwendet.

Downloads finden Sie unter de.openoffice.org und unter www.serval.de/SQL/ für die hier verwendete ersion.

3.3 Installation der Beispieldatenbanken

Wenn das Datenbanksystem bereits installiert ist, können die Kursdatenbank und bei Bedarf auch die Artikeldatenbnak installiert werden. Außerdem wird hier beschrieben, wie bereits installierte Datenbanken wieder in den Ausgangszustand zurückgesetzt werden können. Der Download erfolgt jeweils von der Seite www.serval.de/SQL/.

3.3.1 MySQL

kurse Um die Kursdatenbank wieder zurückzusetzen, wird das Skript LoescheKursdb aufgerufen und anschließend das Löschen mit »y« bestätigt.

Um die Datenbank zu laden, wird das Skript Kursdb aufgerufen.

Beide Skripte gehen davon aus, dass Sie das Passwort masterkey für den Benutzer root eingerichtet haben, wie es in der folgenden Installation empfohlen wird. Außerdem gehen beide Skripte davon aus, dass sie aus dem Verzeichnis datenbanken/MySQL/kurse heraus ausgeführt werden.

Um die Kursdatenbank wieder zurückzusetzen, wird das Skript LoescheArtikeldb aufgerufen und anschließend das Löschen mit »y« bestätigt.   **artikel**

Um die Datenbank zu laden, wird das Skript Artikeldb aufgerufen.

Beide Skripte gehen davon aus, dass Sie das Passwort masterkey für den Benutzer root eingerichtet haben wie es in der folgenden Installation empfohlen wird. Außerdem gehen beide Skripte davon aus, dass sie aus dem Verzeichnis datenbanken/MySQL/artikel heraus ausgeführt werden.

3.3.2 SQL Server

Um die Kursdatenbank wieder zurückzusetzen, wird das Skript LoescheKursdb aufgerufen.   **kurse**

Um die Datenbank zu laden, wird das Skript Kursdb aufgerufen. Der Rechnername HARRY-PC ist durch den Namen Ihres PC zu ersetzen, wie auch in allen anderen .bat Dateien für den SQL-Server.

Beide Skripte gehen davon aus, dass Sie bei der Installation des SQL Servers das aktuelle Benutzerkonto als Windows-Authentifizierung angegeben haben, wie es in der folgenden Installation empfohlen wird. Außerdem gehen beide Skripte davon aus, dass sie aus dem Verzeichnis datenbanken/SQLServer/kurse heraus ausgeführt werden.

Um die Kursdatenbank wieder zurückzusetzen, wird das Skript LoescheArtikeldb aufgerufen.   **artikel**

Um die Datenbank zu laden, wird das Skript Artikeldb aufgerufen.

Beide Skripte gehen davon aus, dass Sie bei der Installation des SQL Servers das aktuelle Benutzerkonto als Windows-Authentifizierung angegeben haben eingerichtet haben wie es in der folgenden Installation empfohlen wird. Außerdem gehen beide Skripte davon aus, dass sie aus dem Verzeichnis datenbanken/SQLServer/artikel heraus ausgeführt werden.

3.3.3 PostgreSQL

Um die Kursdatenbank wieder zurückzusetzen, wird das Skript LoescheKursdb aufgerufen.   **kurse**

Um die Datenbank zu laden, wird das Skript Kursdb aufgerufen.

Beide Skripte gehen davon aus, dass Sie ein Passwort, vorgeschlagen in der Installation war masterkey, eingerichtet haben, wie es in der folgenden Installation empfohlen wird. Außerdem gehen beide Skripte davon aus, dass sie aus dem Verzeichnis datenbanken/PostgreSQL/kurse heraus ausgeführt werden. Die Mechanismen für eine Passwortübergabe erfordern eine eigene Passwortdatei, die hier vermieden wurde. Sie müssen daher das Passwort mehrmals angeben. Wenn Ihnen das zu umständlich erscheint, müsse Sie eine solche Datei anlegen.

artikel Um die Kursdatenbank wieder zurückzusetzen, wird das Skript LoescheArtikeldb aufgerufen.

Um die Datenbank wieder zu laden, wird das Skript Artikeldb aufgerufen.

Beide Skripte gehen davon aus, dass Sie ein Passwort, vorgeschlagen in der Installation war masterkey, eingerichtet haben, wie es in der folgenden Installation empfohlen wird. Außerdem gehen beide Skripte davon aus, dass sie aus dem Verzeichnis datenbanken/PostgreSQL/kurse heraus ausgeführt werden. Die Mechanismen für eine Passwortübergabe erfordern eine eigene Passwortdatei, die hier vermieden wurde. Sie müssen daher das Passwort mehrmals angeben. Wenn Ihnen das zu umständlich erscheint, müsse Sie eine solche Datei anlegen.

Außerdem gehen beide Skripte davon aus, dass sie aus dem Verzeichnis datenbanken/PostgreSQL/artikel heraus ausgeführt werden.

3.3.4 Oracle

kurse Um die Kursdatenbank wieder zurückzusetzen, wird das Skript LoescheOraKurse aufgerufen.

Um die Datenbank wieder zu laden, wird das Skript OraKurse aufgerufen.

Beide Skripte gehen davon aus, dass Sie das Passwort masterkey für den Benutzer **SYSTEM** eingerichtet haben, wie es in der folgenden Installation empfohlen wird. Die Existenz des Schemas können Sie in Oracle unter ADMINISTRATION/DATABASE USERS/MANAGE USERS kontrollieren. Existiert der Benutzer kurse ist das Schema verfügbar. Sie können sich mit dem Benutzer kurse und dem Passwort pwkurse anmelden und unter OBJECT BROWSER/BROWSE/TABLES den Inhalt überprüfen. Im Tabellenblatt TABLE sehen Sie die Struktur, unter Data den Inhalt der Tabellen.

artikel Um die Kursdatenbank wieder zurückzusetzen wird das Skript LoescheOraArtikel aufgerufen.

Um die Datenbank wieder zu laden wird das Skript OraArtikel aufgerufen.

Beide Skripte gehen davon aus, dass Sie das Passwort masterkey für den Benutzer **SYSTEM** eingerichtet haben, wie es in der folgenden Installation empfohlen wird. Die Existenz des Schemas können Sie in Oracle unter ADMINISTRATION/DATABASE USERS/MANAGE USERS kontrollieren. Existiert der Benutzer artikel ist das Schema verfügbar. Sie können sich mit dem Benutzer artikel und dem Passwort pwartikel anmelden und unter OBJECT BROWSER/BROWSE/TABLES den Inhalt überprüfen. Im Tabellenblatt TABLE sehen Sie die Struktur, unter DATA den Inhalt der Tabellen.

3.3.5 Firebird

Um die Kursdatenbank wieder zurückzusetzen, wird das Skript LoescheFireKurse aufgerufen. **kurse**

Um die Datenbank wieder zu laden, wird das Skript FireKurse aufgerufen.

Um die Artikeldatenbank wieder zurückzusetzen, wird das Skript LoescheFireArtikel aufgerufen. **artikel**

Um die Datenbank wieder zu laden, wird das Skript FireArtikel aufgerufen.

Beide Skripte je Datenbank gehen jeweils davon aus, dass Sie das Passwort masterkey für den Benutzer SYSDBA eingerichtet haben, wie es in der folgenden Installation empfohlen wird. Die Existenz des Schemas können Sie in Firebird mit der hier verwendeten Konsole unter DATABASES im Baum des linken Fensters prüfen. Mit einem Doppelklick auf die Datenbank öffnet sich eine Liste, die unter anderem den Eintrag TABLES zeigt. Wählen Sie diesen Eintrag aus, können Sie anschließend durch Doppelklick auf die gewünschte Tabelle im rechten Fenster ein weiteres Fenster mit der Struktur der Tabelle öffnen. In der Registerseite PROPERTIES sehen Sie die Struktur, unter DATA nach der zusätzlichen Auswahl OPEN den Inhalt der Tabelle.

Wenn Sie eine Datenbank wie kurse oder artikel neu aufbauen wollen, können Sie dies durch den Start der beiden entsprechenden Skripte tun. Sie müssen Sie hinterher unter Umständen noch registrieren. Dazu rufen Sie beispielsweise in der Konsolenoberfläche DATABASE/REGISTER auf. Lassen Sie sich auch nicht davon irritieren, dass die Datenbank nach der Ausführung des Löschskriptes noch sichtbar ist. Mit einem Doppelklick auf den Namen der Datenbank im linken Fenster erhalten Sie eine Fehlermeldung. Die Datenbank ist lediglich noch nicht abgemeldet, was auch nicht notwendig ist, da wir sie wieder neu erzeugen wollen.

3.3.6 MS Access

Alle Daten sind für MS Access 2013 vorbereitet. Um den Start zu vereinfachen, sind die Daten als komplette MS Access-Datenbank beigefügt und können unmittelbar genutzt werden.

Die Datei Kurse2013.accdb enthält die komplette Kursdatenbank für MS **kurse**

Access 2013. Die Datei Kurse2010.accdb enthält die Kursdatenbank für MS Access 2010 (und 2007). Um die Kursdatenbank wieder zurückzusetzen, kopieren Sie die Datei einfach erneut. Für Nutzer älterer Versionen sind die Daten noch als Excel-Dateien beigefügt. Importieren Sie sich die Excel-Dateien in die Datenbank.

artikel Die Datei Artikel2013.accdb enthält die komplette Artikeldatenbank für MS Access 2013. Die Datei Artikel2010.accdb enthält die Kursdatenbank für MS Access 2010 (und 2007).Um die Artikeldatenbank wieder zurückzusetzen, kopieren Sie die Datei erneut. Für Nutzer älterer Versionen sind die Daten noch als Excel-Dateien beigefügt. Importieren Sie sich die Excel-Dateien in die Datenbank. Das Verfahren wird im Anhang für MS Access beschrieben.

3.3.7 openBase

Alle Daten sind für openOffice.org Base, hier immer kurz openBase genannt, vorbereitet. Um den Start zu vereinfachen, sind die Datenbanken jeweils als komplette Datenbanken beigefügt und können unmittelbar genutzt werden.

kurse Die Datei kurse.odb enthält die komplette Kursdatenbank für openBase. Um die Kursdatenbank wieder zurückzusetzen, kopieren Sie die Datei einfach erneut. Für Nutzer älterer Versionen sind die Daten noch als Calc-Dateien beigefügt. Importieren Sie die Calc-Dateien in die Datenbank.

artikel Die Datei artikel.odb enthält die komplette Artikeldatenbank für openBase. Um die Artikeldatenbank wieder zurückzusetzen, kopieren Sie die Datei einfach erneut. Für Nutzer älterer Versionen sind die Daten noch als Calc-Dateien beigefügt. Importieren Sie die Calc-Dateien in die Datenbank. Das Verfahren wird im Anhang für openBase beschrieben.

4 Mit SQL Daten abfragen (SELECT)

Datenbanken dienen der Verwaltung von Informationen. Die wichtigste Aufgabe von SQL besteht also zunächst darin, Informationen aus relationalen Datenbanken zu gewinnen. SQL bietet hierfür die SELECT-Anweisung. Daher ist die SELECT-Anweisung die in der Praxis meistverwendete und wichtigste Anweisung überhaupt.

Jede SELECT-Anweisung liefert eine Menge von Datensätzen (Tupeln) derselben Art, also mit festgelegten Datenfeldern (Spalten) aus einer oder mehreren Tabellen. Um die richtigen Felder und die richtigen Datensätze aus den entsprechenden Tabellen zu ermitteln, muss die SELECT-Anweisung entsprechend formuliert werden. Dabei zeigt sich, dass die SELECT-Anweisung zugleich die einfachste und komplizierteste Anweisung ist. Einfach ist sie, da sie nur aus wenigen, klar strukturierten Bausteinen besteht. Schwierig ist sie, weil diese Bausteine in vielerlei Art kombiniert werden können. Schwierig ist sie auch auf Grund der Performance-Überlegungen, die sie in komplexen Datenbanken mit einer großen Anzahl von Tabellen und Datensätzen erfordert.

4.1 SELECT – Die Syntax

Die einzelnen Bausteine sollen schrittweise erarbeitet werden. Die (weitgehend vollständige) Syntax der **SELECT**-Anweisung lautet

SELECT [DISTINCT|ALL] ausdrucksliste

FROM tabelle [joinliste]

[**WHERE** bedingungsliste]

[**GROUP BY** ausdrucksliste]

[**HAVING** bedingungsliste]

[**ORDER BY** ausdrucksliste [ASC|DESC]];

SELECT-Syntax

Ausdrücke der Ausdrucksliste können neben Datenfeldern auch Berechnungen, Funktionen und verschiedene Kombinationen dieser Elemente sein. Darauf wird in Kapitel 5 ausführlich eingegangen.

Auf Deutsch bedeutet die Anweisung dann also etwa, »Wähle die benötigten Felder aus den Tabellen aus, beachte einige Einschränkungen, bilde bei Bedarf Pakete (Gruppen) mit weiteren Einschränkungen und sortiere das Ganze abschließend.«

Eine SELECT-Anweisung liefert immer eine Datensatzmenge. Das Ergebnis kann man sich also immer also »virtuelle Tabelle« vorstellen. Genau wie richtige Tabellen hat diese virtuelle Tabelle Felder als Spalten

SELECT = Datensatzmenge

und Datensätze als Zeilen.

Man sieht, dass viele optionale Teile (in den [eckigen] Klammern) stehen, die zunächst entfallen können. Trotzdem sollen die einzelnen Bestandteile der Übersicht wegen hier bereits kurz erläutert werden.

- Die erste Zeile mit »**SELECT** ausdrucksliste« bestimmt, welche Felder der ermittelten Datensätze angezeigt werden sollen, sie legt also die Spalten der Datensätze in der Ergebnismenge und somit deren Struktur fest.
- Mit **FROM** werden alle Tabellen angegeben, auf die in der gesamten **SELECT**-Anweisung zurückgegriffen wird sowie deren Verbindung untereinander beschrieben (**JOIN**). Im einfachsten Fall werden alle Datensätze einer Tabelle ermittelt und bilden die Zeilen der Ergebnistabelle. Somit ist mit »**SELECT** ausdrucksliste **FROM** tabelle« bereits eine Ergebnistabelle vollständig definiert. Das Ergebnis kann ermittelt und angezeigt werden. Alle weiteren Anweisungen modifizieren dieses Ergebnis »nur« noch.
- Die **WHERE**-Klausel beschreibt die Bedingungen, die ein Datensatz erfüllen muss (in Form seiner Werte), um in die Ergebnismenge, die die **SELECT**-Anweisung liefert, aufgenommen zu werden. Hier werden also die ermittelten Ergebniszeilen eingeschränkt.
- Die **GROUP**-Klausel erlaubt es, Gruppen von Datensätzen zu einem Gruppendatensatz zusammenzufassen.
- Die **HAVING**-Klausel gibt wiederum Bedingungen für diese Gruppendatensätze an, die erfüllt sein müssen, um einen gruppierten Datensatz in die Ergebnismenge der **SELECT**-Anweisung aufzunehmen. Hier werden also die ermittelten Gruppendatensätze eingeschränkt.
- Mit der **ORDER BY**-Klausel können die Datensätze und die Gruppendatensätze vor ihrer Ausgabe abschließend sortiert werden.

Reihenfolge beachten

Wichtig ist in jedem Fall, die Reihenfolge der einzelnen Klauseln beizubehalten. Eine **WHERE**-Klausel steht immer vor der **GROUP**-Klausel. Eine **ORDER BY**-Klausel kommt niemals vor einem **HAVING** und entsprechendes gilt für die anderen Klauseln.

Abgeschlossen wird eine **SELECT**-Anweisung – wie jede SQL-Anweisung – durch ein Semikolon (;). Gerade Windows-Systeme erlauben oft auch eine Eingabe ohne Semikolon. Sollen allerdings mehrere SQL-Anweisungen aufeinander folgen, ist die Trennung mit einem Semikolon überall Pflicht.

4.2 Einfache Abfragen

Beschränkt man sich auf die tatsächlich notwendigen Angaben, so kann man sehr schnell eine SELECT-Anweisung formulieren, die tatsächlich auch erste Informationen liefert.

Zunächst soll eine SELECT-Anweisung formuliert werden, die alle Personen aus der Tabelle tbPerson anzeigt:

Beispiel

```
SELECT Familienname, Vorname
FROM tbPerson;
```
Listing 4.1: Alle Personen mit Namen

Familienname	Vorname
Weiss	Peter
Bucz	Susanne
Karmann	Thomas
Klötzer	Karl
Weiss	Karin
Weiss	Peter
Meier	Kathrin
Schmidt	Karl
Müller	Claudia
Lisewski	Bernd
Martens	Melanie
Schlachter	Dieter
Peredy	Helmut
Ruppert	Nicola
Sander	
Cromberg	Jörg
Schulze	Tanja
Winter	Petra
Plate	Ulrich
Magerkurth	Melissa

Abbildung 4.1: Ergebnis der SELECT-Anweisung

Das Ergebnis ist eine Liste, in der in jeder Zeile der Familienname und anschließend der Vorname der Personen angezeigt werden.

Vertauscht man beide Angaben

Reihenfolge der Felder

```
SELECT Vorname, Familienname
FROM tbPerson;
```
Listing 4.2: Geänderte Reihenfolge

so erkennt man, dass die Reihenfolge der Feldnamen in der Namensliste die Reihenfolge der Werte in der Ergebnismenge direkt bestimmt.

Vorname	Familienname
Peter	Weiss
Susanne	Bucz
Thomas	Karmann
Karl	Klötzer
Karin	Weiss
Peter	Weiss
Kathrin	Meier
Karl	Schmidt
Claudia	Müller
Bernd	Lisewski
Melanie	Martens

Abbildung 4.2: Ergebnis bei Vertauschung der beiden Felder

Die Feldnamensliste lässt sich jetzt leicht erweitern. Sollen die Postleitzahl und der Wohnort ergänzt werden, wird die SQL-Anweisung wie folgt erweitert:

```
SELECT Vorname, Familienname, PLZ, Ort
FROM tbPerson;
```
Listing 4.3: Komplette Adresse

Platzhalter
*

Möchte man alle Attribute anzeigen, so ergäbe sich eine ziemlich lange Liste, die außerdem bei eventuellen Änderungen der Tabelle wieder zu ergänzen wäre. Dies ist besonders bei **SELECT**-Anweisungen, deren Ergebnis unmittelbar dem Anwender angezeigt werden soll oder die Testzwecken dienen recht umständlich. Daher gibt es hier die aus Windows gewohnte Kurzform mit * als Platzhalter, der für alle Felder steht. Sollen also alle Felder der Tabelle *tbPerson* angezeigt werden, kann man kurz schreiben:

```
SELECT * FROM tbPerson;
```
Listing 4.4: Komplette Tabellenansicht

PID	Familienname	Vorname	PLZ	Ort	Strasse	Geburtsdatum
1	Weiss	Peter	30529	Hannover	Palmstraße 6	07.11.1963
2	Bucz	Susanne	30531	Hannover	Heinestraße 23	06.04.1976
4	Karmann	Thomas	29227	Celle	Trift 28	04.08.1954
5	Klötzer	Karl	29221	Celle	Bahnhofstraße 2	13.03.1971
6	Weiss	Karin	30529	Hannover	Palmstraße 6	05.10.1962
7	Weiss	Peter	38134	Braunschweig	Glanweg 4	02.03.1974
8	Meier	Kathrin	38154	Braunschweig	Welfenallee 23	03.05.1981
9	Schmidt	Karl	30529	Hannover	Lavesallee 32	25.06.1949
10	Müller	Claudia	29596	Breitenhees	In den Fuhren 12	
11	Lisewski	Bernd	30890	Barsinghausen	Roggenkamp 10	06.06.1960
15	Martens	Melanie	29221	Celle	Horstweg 258	17.02.1961
17	Schlachter	Dieter	29227	Celle	Mondhagen 43	02.02.1961
23	Peredy	Helmut	29221	Celle	Mauerstraße 2	23.02.1956
24	Ruppert	Nicola	29301	Bergen	Welfenallee 23	25.02.1962
25	Sander		29223	Celle	Marxallee 12	05.02.1953
26	Cromberg	Jörg	38152	Braunschweig	Nordring 13	07.06.1991
31	Schulze	Tanja	29308	Winsen	Berliner Ring 23	09.11.1992
32	Winter	Petra	29320	Hermannsburg	Immenhoop 51	30.12.1989
34	Plate	Ulrich	30529	Hannover	Gutenberggasse 5	02.12.1986
37	Magerkurth	Melissa	29336	Nienhagen	Am Tümpel 3	04.09.1951

Abbildung 4.3: Alle Felder mit SELECT * from tbPerson;

Qualifizierung

Solange der Name eines Feldes eindeutig ist, reicht er zur Bezeichnung für die SELECT-Anweisung aus. Innerhalb einer Tabelle müssen alle Namen eindeutig sein. Zwei Felder mit demselben Namen sind verboten. Schwierigkeiten können sich ergeben, wenn mehrere Tabellen in einer SELECT-Anweisung verwendet werden. Sind in mehreren Tabellen Felder gleichen Namens vorhanden, beispielsweise die *PID* in den Tabellen *tbPerson* und *tbDozent*, so ist für den SQL-Interpreter nicht mehr eindeutig erkennbar, welches Feld gemeint ist. In diesen Fällen verwendet man eine sogenannte Qualifizierung. Dabei wird dem Spaltennamen der Name der Tabelle – getrennt durch einen Punkt – vorangestellt.

Für den SQL-Interpreter ist *tbPerson.PID* eindeutig von *tbDozent.PID* zu unterscheiden. Bei großen Datenbankanwendungen reicht auch der Tabellenname unter Umständen nicht für eine eindeutige Bezeichnung aus. Daher werden nach demselben Schema weitere Qualifizierer vorangestellt, etwa das Datenbankschema oder der Name der Datenbank, so dass man dann beispielsweise *Kurse.tbPerson.PID* schreibt. Man spricht auch von vollständiger Qualifizierung. Bis auf die Qualifizierung mit dem Tabellennamen wird dies aber im weiteren Verlauf dieses Buches nicht weiter berücksichtigt. In großen Umgebungen klärt man dies mit dem Datenbankadministrator.

Qualifiziert man die Feldnamen aus der Beispielabfrage mit dem Tabellennamen erhält man

```
SELECT tbPerson.vorname, tbPerson.familienname,
tbPerson.PLZ,tbPerson.Ort
FROM tbPerson;
```
Listing 4.5: Qualifizierte Feldnamen

oder mit dem Platzhalter *

```
SELECT tbPerson.*
FROM tbPerson;
```
Listing 4.6: Qualifikation für alle Feldnamen

Alias = Ersatznamen

Die Felder der Ergebnisdatenmenge einer SELECT-Anweisung tragen die gleichen Namen wie die Felder in der Datenbank. Die Namen werden also unmittelbar übernommen und stehen bei einer Ausgabe im Spaltenkopf. Die Namen können geändert werden, was sowohl für die Anzeige als auch für die Weiterverarbeitung in einem Programm wichtig sein kann. Man fügt dazu in der SELECT-Anweisung an den Feldnamen ein sogenanntes Alias an.

Die Alias sind Ersatznamen sind Ersatznamen, die bei einem Feldnamen (und auch bei einem beliebigen Ausdruck) ergänzt werden können. Sie bezeichnen in der Ergebnismenge der SELECT-Anweisung die Spalten.

So liefert die Ergebnismenge der Anweisung

```
SELECT Vorname AS Vorname, Familienname AS Name,
PLZ AS "Postleitzahl",
 Ort AS "Wohnort der Person"
FROM tbPerson;
```
Listing 4.7: Feldnamen mit Alias

eine Ergebnismenge, deren Felder »VORNAME«, »NAME«, »Postleitzahl« und »Wohnort der Person« sind. Die Groß-/Kleinschreibung wird dabei von verschiedenen SQL-Interpretern konsequent in Großschreibung umgesetzt, siehe Abbildung 4.4.

VORNAME	NAME	Postleitzahl	Wohnort der Person
Peter	Weiss	30529	Hannover
Susanne	Bucz	30531	Hannover
Thomas	Karmann	29227	Celle
Karl	Klötzer	29221	Celle
Karin	Weiss	30529	Hannover
Peter	Weiss	38134	Braunschweig

Abbildung 4.4: Ausschnitt aus der Darstellung mit Alias

Soll eine gemischte Schreibweise realisiert werden, so können dafür die doppelten Anführungsstriche um das Alias gesetzt werden. Man sieht außerdem, dass über die Verwendung der Anführungsstriche auch Leerzeichen in den Namen eingefügt werden können, was vor allem bei einer direkten Ausgabe für einen Endanwender sinnvoll sein kann.

Leerzeichen und Sonderzeichen

Leerzeichen und andere Sonderzeichen erhöhen aus Anwendersicht oft die Lesbarkeit von Namen. Der Name »Stundensatz in €« ist lesbarer als »StundensatzInEuro« oder »Stundensatz_in_Euro«.

Als Namen für Datenbankfelder sollten Leerzeichen oder andere Sonderzeichen aber vermieden werden. Für den Anwender (aber nicht für weiterverarbeitende Programme) kann man dann einen Feldnamen Stundensatz_in_Euro immer noch mit einem

```
SELECT Stundensatz_in_Euro AS "Stundensatz in €"
FROM tbMitarbeiter;
```
für die Ausgabe mit dem gewünschten Alias versehen, um den Anwender zufrieden zu stellen.

Regeln für die Namensvergabe

Sollen also Datenbankobjekte wie Tabellen und Spalten verarbeitet werden, so dürfen Leerzeichen oder andere »schöne« Symbole und Sonderzeichen als Namen der Tabellen und Datenfelder nicht verwendet werden. Feldnamen wie »Stundensatz in EURO«, »geschätzter Aufwand« oder »Frist beachten!« führen in der Regel irgendwann zu Problemen.

Generell sollten ausschließlich verwendet werden:

- Buchstaben – wobei die meisten SQL-Interpreter Groß- und Kleinschreibung nicht unterscheiden, Umlaute und das »ß« sind zu vermeiden,
- Ziffern – aber nicht als erstes Zeichen eines Namens,
- der Unterstrich »_« wenn es nicht anders geht,
- keine SQL-Schlüsselworte wie SELECT, INSERT, UPDATE oder DELETE.

Keine Sonderzeichen in Datenbanknamen

Die sogenannte »CamelCase-Scheibweise«, bei der in zusammengesetzten Worten jedes neue Wort mit einem Großbuchstaben beginnt wäre für Datenbankfelder sinnvoll. Der Feldname »StundensatzInEuro« ist grundsätzlich ein vernünftiger Name. Leider gibt es hier aber eine Einschränkung. Die meisten Datenbanksysteme im Großrechnerumfeld wie auch SQL-Interpreter, die aus diesem Umfeld kommen, kennen nur Großschreibung. Dies ist auch im SQL-Standard so definiert und wird bei den hier verwendeten Beispielsystemen von MySQL, Oracle und Firebird konsequent umgesetzt. Dies ist also konform zum ANSI SQL-Standard. Im Umfeld von Betriebssystemen, sei es Windows, sei es Linux, wird dagegen bei einigen Datenbanksystemen, sorgfältig zwischen Groß- und Kleinschreibung unterschieden. MySQL im Linux-Umfeld (umschaltbar) und noch deutlicher openBase auch im Windows-Umfeld sind Beispiele. Bei MS Access findet man ein Windows-typisches Verhalten ohne besondere Beachtung von Groß- und Kleinschreibung.

CamelCase-Schreibweise

Trotzdem findet man gerade im Umfeld von MS Access, openBase oder anwendernahen Entwicklungen immer wieder Namen mit Leerzeichen oder Sonderzeichen. Sind sie erst einmal in der Datenbank vorhanden, ist es oft schwer, sie wieder zu ändern. Hier kann bei SQL-Anweisungen die Verwendung der Alias-Schreibweise auch in umgekehrter Richtung weiterhelfen und sollte dann konsequent in jeder Anweisung verwendet werden, bevor die Ergebnisse durch Programme weiterverarbeitet werden. Heißt beispielsweise das Feld in einer Tabelle tbMitarbeiter tatsächlich Stundensatz in Euro, so hilft die Abfrage

Alias für die Programmierung

```
SELECT "Stundensatz in EURO" AS Stundensatz_in_Euro
FROM tbMitarbeiter;
```
Listing 4.8: Umsetzung in einen IT-konformen Namen

Hier wird ein programmierkompatibles Alias erzeugt.

Generell lautet der Tipp: Sollen zusammengesetzte Worte in Namen verwendet werden und arbeitet man in einem Umfeld mit Großschreibung, nutzt man den Unterstrich »_<<. Dieser wird von fast jedem SQL-Interpreter und fast jeder relationalen Datenbank akzeptiert.

MS Access und MySQL zeigen hier ein vom Standard abweichendes Verhalten.

4.2.1 Alias in MS Access

Alias in MS Access

MS Access ist – wie erwähnt – stark von Windows geprägt. Daher werden hier die Feldnamen nicht in Großschreibung umgesetzt, sondern unverändert beibehalten. Die Einschließung in doppelte Anführungsstriche funktioniert ebenfalls nur sehr bedingt, diese werden nämlich als Teil des Alias übernommen. MS Access müsste also für die obige SELECT-Anweisung etwa das Ergebnis in Abbildung 4.5 geliefert haben.

Vorname	Name	"Postleitzahl"	" Wohnort der Person"
Peter	Weiss	30529	Hannover
Susanne	Bucz	30531	Hannover
Thomas	Karmann	29227	Celle
Karl	Klötzer	29221	Celle
Karin	Weiss	30529	Hannover

Abbildung 4.5: Ergebnis in MS Access bei SQL-standardkonformer Alias-Angabe

Um in MS Access sinnvoll mit Ersatznamen arbeiten zu können, müssen die Alias-Angaben in die für MS Access typischen eckigen Klammern [...] gesetzt werden. Soll das Standardverhalten der Umsetzung in Großbuchstaben erfolgen, ist dies ebenfalls vorher zu berücksichtigen. In MS Access müsste die **SELECT**-Anweisung also etwa wie folgt lauten:

```
SELECT tbPerson.Vorname AS VORNAME,
tbPerson.Familienname AS NAME,
tbPerson.PLZ AS Postleitzahl,
tbPerson.Ort AS [Wohnort der Person]
FROM tbPerson;
```
Listing 4.9: Alias in MS Access

Die Angabe der eckigen Klammern ist optional, solange keine Leerzeichen oder sonstigen Sonderzeichen auftreten. In der grafischen Oberfläche von MS Access könnte das dann wie in Abbildung 4.6 aussehen.

Feld:	Vorname	Name: Familienname	Postleitzahl: PLZ	Wohnort der Person: Ort
Tabelle:	tbPerson	tbPerson	tbPerson	tbPerson
Sortierung:				
Anzeigen:	✓	✓	✓	✓
Kriterien:				
oder:				

Abbildung 4.6: SELECT-Anweisung mit Alias in MS Access

4.2.2 Alias in MySQL

Alias in MySQL

Wie immer unterscheidet der SQL-Interpreter von MySQL die Groß-/Kleinschreibung entsprechend der Konfiguration und dem Betriebssystem auf dem MySQL läuft. Insbesondere kann es zwischen

Windows und Linux deutliche Unterschiede geben. Folglich muss das Gesagte unter diesem Blickwinkel betrachtet werden. In den meisten Fällen sollte man aber ein standardkonformes Ergebnis wie in Abbildung 4.7 gezeigt erhalten.

Vorname	Name	Postleitzahl	Wohnort der Person
Peter	Weiss	30529	Hannover
Susanne	Bucz	30531	Hannover
Thomas	Karmann	29227	Celle
Karl	Klötzer	29221	Celle
Karin	Weiss	30529	Hannover

Abbildung 4.7: Ergebnis mit ALIAS in MySQL

Man kann dies auch mit der Kommandozeilenoberfläche mysql.exe von MySQL testen. Bei Eingabe der SQL-Anweisung am Prompt erhält man das in Abbildung 4.8 gezeigte Ergebnis.

```
mysql> select Vorname AS Vorname, Familienname AS Name, PLZ AS "Postleitzahl", O
rt AS "Wohnort der Person" FROM tbPerson;
+---------+---------+--------------+--------------------+
| Vorname | Name    | Postleitzahl | Wohnort der Person |
+---------+---------+--------------+--------------------+
| Peter   | Weiss   | 30529        | Hannover           |
| Susanne | Bucz    | 30531        | Hannover           |
| Thomas  | Karmann | 29227        | Celle              |
| Karl    | Klötzer | 29221        | Celle              |
| Karin   | Weiss   | 30529        | Hannover           |
```

Abbildung 4.8: Ergebnis mit ALIAS in mysql.exe

Alias für Tabellen

Wie die Feldnamen können auch die Tabellennamen mit einem Alias versehen werden. Damit kann das Alias des Tabellennamens an allen Stellen der SELECT-Anweisung verwendet werden, an der sonst der komplette Tabellenname stehen müsste. Insbesondere kann das Alias zur Qualifizierung der Spaltennamen mit dem Tabellennamen verwendet werden.

Statt
```
SELECT tbPerson.vorname, tbPerson.familienname,
tbPerson.PLZ,tbPerson.Ort
FROM tbPerson;
```
kann man auch einfach schreiben:
```
SELECT p.vorname, p.familienname, p.PLZ, p.Ort
FROM tbPerson p;
```
Das macht die Anweisung kürzer, ist genauso verständlich und erlaubt das Alias der Tabelle später auch noch an deren Stelle in der SELECT-Anweisung zu nutzen.

4.2.3 ALL und DISTINCT

Die **SELECT**-Syntax am Anfang dieses Kapitels enthält die Angabe [DISTINCT|ALL] unmittelbar nach dem **SELECT**. Die eckigen Klammern bedeuten, dass es sich um optionale Angaben handelt, der Inhalt also entfallen kann. Der senkrechte Strich trennt verschiedene Auswahlmöglichkeiten im Sinne eines »entweder ... oder ...«.

Wird kein Wert angegeben, also

```
SELECT vorname, familienname
FROM tbPerson;
```

geschrieben, ist das gleichbedeutend mit der Angabe des **ALL**. **ALL** ist der Standard- oder Default-Wert:

```
SELECT ALL vorname, familienname
FROM tbPerson;
```

Dabei kann es vorkommen, dass die Ergebnismenge mehrere identische Datensätze enthält, also Datensätze bei denen alle Felder den gleichen Wert aufweisen. Im Beispiel ist das bei dem Herrn Peter Weiß der Fall, siehe Abbildung 4.1. Sollen diese Duplikate unterdrückt werden, kann dies mit der Angabe **DISTINCT** geschehen.

```
SELECT DISTINCT vorname,familienname
FROM tbPerson;
```
Listing 4.10: Elimination von Duplikaten mit **DISTINCT**

Hier wird die Ergebnismenge vor der Ausgabe auf Duplikate geprüft und diese werden eliminiert.

- Oracle verwendet UNIQUE synonym zu DISTINCT.
- Einige Datenbankmanagementsysteme erlauben es, das AS vor dem Alias wegzulassen, also SELECT Familienname Name statt SELECT Familienname AS Name zu schreiben.

Diese Schreibweise wird hier nicht verwendet, da sie

- weder von allen Systemen unterstützt wird,
- noch der Übersichtlichkeit dient,
- noch Einheitlichkeit bezüglich Alias für Felder und Alias für Tabellen existiert.

Zusammenfassung

Die grundlegenden Elemente für eine Datenbankabfrage mit einer **SELECT**-Anweisung sind jetzt geklärt. Die Syntax »tabelle.feldname« zum Qualifizieren ist bekannt.. Felder und Tabellen können mit einem Alias versehen werden:

Syntax Alias
```
SELECT [DISTINCT|ALL]
feldname AS alias { ,feldname [AS alias]}
FROM tabelle [AS alias];
```

Der * steht stellvertretend für alle Felder. Durch den Zusatz von **DISTINCT** können die Duplikate in der Ergebnismenge verhindert werden.

Übungen zum einfachen SELECT mit und ohne Alias

Erstellen Sie für die folgenden Aufgaben jeweils eine SELECT-Anweisung.

1. Ermitteln Sie aus der Tabelle tbKursthema alle Felder für alle Themen. (Ü4.2.1)
2. Ermitteln Sie aus der Tabelle tbKursthema das Thema, die Kursbeschreibung und die geplante Dauer des Kurses. Verwenden Sie für den Tabellenname das Alias kt und qualifizieren Sie die Feldnamen mit dem Alias. (Ü4.2.2)
3. Ermitteln Sie aus der Tabelle tbKursthema die Kursthemen-Identifikationsnummer (KTHID) unter dem Alias KThID, also mit kleinem »h«, das eigentliche Kursthema unter dem Ersatznamen KURSTHEMA und die Dauer unter dem Alias "geplante Kursdauer". (Ü4.2.3)
4. Ermitteln Sie alle in der Tabelle tbKursthema vorkommenden verschiedenen Kursdauern (ohne weitere Felder). (Ü4.2.4)

4.3 Daten sortieren mit der ORDER BY-Klausel

Wie der Ausdruck **ORDER BY** nahelegt, geht es um die Sortierung der Ergebnismenge. Relationale Datenbanken arbeiten mit Mengen. Mengen sind aber per Definition unsortiert. Das bedeutet, dass die Reihenfolge der Datensätze zufällig ist und allein im technischen Ermessen des Datenbankmanagementsystems liegt. Natürlich wird man bei einem SELECT beobachten, dass die Daten oft in der Reihenfolge ihrer Eingabe erscheinen, aber erstens kennt der eine oder andere Anwender diese Reihenfolge nicht unbedingt und zweitens gibt es dafür keinerlei Garantie.

In vielen Fällen ist es wichtig, dass die Daten in einer bestimmten Reihenfolge sortiert dargestellt werden. Daher bietet die SELECT-Anweisung mit der ORDER BY-Klausel die Möglichkeit, die Datensätze nach eigenen Kriterien zu sortieren. Dies betrifft natürlich immer nur die Ergebnismenge des SELECT, niemals die tatsächliche Speicherung der Daten in den Tabellen.

ORDER BY

Sollen beispielsweise die Personen in der Kursdatenbank alphabetisch sortiert werden, so ist dazu zunächst der Familienname relevant

```
SELECT p.Familienname, p.Vorname, p.PLZ, p.Ort
FROM tbPerson p
ORDER BY p.Familienname;
```

Listing 4.12: Alphabetische Sortierung nach dem Familiennamen

Das Ergebnis ist eine Liste der Familiennamen, Vornamen, Postleitzahlen und Orte aufsteigend sortiert nach Familiennamen.

Soll zusätzlich innerhalb der Namen nach Vornamen sortiert werden, kann eine weitere Spalte in die **ORDER BY**-Klausel aufgenommen werden:

```
SELECT p.Familienname, p.Vorname, p.PLZ, p.Ort
FROM tbPerson p
ORDER BY p.Familienname, p.Vorname;
```

Listing 4.13: Alphabetische Sortierung nach Familienname und Vorname

Familienname	Vorname	PLZ	Name
Bucz	Susanne	30531	Hannover
Cromberg	Jörg	38152	Braunschweig
Karmann	Thomas	29227	Celle
Klötzer	Karl	29221	Celle
Lisewski	Bernd	30890	Barsinghausen
Magerkurth	Melissa	29336	Nienhagen
Martens	Melanie	29221	Celle
Meier	Kathrin	38154	Braunschweig
Müller	Claudia	29596	Breitenhees
Peredy	Helmut	29221	Celle
Plate	Ulrich	30529	Hannover
Ruppert	Nicola	29301	Bergen
Sander	NULL	29223	Celle
Schlachter	Dieter	29227	Celle
Schmidt	Karl	30529	Hannover
Schulze	Tanja	29308	Winsen
Weiss	Karin	30529	Hannover
Weiss	Peter	38134	Braunschweig
Weiss	Peter	30529	Hannover
Winter	Petra	29320	Hermannsburg

Abbildung 4.9: Ergebnis der SELECT-Anweisung

Das Ergebnis der **SELECT**-Anweisung ist in Abbildung 4.9 zu sehen. Zunächst erkennt man die alphabetische Sortierung der Familiennamen. Die Sortierung innerhalb der Vornamen erkennt man beim Familiennamen »Weiss« an der Anordnung der Datensätze nach dem Vornamen. Natürlich kann auch die erste **SELECT**-Anweisung, die nur nach dem Familiennamen sortiert zufällig dasselbe Ergebnis liefern. Die Reihenfolge ist dann aber zufällig und nicht garantiert. Entsprechend ist in Abbildung 4.9 das Ergebnis auch noch zufällig hinsichtlich der Reihenfolge der beiden Datensätze für »Weiss«, »Peter«. Hier müssten dann gegebenenfalls weitere Sortierkriterien vorgegeben werden.

Die Reihenfolge der Sortierung wird dabei stets durch die Reihenfolge der Felder (Ausdrücke) in der **ORDER BY**-Klausel bestimmt und von links nach rechts abgearbeitet. Sortierungen können prinzipiell aufsteigend oder absteigend erfolgen. Dafür bietet SQL die Schlüsselworte **ASCENDING** (aufsteigend) und **DESCENDING** (absteigend) an, die zumeist mit **ASC** und **DESC** abgekürzt werden. Nicht alle Datenbanken unterstützen die Langform. Der Standardwert ist **ASC**.

ASC|DESC

Somit ist die obige Abfrage gleichbedeutend mit

```
SELECT p.Familienname, p.Vorname, p.PLZ, p.Ort
FROM tbPerson p
ORDER BY p.Familienname ASC, p.Vorname ASC;
```
Listing 4.14: Alphabetisch aufsteigende Sortierung

Soll eine Liste absteigend nach dem Geburtsdatum und innerhalb der Geburtsdaten aufsteigend nach Namen sortiert werden, ergäbe sich

```
SELECT p.Familienname, p.Vorname, p.PLZ, p.Ort,
p.Geburtsdatum
FROM tbPerson p
ORDER BY p.Geburtsdatum DESC, p.Familienname ASC,
p.Vorname ASC;
```
Listing 4.15: Gemischte absteigende und aufsteigende Sortierungen

Die Sortierreihenfolge hängt von dem Datentyp eines Datenfeldes ab. So gilt für numerische Typen einschließlich der Prozentangaben und Währungsformate die gewohnte Reihenfolge der Zahlenmengen. Bei aufsteigender Sortierung werden kleinere Zahlen nach vorn, größere Zahlen nach hinten sortiert. Entsprechend wird bei Datums- und Zeitangaben vom früheren Datum beziehungsweise der früheren Zeit aufsteigend zu neueren Datums- respektive neueren Zeitangaben sortiert.

Sortierung und Datentyp

Bei alphanumerischen Angaben liegen die Dinge komplizierter. Hier bestimmen der zugrunde liegende ASCII- oder ANSI-Code und die entsprechende COLLATE-Angabe zur Auswahl des Zeichensatzes die Reihenfolge der Sortierung. Betrachten Sie dazu das Ergebnis der Testabfrage in Listing 4.15 auf einer fiktiven Tabelle *tbTest*.

```
SELECT Test
FROM tbTest
ORDER BY Test ASC;
```
Listing 4.16: Fiktive Abfrage zur Sortierreihenfolge bei alphanumerischen Werten

Das Ergebnis könnte wie in Abbildung 4.10 dargestellt aussehen.

Test
Hannover
_Hannover
19
190
20
21
hannover
Hannover

Abbildung 4.10: Beispiel für die Sortierreihenfolge alphanumerischer Werte.

Es wird stets zunächst das erste Zeichen der Inhalte verglichen, sind diese gleich, das zweite Zeichen, sind diese gleich, das dritte Zeichen bis zum Ende der Zeichenketten. Sind beide Zeichenketten bis zum Ende gleich, wird die kürzere vor die längere Kette sortiert, also beispielsweise »19« vor »190«.

Bei der Sortierung ist der verwendete Zeichensatz entscheidend. Man sieht an den beiden letzten Angaben, dass Kleinbuchstaben vor Großbuchstaben liegen. Ziffern wiederum liegen vor Buchstaben. Sonderzeichen wie der Unterstrich oder das Leerzeichen, das im obersten Datensatz vor »Hannover« steht, liegen wiederum abhängig vom verwendeten Datensatz an anderer Stelle, im Beispiel vor den Ziffern. Man muss also bei alphanumerischen Angaben auf den Zeichensatz achten.

Besonders kritisch kann es werden, wenn eigentlich numerische Angaben als alphanumerischer Text gespeichert werden. Man sieht, dass 19, 20 und 21 richtig angeordnet werden, die 190 aber an der »falschen« Stelle steht. Dies liegt an dem beschriebenen Mechanismus. Bereits beim Vergleich des ersten Zeichens wird die »20« hinter die »190« eingeordnet, da die »2« größer als die »1« ist. Die Sortierung von Zahlen in alphanumerischen Feldern funktioniert nur, wenn die Angaben gleich lang sind, wie beispielsweise bei Postleitzahlen und führende Nullen verwendet werden.

Die Speicherung numerischer Angaben in alphanumerischen Feldern sollte also nur in besonders begründeten Fällen erfolgen, da sonst die Sortierung erschwert wird. Ist dies nicht zu vermeiden, können eventuell datenbankspezifische Funktionen hier Abhilfe schaffen, auf die in Kapitel 5 noch einzugehen ist.

Feldname oder Position

Bei der Sortierung besteht die Wahl, in der **ORDER BY**-Klausel den Namen des Datenfeldes, des Alias oder auch die Nummer des Datenfeldes im **SELECT** anzugeben. Statt

```
SELECT p.Familienname, p.Vorname, p.PLZ, p.Ort
FROM tbPerson p
ORDER BY p.Familienname ASC, p.Vorname ASC;
```

kann man auch schreiben

```
SELECT p.Familienname, p.Vorname, p.PLZ, p.Ort
FROM tbPerson p
ORDER BY 1 ASC, 2 ASC;
```
Listing 4.17: Sortierung mit Feldpositionen

Entsprechend der Position des Familiennamens als erstem und des Vornamens als zweitem Datenfeld in der Abfrage erfolgt die Sortierung wie bei der oberen Anweisung.

Außerdem lassen einige Systeme wie Oracle Zusätze zu, wie mit fehlenden Werten in den Datensätzen bei einer Sortierung umgegangen werden soll, siehe Listing 4.17.

```
SELECT p.Familienname, p.Vorname, p.PLZ, p.Ort
FROM tbPerson p
ORDER BY 1 ASC, 2 ASC NULLS LAST;
```
Listing 4.18: Berücksichtigung leerer Felder bei der Sortierung

Die Angabe **NULLS LAST** bewirkt beispielsweise in Oracle, dass alle Datensätzen mit fehlenden Vornamen innerhalb eines Familiennamens an das Ende sortiert werden.

Die **SELECT**-Anweisung erlaubt eine Sortierung, austeigend (**ASC**) oder ab steigend (**DESC**). Bisher ist daher der folgende Umfang der **SELECT**-Anweisung erarbeitet:

Zusammenfassung

```
SELECT [DISTINCT|ALL]
feldname [AS alias] { ,feldname [AS alias]}
FROM tabelle [AS alias]
[ORDER BY feldname [ASC|DESC]
{ ,feldname [ASC|DESC]}];
```

Die Reihenfolge der Sortierung wird durch die Reihenfolge der Feldnamen in der **SELECT**-Anweisung von links nach rechts bestimmt. Je weiter links ein Feld steht, desto entscheidender ist es für die Sortierung. Weiter rechts stehende Felder werden nur bei Gleichheit der linken Felder berücksichtigt.

Die **ORDER BY**-Klausel hat nicht unbeträchtliche Auswirkungen auf die Performanz. Bei großen Datenmengen wirken sich zwei Faktoren negativ aus. Zum einen ist die Sortierung selbst eine aufwendige Operation. Zum zweiten bieten viele Datenbanken an, zunächst eine begrenzte Anzahl Datensätze als Ergebnis der Auswertungen zu liefern, beispielsweise die ersten 100 gefundenen Datensätze. Dies geht unter Umständen sehr schnell, wenn keine Sortierung vorgenommen werden soll, da dann einfach die ersten 100 Datensätze gelesen werden. Soll das Ergebnis aber sortiert werden, müssen alle Datensätze zunächst gelesen werden, um festzustellen, welches die 100 ersten Datensätze gemäß der gewünschten

Sortierung und Performance

Sortierreihenfolge sind. Das kann einen erheblichen Unterschied bei den Antwortzeiten bedeuten.

Übungen

Erstellen Sie für die folgenden Aufgaben jeweils eine SELECT-Anweisung

1. Erstellen Sie auf Basis der Tabelle tbPerson eine Liste aller Personen mit Familienname, Vorname und Geburtsdatum, bei der die jüngsten Personen oben stehen. (Ü4.3.1)
2. Ermitteln Sie aus der Tabelle tbPerson eine Liste mit beiden Namen, Postleitzahl, Ort und Straße, die nach Orten und innerhalb der Orte nach Postleitzahlen jeweils aufsteigend sortiert ist. Qualifizieren Sie die Felder mit dem Tabellennamen als Alias p. (Ü4.3.2)
3. Ermitteln Sie aus der Tabelle tbKursthema alle Kurse mit Kursthema und DauerPlan, wobei diese so sortiert sein sollen, dass die Kurse mit der längsten geplanten Dauer oben stehen. Die geplante Dauer soll wieder unter dem Alias "geplante Kursdauer" aufgelistet werden. Probieren Sie, ob Sie das Alias zur Sortierung verwenden können. (Ü4.3.3)
4. Ermitteln Sie aus der Tabelle tbKursbesuche eine Liste aller Kursbesuche (mit allen Datenfeldern), die zunächst aufsteigend nach der KID sortiert ist. Innerhalb eines Kurses soll aufsteigend nach Zahlweisen und innerhalb der Zahlweisen so sortiert werden, dass die höchsten Rabatte am Anfang stehen. (Ü4.3.4)

4.4 Auswahl der Daten mit der WHERE-Klausel

Bisher sind zwar die Felder eingeschränkt worden, die das Ergebnis einer SELECT-Anweisung sind, es sind aber immer alle Datensätze einer Tabelle von der Datenbank geliefert worden. Bei großen Tabellen bedeutet das nicht nur eine Belastung der Datenleitungen sondern insbesondere viel zu große und unübersichtliche Mengen. Daher müssen auch die Datensätze, die Ergebnis einer SELECT-Anweisung sind, meistens eingeschränkt werden. Dies ist die Aufgabe der WHERE-Klausel.

Soll beispielsweise vorbereitend für eine Glückwunschkarte die Liste aller Personen ermittelt werden, die in Celle wohnen und im Februar Geburtstag haben, so kann dies mit der SQL-Anweisung in Listing 4.19 geschehen.

```sql
SELECT p.Familienname, p.Vorname, p.PLZ, p.Ort,
p.Strasse,p.Geburtsdatum
FROM tbPerson p
WHERE ((p.Ort='Celle') AND
 (p.Geburtsdatum Like '*.02.*'))
ORDER BY p.Familienname, p.Vorname;
```

Listing 4.19: Alle Personen aus Celle, die im Februar Geburtstag haben (MS Access)

Das Ergebnis ist in Abbildung 4.11 zu sehen. Es muss auf die Tabelle *tbPerson* zugegriffen werden. Sinnvoll ist es, neben dem Namen auch den Geburtstag und die Adresse anzuzeigen, die für den Glückwunsch benötigt werden. Eine alphabetische Sortierung ist generell sinnvoll. Zusätzlich werden die Datensätze eingeschränkt. Es sollen nur solche Datensätze erscheinen, bei denen in der Tabelle *tbPerson* im Feld Ort der Wert »Celle« steht. Zusätzlich soll der Geburtstag im Februar liegen. Ausgehend von einer Datumsdarstellung im Format »Tag.Monat.Jahr« (also »tt.mm.jjjj«) wird der Stern als Platzhalter verwendet, um hinsichtlich des Tages und des Jahres keine Einschränkung zu machen.

Familienname	Vorname	PLZ	Ort	Strasse	Geburtsdatum
Martens	Melanie	29221	Celle	Horstweg 258	17.02.1961
Peredy	Helmut	29221	Celle	Mauernstraße	23.02.1956
Sander		29223	Celle	Marxallee 12	05.02.1953
Schlachter	Dieter	29227	Celle	Mondhagen 43	02.02.1961

Abbildung 4.11 Ergebnis der SELECT-Anweisung mit WHERE-Klausel in MS Access

MySQL-Beispiel

In diesem ersten Beispiel wird bewusst schon ein Problem angesprochen, das oft im Zusammenhang mit der WHERE-Klausel auftritt: kleine Abweichungen vom Standard, Erweiterungen und sprachspezifische Einstellungen. Das Beispiel funktioniert in dieser Form nur in MS Access. Will man dasselbe Ergebnis mit MySQL oder einer der anderen Datenbanken mit den dortigen Platzhalten und dem englischen Datumsformat erreichen, lautet die entsprechende SELECT-Anweisung

```
SELECT p.Familienname, p.Vorname, p.PLZ, p.Ort,
 p.Strasse,p.Geburtsdatum
FROM tbPerson p
WHERE (p.Ort='Celle')
      AND (p.Geburtsdatum LIKE '%-02-%')
ORDER BY p.Familienname, p.Vorname;
```
Listing 4.20: Alle Personen aus Celle, die im Februar Geburtstag haben

Das Ergebnis ist in Abbildung 4.12 zu sehen. Ist man übrigens unsicher bezüglich des eingestellten Datumsformats, kann ein Blick auf eine solche Ergebnistabelle weiterhelfen. Hier sieht man unmittelbar die Form »jjjj-mm-tt«, also vierstelliges Datum, Bindestrich, Monat, Bindestrich und schließlich der Tag. Man kann die Datumsdarstellung aber auch abweichend von dem internen Format einstellen und dann hilft nur noch Probieren, ein Blick in die Einstellungen der Datenbank oder ein Anruf beim Administrator.

Neben dem unterschiedlichen Format sind hier auch unterschiedliche Platzhalter verwendet worden. MS Access nutzt das Windows-typische *-Zeichen, während MySQL das SQL-standardkonforme %-Zeichen verwendet.

Oracle, Firebird und openBase verwenden dieselben standardkonformen Platzhalter wie MySQL. openBase kennt beide Varianten.

Mehr zu den Platzhaltern findet man im Anschluss an die Operatorenliste in Tabelle 4.1.

Familienname	Vorname	PLZ	Ort	Strasse	Geburtsdatum
Martens	Melanie	29221	Celle	Horstweg 258	1911-02-17
Peredy	Helmut	29221	Celle	Mauernstraße 2	1956-02-23
Sander	NULL	29223	Celle	Marxallee 12	1953-02-05
Schlachter	Dieter	29227	Celle	Mondhagen 43	1961-02-02

Abbildung 4.12 Ergebnis der SELECT-Anweisung mit WHERE-Klausel in MySQL

Die **WHERE**-Klausel beschreibt die Bedingungen, die ein Datensatz erfüllen muss, damit er Teil der Ergebnismenge einer SELECT-Anweisung wird. Sie besteht also aus einer Liste von Bedingungen. Jede Bedingung liefert entweder den Wert WAHR (true) oder FALSCH (false). Diese Bedingungen werden in der Liste mit **AND** (und) und OR (oder) verknüpft. Ist das Gesamtergebnis für einen Datensatz WAHR, wird er Bestandteil der Ergebnismenge, sonst wird er aussortiert.

Projektion

Die SELECT-Klausel mit ihrer Feldnamenliste und die WHERE-Klausel mit ihrer Bedingungsliste ergänzen sich in der Auswahl der anzuzeigenden Zellen einer Tabelle. Das **SELECT** wählt über die angegebenen Feldnamen die anzuzeigenden Spalten aus einer Tabelle aus, man spricht auch von einer Projektion, siehe Abbildung 4.13.

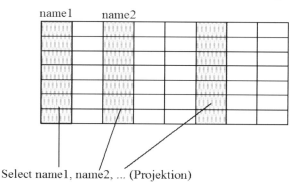

Select name1, name2, ... (Projektion)

Abbildung 4.13: Auswahl der Spalten über die SELECT-Klausel

Bei einer Projektion werden also die benötigen Datenfelder einer Tabelle bestimmt. Demgegenüber wird über die Angaben in der **WHERE**-Klausel festgelegt, welche Zeilen der Tabelle Bestandteil der Datensätze in der Ergebnismenge werden, mengentheoretisch ist dies eine Selektion, siehe Abbildung 4.14.

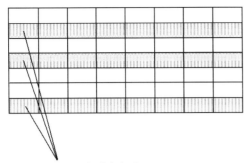

WHERE name1='xyz' (Selektion)

Abbildung 4.14: Auswahl der Datensätze über die WHERE-Klausel

In einem zweiten Beispiel für die **WHERE**-Klausel soll die Liste aller Kursteilnehmer des Kurses »CE23« erstellt werden, wobei die Zahlweise, der Rabatt und der bereits gezahlte Betrag von Interesse sind. Teilnehmer, die mit Gutschein bezahlen, sollen nicht berücksichtigt werden. Es soll absteigend nach dem gezahlten Betrag sortiert werden. In SQL ergibt sich dann

```
SELECT k.KID, k.Zahlweise, k.Rabatt, k.GezahlterBetrag
FROM tbKursbesuche k
WHERE ((k.KID='CE23') AND (k.Zahlweise!='Gutschein'))
ORDER BY k.GezahlterBetrag DESC;
```
Listing 4.21: Teilnehmer des Kurses CE23, die nicht mit Gutschein bezahlen

In MS Access kann das '!=' entsprechend durch ein '<>' ersetzt werden, in anderen Systemen wie DB2 muss es das sogar.

Das Ergebnis der Anweisung ist in Abbildung 4.15 zu sehen. Es sind nur die Teilnehmer in der Ergebnismenge enthalten für die beide Bedingungen WAHR sind, sie sind Teilnehmer des Kurses »CE23« UND sie zahlen NICHT mit einem Gutschein.

KID	Zahlweise	Rabatt	GezahlterBetrag
CE23	Bar	0,00 €	350,00 €
CE23	Überweisung	50,00 €	300,00 €
CE23	Bar	100,00 €	250,00 €
CE23	Überweisung	150,00 €	50,00 €
CE23	Überweisung	100,00 €	50,00 €

Abbildung 4.15: Ergebnis der SQL-Anweisung

Zur Ermittlung kritischer Fälle sollen jetzt noch alle Teilnehmer des Kurses »CE23« ermittelt werden, die Bar oder per Überweisung zahlen und noch nicht zwischen EUR 250,- und EUR 350,- bezahlt haben oder die den Kurs mit einem Gutschein besuchen und schon mehr als einen Fehltag haben.

```sql
SELECT
   k.KID, k.Zahlweise, k.Rabatt,
   k.GezahlterBetrag, k.Fehltage, k.KTID
FROM tbKursbesuche k
WHERE ((k.KID="CE23")
AND (k.Zahlweise IN ('Bar','Überweisung'))
AND (k.GezahlterBetrag NOT BETWEEN 250 AND 350))
OR
      ((k.KID="CE23")
      AND (k.Zahlweise='Gutschein')
      AND (k.Fehltage>1));
```
Listing 4.22: Kombination von AND und OR

Die **WHERE**-Bedingung besteht aus zwei mit **OR** verbundenen Teilen. Ein Teilnehmer ist in der Ergebnismenge enthalten, wenn er den ersten Teil ODER den zweiten Teil (oder beide, was hier aber logisch nicht möglich ist) erfüllt. Beide Teile bestehen aus mehreren mit AND verbundenen Bedingungen, die jeweils also alle WAHR sein müssen, damit ein Teilnehmer berücksichtigt wird. Das Ergebnis ist in Abbildung 4.16 dargestellt.

KID	Zahlweise	Rabatt	GezahlterBe	Fehltage	KTID
CE23	Gutschein	0	350,00 €	2	4
CE23	Überweisung	100	50,00 €	0	5
CE23	Überweisung	150	50,00 €	8	37

Abbildung 4.16: Ergebnis der Abfrage

Hier wird der **BETWEEN**-Operator verwendet. Mit **BETWEEN** werden aus allen Datensätzen nur diejenigen Daten ausgewählt, bei denen die Werte des Feldes *GezahlterBetrag* zwischen »250« und »350« liegen. Die beiden Grenzwerte sind eingeschlossen. Zusätzlich ist dem **BETWEEN** ein **NOT** vorangestellt. **NOT** ist ein Operator, der den Wert jedes Ausdrucks negiert, also gerade das umgekehrte Ergebnis liefert. Daher werden die Datensätze mit den *KTID* »5« und »37« berücksichtigt. Sie wären in dem Ausdruck (GezahlterBetrag BETWEEN 250 AND 350) nicht enthalten gewesen und werden dann durch das **NOT** wieder aufgenommen.

Natürlich wäre hier bei den gegebenen Daten statt des **BETWEEN**-Ausdrucks auch einfach ein (k.GezahlterBetrag< 250) möglich und wahrscheinlich sinnvoller gewesen, aber so sieht man sowohl einen weiteren Operator als auch den Einsatz der Verneinung im Beispiel.

IN Die SQL-Anweisung enthält noch einen weiteren neuen Operator. Mit dem **IN**-Operator wird die Aufzählung für die beiden Zahlungsarten berücksichtigt. Bei diesem Kurs wäre sicherlich auch ein (Zahlungsart <> 'Gutschein') beziehungsweise (Zahlungsart != 'Gutschein') möglich gewesen. Kommen später weitere Zahlungsarten hinzu würde dies aber nicht mehr funktionieren. Mit dem **IN**-Operator kann dagegen gezielt eine

Liste erlaubter Werte definiert werden. Die einzelnen Werte in der Liste des **IN**-Operators werden jeweils durch ein Komma voneinander getrennt.

Interessant ist auch die Klammerung der Bedingungen, die mit **AND** und **OR** verbunden werden. Jede Bedingung wird zunächst für sich geklammert. Dann werden die ersten drei mit einem **AND** verbundenen Bedingungen zusätzlich noch einmal geklammert, ebenso die drei letzten Bedingungen. Dadurch steht das **OR** zwischen drei jeweils mit **AND** verbundenen Bedingungen. Bei der Auswertung des Gesamtausdrucks kann durch die Klammerung die Reihenfolge der Auswertung für den Leser der SQL-Anweisung transparent gemacht werden. Grundsätzlich ist die Reihenfolge der Auswertung durch eine Gewichtung der Operatoren festgelegt und wäre damit eindeutig. Da das **AND** stärker bindet als das **OR**, wären diese Klammern hier nicht unbedingt erforderlich gewesen, die Anweisung würde ohne sie genauso funktionieren. Zur besseren Übersicht und Sicherheit ist es aber sinnvoll, in der gegebenen Weise zu klammern.

Für die Benutzer der MS Access-Oberfläche sowie der openBase-Oberfläche gibt es für die Eingabe der **AND**- und **OR**-Verknüpfungen neben der Möglichkeit diese direkt einzugeben die Besonderheit dies durch geschickte Verteilung der Zeilen für die Auswertungskriterien zu erreichen.

Bedingungen in MS Access und openBase

Feld:	KID	Zahlweise	Rabatt	GezahlterBetrag	Fehltage	KTID
Tabelle:	tbKursbesuche	tbKursbesuche	tbKursbesuche	tbKursbesuche	tbKursbesuche	tbKursbesuche
Sortierung:						
Anzeigen:	✓	✓	✓	✓	✓	✓
Kriterien:	="CE23"	In ('Bar';'Gutschein')		Nicht Zwischen 250 Und 350		
oder:	="CE23"	'Gutschein'				

Abbildung 4.17: MS Access Eingabe für obige Werte

Die Eingabe der Bedingungen für die **WHERE**-Klausel erfolgt in MS Access (und ähnlich in openBase) über die Zeile »Kriterien« und die folgenden Zeilen. In die Spalte des jeweiligen Feldes wird dabei die Bedingung unmittelbar eingetragen, siehe Abbildung 4.17. Wichtig ist dabei auch die Spracheinstellung.

Aus den Einträgen in diesen Zeilen generiert MS Access dann die **WHERE**-Klausel. Dabei erzeugt MS Access aus jeder Zeile eine Reihe von Bedingungen, die mit einem **AND** verbunden werden. Eine Zeile beschreibt also eine Reihe von Bedingungen, die alle erfüllt sein müssen. Anschließend werden die einzelnen Zeilen mit einem OR verbunden. Somit ergibt sich genau die Struktur, die oben im Zusammenhang mit der Klammerung angesprochen wurde.

Bedingungs-liste

Die WHERE-Klausel besteht aus dem Schlüsselwort WHERE und einer darauf folgenden Bedingungsliste. Der Aufbau der Bedingungsliste selbst ist zunächst relativ einfach. Jede Bedingungsliste folgt der Struktur

```
(bedingung) { AND | OR (bedingung) }
```

mit mindestens einer und (theoretisch) beliebig vielen Bedingungen, die durch AND- und OR-Operatoren verbunden werden.

Die einzelnen Bedingungen müssen – entgegen obiger Darstellung – nicht zwingend in Klammern gesetzt werden, dies erhöht aber die Lesbarkeit in vielen Fällen und verhindert Mehrdeutigkeiten. Generell gilt, dass AND stärker bindet als OR.

Bedingung

Jede einzelne Bedingung hat das Format

```
(feldname Operator ausdruck)
```

Die zugelassenen Operatoren, die auch als Prädikate bezeichnet werden, sind Tabelle 4.1 zu entnehmen.

Operator	Bedeutung	Beispiel
=	Prüft auf Gleichheit, (bei MySQL auch <=>)	Ort = 'Celle'
!=, <>	Prüft auf Ungleichheit, <> wird nicht von allen RDBMS unterstützt, DB2 nur <>	Ort != 'Celle' Ort <>'Celle'
<	Prüft auf »kleiner als«	Stundensatz < 15 PLZ < '30000'
<=	Prüft auf »kleiner« oder Gleichheit	Stundensatz <= 15
>	Prüft auf »größer als«	Stundensatz > 15 PLZ >'28999'
>=	Prüft auf »größer« oder Gleichheit	Stundensatz >= 15 PLZ >= '29000'
IS[NOT] NULL	Prüft auf das Fehlen eines Wertes (NULL-Wert), dies ist nicht gleichwertig mit =" oder =0 oder ähnlichen Abfragen, denn in diesen Fällen wird mit Werten verglichen. Die Antwort auf IS NULL ist falsch für jeden von NULL verschiedenen Wert, also auch	Vorname IS NULL Geburtsdatum IS NOT NULL

	beispielsweise für 0 oder ein leeres Feld.	
[NOT] LIKE	Fragt auf Muster mittels Platzhaltern ('%', '_' bzw. '*' und '?' (siehe unten) ab. Damit lassen sich beispielsweise Felder finden, die einen bestimmten Text enthalten, mit diesem beginnen oder enden.	PLZ LIKE '29%'
[NOT] BETWEEN	Prüft, ob der Feldwert in einen bestimmten Wertebereich fällt. Die Grenzen gehören zum gültigen Bereich.	PLZ BETWEEN 29000 AND 29999
[NOT] IN	Prüft ob der Feldwert in einer gegebenen Menge von Werten auftritt.	Ort IN ('Braunschweig', 'Hannover')
[NOT] EXISTS, ALL, ANY	Überprüft jeweils für einen gesamten Datensatz, also nicht für ein einzelnes Feld, ob eine zumeist mit einer Unterabfrage formulierte Bedingung zutrifft.	siehe Kapitel 6 Unterabfragen
Reguläre Ausdrücke	Reguläre Ausdrücke entsprechen weitgehend den von LINUX/UNIX bekannten Ausdrücken. Sie sind unter MySQL, ORACLE, SQL Server und einigen anderen Datenbanken verfügbar.	[23][0-9]+ Postleitzahlen, die mit 2 oder 3 beginnen.

Tabelle 4.1: Operatoren (Prädikate) der WHERE-Klausel

An verschiedenen Stellen können Platzhalter, sogenannte Wildcards, eingesetzt werden, die einzelne unbekannte Zeichen oder ganze Zeichenfolgen repräsentieren.

In Windows haben sich die Platzhalter »*« für eine beliebig lange (auch leere) Zeichenkette und »?« für ein einzelnes Zeichen durchgesetzt.

SQL hat derartige Platzhalter schon wesentlich früher eingeführt, Windows hat aber später dann nicht die SQL-Platzhalter übernommen.

Platzhalter % und _

In SQL ist das Prozentzeichen % für eine beliebig lange, auch leere, Zeichenkette üblich. Ein einzelnes Zeichen, das auch fehlen kann wird durch einen Unterstrich _ repräsentiert.

Also für Windows-Nutzer: »*« entspricht »%« und »?«entspricht »_«.

Beispiel: Statt '29*' muss '29%' angegeben werden, statt '2922?' ist '2922_' zu schreiben.

Beispiele für Ausdrücke mit Platzhaltern (Wildcards):

- M%: alle Namen, die mit M anfangen
- %er: alle Namen, die mit er enden
- M%er: alle Namen, die mit M anfangen und mit er enden
- M_ier: alle Namen, bei denen der Unterstrich ersetzt werden kann, beispielsweise Meier oder Maier

Die jetzt bekannte **SELECT**-Syntax ist in abermals erweiterter Form somit:

Syntax mit WHERE-Klausel

```
SELECT [DISTINCT|ALL] feldname [AS alias]
  {,feldname [AS alias]}
FROM tabellenname [AS alias]
[WHERE (bedingung) { AND | OR (bedingung) } ]
[ORDER BY feldname [ASC|DESC] { ,feldname [ASC|DESC]};
```

Die **WHERE**-Klausel kann in einer **SELECT**-Anweisung fehlen. Wenn sie vorhanden ist, muss sie mindestens eine Bedingung enthalten. Eine Bedingung ist ein Ausdruck, der WAHR oder FALSCH ist und sinnvollerweise zumeist einen Vergleich eines Feldwertes mit einem anderen Wert beinhaltet. Bedingungen sollten geklammert sein und werden mit AND oder OR miteinander verbunden.

Übungen

Übungen zur SELECT-Anweisung mit WHERE-Klausel

Erstellen Sie für die folgenden Aufgaben jeweils eine SELECT-Anweisung.

1. Erstellen Sie eine Liste aller Personen mit Familienname, Vorname, PLZ, Ort und Geburtsdatum, die in Braunschweig wohnen. (Ü4.4.1)
2. Ermitteln Sie alle Personen mit Familienname, Vorname, PLZ, Ort und Geburtsdatum, die aus einem Ort kommen, der mit einem »B« beginnt. Sortieren Sie die Orte alphabetisch und verwenden Sie dabei die Positionsnummer der Sortierspalte. (Ü4.4.2)
3. Ermitteln Sie alle Personen mit Familienname, Vorname, PLZ, Ort und Strasse, die aus einem Ort kommen, dessen Postleitzahl kleiner als 30000 ist und die in einer Straße wohnen, die »allee« enthält. Sortieren Sie die Postleitzahlen aufsteigend. Geben Sie als

Alias für das PLZ-Feld »kleiner 30000« an. Qualifizieren Sie alle Angaben. (Ü4.4.3)
4. Ermitteln Sie in der Tabelle tbKursthema alle Kursthemen in deren Kursbeschreibung die Begriffe »Access«, »Excel« oder »Datenbank« vorkommen und die 40 oder 80 Stunden dauern. Zeigen Sie nur die Themen an. (Ü4.4.4)
5. Ermitteln Sie aus der Tabelle tbKursbesuche alle Teilnehmer des Kurses »CE23« mit KID, Zahlweise, Rabatt und dem gezahlten Betrag, die entweder mit Gutschein bezahlen oder nicht mit Gutschein bezahlen und mindestens EUR 250,- bezahlt haben. Sortieren Sie die Liste absteigend nach dem gezahlten Betrag. (Ü4.4.5)

4.5 Tabellen miteinander verbinden (JOIN)

4.5.1 Der Klassiker (INNER JOIN)

Bisher wurde aber für jeden Kursteilnehmer stets nur die *KTID*, die Kursteilnehmer-Identifikationsnummer, angegeben. Wenn man auch seinen Namen und die Anschrift ermitteln möchte müssen zwei Tabellen verbunden werden. Da es sich bei dem Fremdschlüssel *KTID* zugleich um den Primärschlüssel *PID* der Personentabelle *tbPerson* handelt, kann man dort natürlich die weiteren Daten zu den Personen ermitteln, indem man mit der ermittelten Nummer in der anderen Tabelle sucht.

Fremdschlüssel = Primärschlüssel

Daher sollen jetzt Daten aus mehreren Tabellen verbunden werden, um so zu umfassenderen Informationen zu gelangen. Es werden nicht mehr isolierte Tabellen betrachtet, sondern Zusammenhänge zwischen verschiedenen Daten ermittelt und so übergreifende Informationen ausgewertet.

Es soll wie oben beschrieben der Namen und die Adresse aller Kursteilnehmer bestimmt werden, die noch keine 250 € bezahlt haben. Dazu sind grundsätzlich zwei Arbeitsschritte notwendig:

Beispiel

1. Zunächst werden in der Tabelle tbKursbesuche die Datensätze mit geringeren Zahlungen mittels einer SELECT-Anweisung ermittelt.
2. Dann werden dem Ergebnis der Anweisung die Werte aus dem Feld **KTID** (= **PID** der Personentabelle) als Fremdschlüssel entnommen. Die so ermittelten Werte werden dann in einer zweiten SQL-Anweisung in der *PID* als Primärschlüssel in der Tabelle *tbPerson* gesucht. Es gehören immer die Datensätze aus *tbPerson* und aus *tbKursbesuche* zusammen, deren Werte in demFeld *PID* beziehungsweise *KTID* sich entsprechen. Hat man die zusammengehörigen Datensätze ermittelt, ist es nicht mehr

schwer die weiteren Daten aus den übrigen Feldern der zusammengehörenden Datensätze zu bestimmen. Was man tun muss ist also den Fremdschlüssel *KTID* der Tabelle *tbKursbesuche* mit dem Primärschlüssel *PID* der Tabelle *tbPerson* gleichzusetzen. Das nennt man in SQL einen JOIN, der sich auch direkt in einer SQL-Anweisung ausführen lässt.

Beispiel

Sollen beispielsweise die Adressen aller Personen ermittelt werden, die am Kurs »CE23« teilnehmen und noch nicht mindestens EUR 250,- Kursgebühr bezahlt haben, so kann man beide Schritte in einer SELECT-Anweisung zusammenfassen.

```
SELECT
    k.KID, k.GezahlterBetrag, k.KTID, p.PID,
p.Familienname, p.Vorname, p.PLZ, p.Ort, p.Strasse
FROM tbPerson p INNER JOIN tbKursbesuche k ON
 (p.PID = k.KTID)
WHERE ((k.KID='CE23') AND (k.GezahlterBetrag<250))
ORDER BY p.Familienname ASC, p.Vorname ASC;
```
Listing 4.23: Beispiel für einen JOIN

Das Ergebnis ist in Abbildung 4.18 zu sehen. Man sieht, dass in jedem »Datensatz« des Ergebnisses Werte aus zwei tatsächlichen Datensätzen der beiden Tabellen kombiniert worden sind. Diese Datensätze haben identische Werte in den Felder *KTID* beziehungsweise *PID*, hier also jeweils »5« oder »37«.

KID	GezahlterBetrag	KTID	PID	Familienname	Vorname	PLZ	Ort	Strasse
CE23	50,00 €	5	5	Klötzer	Karl	29221	Celle	Bahnhofstraße 2
CE23	50,00 €	37	37	Magerkurth	Melissa	29336	Nienhagen	Am Tümpel 3

Abbildung 4.18: Ergebnis der SELECT-Anweisung

Der **JOIN** kann auch erfolgen, ohne dass das Fremdschlüsselfeld und/oder das Primärschlüsselfeld selbst Bestandteil der Ergebnismenge sind. Obiges Beispiel hätte man also auch vereinfachen können, wie in der folgenden SELECT-Anweisung dargestellt:

```
SELECT
    k.KID, k.GezahlterBetrag, p.Familienname,
p.Vorname, p.PLZ, p.Ort, p.Strasse
FROM tbPerson p INNER JOIN tbKursbesuche k ON
p.PID = k.KTID
WHERE ((k.KID='CE23') AND (k.GezahlterBetrag<250))
ORDER BY p.Familienname ASC, p.Vorname ASC;
```
Listing 4.24: JOIN ohne Ausgabe der Schlüsselfelder

Das Ergebnis ist dann in Abbildung 4.19 zu sehen.

KID	GezahlterBetrag	Familienname	Vorname	PLZ	Ort	Strasse
CE23	50,00 €	Klötzer	Karl	29221	Celle	Bahnhofstraße 2
CE23	50,00 €	Magerkurth	Melissa	29336	Nienhagen	Am Tümpel 3

Abbildung 4.19: Ergebnis der SELECT-Anweisung

Hier sind zwei Tabellen in einer **SELECT**-Anweisung angesprochen: «tbPerson alias p» und «tbKursbesuche alias k». Entsprechend kann die Ergebnismenge aus einer Auswahl aus den Feldern dieser beiden Tabellen bestehen. *KID* und *GezahlterBetrag* sind der Tabelle *tbKursbesuche* entnommen, der Rest der Tabelle *tbPerson*. Die Qualifizierung der Feldnamen macht die SQL-Anweisung wieder einmal deutlich lesbarer.

Neu ist in beiden SQL-Anweisungen der Ausdruck

```
FROM tbPerson p INNER JOIN tbKursbesuche k ON
p.PID = k.KTID
```
Übersetzt bedeutet diese Zeile: »Verbinde die Datensätze der beiden Tabellen *tbPerson* und *tbKursbesuche* so, dass ein neuer Datensatz entsteht bei dem der Wert des Feldes *PID* in *tbPerson* gleich dem Wert des Feldes *KTID* der Tabelle *tbKursbesuche* ist«, siehe Abbildung 4.20.

Gemeinsamer Datensatz mit allen Attributen nach dem Join beider Tabellen

Abbildung 4.20: Zusammenführung zweier Datensätze über Fremdschlüssel und Primärschlüssel

Ein **JOIN** erzeugt also neue virtuelle Datensätze. Es entsteht eine neue virtuelle Tabelle, die alle Datenfelder beider Tabellen enthält. Dabei werden jeweils die beiden Datensätze aus den Ausgangstabellen zu einem neuen Datensatz kombiniert, deren Fremdschlüssel beziehungsweise Primärschlüssel denselben Wert haben. Dieses Denkmodell wird in Abbildung 4.21 visualisiert. Es gilt

- wenn der Fremdschlüsselwert einer Tabelle mit dem Primärschlüsselwert der anderen Tabelle übereinstimmt, entsteht ein neuer gemeinsamer Datensatz,

- wenn zu einem Fremdschlüsselwert kein Primärschlüsselwert in der anderen Tabelle existiert, bleibt der Datensatz unberücksichtigt,
- wenn umgekehrt zu einem Primärschlüsselwert kein Fremdschlüsselwert existiert, bleibt auch dieser Datensatz unberücksichtigt,
- es entstehen also genau so viele Datensätze wie es passende Kombinationen beider Tabellen gibt.

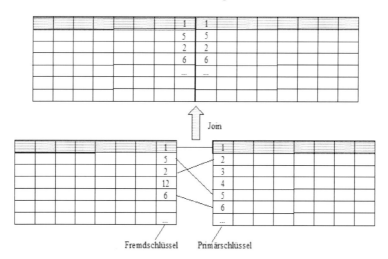

Abbildung 4.21: Zusammenführen zweier Tabellen zu einer virtuellen Tabelle mit einem JOIN

Dieses Denkmodell ist bei der Definition eines JOIN hilfreich. Man kann sich jeden JOIN als materialisierte – virtuelle – Tabelle vorstellen. Auch wenn der SQL-Interpreter in Wirklichkeit wegen verschiedener Optimierungen selten (wahrscheinlich nie) diese Tabelle komplett erstellt, sind dies nur technische Optimierungen. Aus logischer Sicht – aus SQL-Sicht – verhält sich der JOIN wie eine solche temporär erzeugte Tabelle, auf der dann weiter gearbeitet wird.

INNER JOIN-Syntax

Nachdem jetzt ein erster Blick auf einen JOIN geworfen wurde, ist es an der Zeit, die Syntax näher zu analysieren. Dabei ist zu beachten, dass der JOIN in sehr unterschiedlichen Formen auftreten kann. Zunächst soll die gängigste Form – der sogenannte INNER JOIN – in der Fassung von SQL92 betrachtet werden.

```
FROM tabellenname1
     { [INNER] JOIN tabellenname2 ON
tabellenname1.feld1 = tabellenname2.feld2}
```

Die Angabe INNER ist theoretisch nicht notwendig, darauf sollte man sich in der Praxis der gängigen Datenbankversionen allerdings nicht verlassen. Man sollte daher wenn möglich stets INNER JOIN schreiben. Dies hilft außerdem bei der Unterscheidung zu dem später zu besprechenden **OUTER JOIN**.

Der JOIN beruht immer auf der Verbindung zweier Tabellen über (zumindest) ein Paar von Feldern. Dies lässt sich auch auf Tabellenebene darstellen. MS Access verwendet dazu das sogenannte Beziehungsfenster, in dem (mögliche) Verbindungen dargestellt werden können. Damit lässt sich die Struktur der Datenbank visualisieren, wie sie in allen Datenbanken existiert.

Beziehung

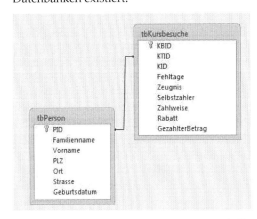

Abbildung 4.22: Verbindung zweier Tabellen durch INNER JOIN über PID = KTID

Mittels eines JOIN lässt sich beispielsweise auch eine Kursliste erstellen, die neben der Kurskennung und dem Anfangs- und Endedatum des Kurses das Kursthema angibt. Dazu werden die beiden Tabellen *tbKurs* und *tbKursthema* miteinander verbunden:

Weiteres Beispiel

```
SELECT k.Kurskennung, k.Kursbeginn, k.Kursende,
  kt.Kursthema
FROM tbKurs k INNER JOIN tbKursthema kt ON
k.KTHID = kt.KTHID
ORDER BY k.Kursbeginn ASC;
```
Listing 4.25: SQL-Anweisung für eine Kursliste

KURSKENNUNG	KURSBEGINN	KURSENDE	KURSTHEMA
Celle17-Word	04/23/2012	04/27/2012	Word I
Celle20-Word	07/09/2012	07/13/2012	Word I
Hannover89-Access	07/09/2012	07/13/2012	Access I
Hannover90-Windows	07/16/2012	07/18/2012	Einstieg mit Windows
Hannover91-Windows	07/23/2012	07/25/2012	Windows für Fortgeschrittene
Celle23-Access	08/06/2012	08/10/2012	Access I
Celle24-Access	08/13/2012	08/17/2012	Access II

7 rows returned in 0.01 seconds   Download

Abbildung 4.23: Kurse mit Kursthema

Die »alte« Join-Syntax

Daneben ist eine ältere JOIN-Syntax gebräuchlich, die bis zur Verabschiedung von SQL92 die einzig mögliche Form war. Dabei wurde der JOIN ebenfalls über die Gleichheit der Werte zweier Felder durchgeführt. Dieser JOIN war allerdings nicht Bestandteil der FROM-Klausel sondern der WHERE-Klausel in der die Felder einfach gleichgesetzt wurden. Die Listing 4.22 vorgestellte SELECT-Anweisung würde man dann wie folgt formulieren:

```
SELECT
    k.KID, k.GezahlterBetrag, p.Familienname,
    p.Vorname, p.PLZ, p.Ort, p.Strasse
FROM tbPerson p, tbKursbesuche k
WHERE ((p.PID = k.KTID)
    AND (k.KID='CE23')
    AND (k.GezahlterBetrag<250))
ORDER BY p.Familienname, p.Vorname;
```
Listing 4.26: JOIN über die WHERE-Klausel

Man sieht, dass in der FROM-Klausel nur die zu verwendenden Tabellen aufgezählt, aber keinerlei Angaben zum JOIN gemacht werden. Die Gleichsetzung der beteiligten Felder, also der *PID* aus der Tabelle *tbPerson* und der *KTID* aus der Tabelle *tbKursbesuche* erfolgt ausschließlich in der WHERE-Klausel. Diese Syntax ist bis heute in allen gängigen relationalen Datenbankmanagementsystemen gültig und kann gleichwertig zur neueren JOIN-Syntax in der FROM-Klausel verwendet werden.

Trotzdem sollte möglichst die neue SQL92-Syntax verwendet werden. Sie ist eindeutig und erlaubt dem SQL-Interpreter wegen der zusätzlichen Information eine bessere interne Optimierung.

Self-JOIN

Ein JOIN kann auch auf nur einer Tabelle gemacht werden. Dabei werden gedanklich zwei Kopien der Tabelle verwendet, die über einen JOIN miteinander verbunden werden. Die Tabelle enthält gleichzeitig Primärschlüssel und Fremdschlüssel und ihre beiden gedachten Kopien werden über diese beiden Felder miteinander verbunden. Man spricht von einem rekursiven JOIN oder Self-JOIN. So ist in der Tabelle *tbKursthema* zu einigen Kursthemen auch ein weiteres Kursthema als Voraussetzung für den Besuch des Kurses angegeben. Mittels eines JOIN kann jetzt eine Liste erstellt werden, die zu jedem Kurs dessen Voraussetzung mit angibt.

```
SELECT
kt.KTHID AS "ID",
kt.Kursthema AS "Thema",
kv.KTHID AS "Voraussetzung ID",
    kv.Kursthema AS "Voraussetzung Thema"
FROM tbKursthema kt INNER JOIN tbKursthema kv
    ON (kv.KTHID = kt.Voraussetzung)
ORDER BY kt.KTHID ASC;
```
Listing 4.27: JOIN auf der Tabelle tbKursthema

Es wird zweimal die Tabelle *tbKursthema* angesprochen. Um beide gedachten »Tabellen« unterscheiden zu können, ist die Verwendung von Alias zwingend. Hier wird das Thema selbst mit dem Alias kt, dessen Voraussetzung mit dem Alias kv bezeichnet. Entsprechend können dieselben Datenfelder je Alias getrennt verwendet werden. Sinnvoll ist es dabei auch, für die Datenfeldnamen Alias zu verwenden, um sie in der Ausgabe besser unterscheiden zu können.

Die Liste enthält nur Kurse, die tatsächlich einen anderen Kurs als Voraussetzung haben. Sollen alle Kurse angegeben werden, also auch die Kurse ohne Voraussetzung, muss ein **OUTER JOIN** verwendet werden, worauf noch zurückgekommen werden wird.

ID	Thema	Voraussetzung ID	Voraussetzung Thema
2	Windows für Fortgeschrittene	1	Einstieg mit Windows
3	Ordnung im Dateisystem	2	Windows für Fortgeschrittene
4	Word I	2	Windows für Fortgeschrittene
5	Access I	2	Windows für Fortgeschrittene
6	Excel I	2	Windows für Fortgeschrittene
7	Access II	5	Access I
8	Datenbankentwurf	7	Access II
9	VBA-Datenbankprogrammierung	7	Access II
10	Word II	4	Word I
11	Excel II	6	Excel I

Abbildung 4.24: Kurse mit ihren Voraussetzungen als Self-JOIN

Übungen zur SELECT-Anweisung mit **INNER JOIN** über zwei Tabellen **Übungen**

Erstellen Sie für die folgenden Aufgaben jeweils eine SELECT-Anweisung

1. Ermitteln Sie für alle Kurse die Kennung, das Kursthema sowie die geplante und die tatsächliche Kursdauer. Verwenden Sie sinnvolle Alias für die Datenfelder und sortieren Sie das Ergebnis alphabetisch nach der Kurskennung. (Ü4.5.1.1)
2. Erstellen Sie eine alphabetische Liste aller Dozenten mit Familienname, Vorname, PLZ, Ort und Stundensatz. (Ü4.5.1.2)
3. Ermitteln Sie für alle Dozenten eine Liste mit DID, Stundensatz sowie Kurskennung, Kursbeginn und Kursende der Kurse, die sie leiten. Sortieren Sie die Liste aufsteigend nach dem Kursbeginn. (Ü4.5.1.3)
4. Ermitteln Sie in der Tabelle tbKursthema alle eindeutigen Kursthemen in deren Kursbeschreibung die Begriffe »Access«, »Excel« oder »Datenbank« vorkommen und die tatsächlich 40 Stunden dauern. (Ü4.5.1.4)

4.5.2 JOIN über mehrere Tabellen

Es sollen jetzt drei und mehr Tabellen über mehrere JOIN-Verknüpfungen verbunden werden. Damit können beliebig viele Tabellen einer Datenbank in einer SELECT-Anweisung verwendet werden und es besteht voller Zugriff auf die in einer Datenbank enthaltenen Informationen.

Beispiel

Es soll beispielsweise zu einem Kurs eine Liste der Teilnehmer mit Adressen und Kurskennung erstellt werden. Dafür müssen die drei Tabellen *tbPerson*, *tbKursbesuche* und *tbKurs* miteinander in Beziehung gebracht werden. Die Kurskennung kann letztlich nur aus der Tabelle *tbKurs* ermittelt werden. Die Adressdaten stehen in *tbPerson*. Die Tabelle *tbKursbesuche* verbindet beide Tabellen miteinander. Schränkt man das Ergebnis noch darauf ein, dass eine Liste mit Kurskennung, Familienname und Vorname des Teilnehmers von Kurs »CE23« erstellt werden soll, kann das als SELECT-Anweisung wie folgt umgesetzt werden:

```
SELECT k.Kurskennung, p.Familienname, p.Vorname
FROM tbKurs k INNER JOIN
(tbPerson p INNER JOIN tbKursbesuche kb ON
(p.PID = kb.KTID))
ON k.KID = kb.KID
WHERE (k.KID = 'CE23')
ORDER BY p.Familienname, p.Vorname;
```
Listing 4.28: JOIN über drei Tabellen

Das Ergebnis der SQL-Anweisung ist in Abbildung 4.25 dargestellt.

Kurskennung	Familienname	Vorname
Celle23-Access	Karmann	Thomas
Celle23-Access	Klötzer	Karl
Celle23-Access	Magerkurth	Melissa
Celle23-Access	Martens	Melanie
Celle23-Access	Müller	Claudia
Celle23-Access	Ruppert	Nicola
Celle23-Access	Schulze	Tanja
Celle23-Access	Winter	Petra

Abbildung 4.25: Ergebnis der SELECT-Anweisung

Die Darstellung in Abbildung 4.26 zeigt die Logik der angegebenen SELECT-Anweisung. In einem ersten Schritt werden die Tabellen *tbPerson* und *tbKursbesuche* miteinander zu einer virtuellen Tabelle verbunden. Dieser JOIN geht über die Gleichheit der Werte in den Spalten «tbPerson.PID = tbKursbesuche.KTID».

Dabei gehen alle Spalten beider Tabellen in die resultierende virtuelle Tabelle ein. Dazu gehört auch die Spalte *kb.KID*, die dann im zweiten JOIN mit der Tabelle *tbKurs* genutzt wird, um den JOIN über «tbKursbesuche.KID = tbKurs.KID» durchführen zu können.

Bleibt man bei der Vorstellung der virtuellen Tabellen kann man den **JOIN** über drei Tabellen wiederum symbolisch darstellen wie in Abbildung 4.27 zu sehen. Dabei kann man auch gut die Felder aus den verschiedenen Tabellen erkennen. Die Darstellung zeigt zunächst die mögliche Kombination an. In Abbildung 4.26 sieht man aber bereits, dass der **JOIN** nacheinander, nicht gleichzeitig erfolgt. Tatsächlich ist die Reihenfolge in der die Tabellen miteinander verbunden werden für das Ergebnis eines **INNER JOIN** nicht relevant, für dessen Performance kann sie aber entscheidend sein. Daher ist es wichtig, wenn ein **JOIN** einmal funktioniert, über mögliche Optimierungen nachzudenken.

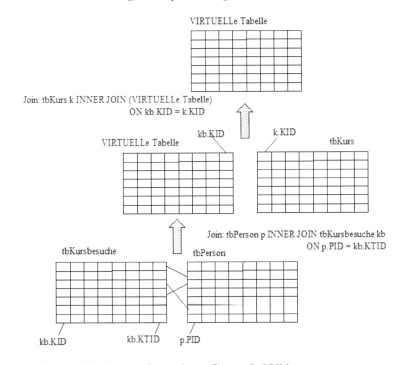

Abbildung 4.26: Zwei aufeinander aufbauende JOIN

Die Reihenfolge in der die **JOIN**-Verknüpfungen gebildet werden, wird dabei durch eventuelle Klammern in der **FROM**-Klausel bestimmt. Im obigen Beispiel wird zunächst der geklammerte Ausdruck

```
(tbPerson p INNER JOIN tbKursbesuche kb
ON p.PID = kb.KTID)
```

als erster Ausdruck ausgewertet, das Ergebnis ist eine virtuelle Tabelle. In einem zweiten Schritt wird dann diese virtuelle Tabelle mit tbKurs verbunden:

```
FROM tbKurs k INNER JOIN (VIRTUELL)
  ON k.KID = VIRTUELL.KID
```

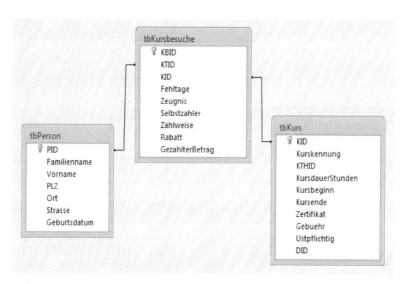

Abbildung 4.27: Verbindung dreier Tabellen

Solange **INNER JOIN**-Verknüpfungen verwendet werden, ist die Reihenfolge für das Ergebnis des JOIN letztlich egal. Es könnte also dasselbe Ergebnis auch mit folgender **SELECT**-Anweisung erreicht werden:

```
SELECT k.Kurskennung, p.Familienname, p.Vorname
FROM (tbKurs k INNER JOIN tbKursbesuche kb ON
 (k.KID = kb.KID))
INNER JOIN tbPerson p ON (kb.KTID = p.PID)
WHERE (k.KID='CE23')
ORDER BY p.Familienname, p.Vorname;
```
Listing 4.29: Veränderte JOIN-Reihenfolge

Zu beachten ist die veränderte Stellung der Klausel ON (k.KID = kb.KID) in dieser Anweisung. Wie gesagt, das Ergebnis ist das Gleiche und in Abbildung 4.25 dargestellt.

Eine weitere Möglichkeit dies mit einem SELECT zu formulieren, besteht darin, scheinbar zweimal direkt von der mittleren Tabelle *tbKursbesuche* auszugehen (in openBase funktioniert übrigens nur diese Variante):

```
SELECT k.Kurskennung, p.Familienname, p.Vorname
FROM tbKursbesuche kb
   INNER JOIN tbKurs k ON (k.KID = kb.KID)
INNER JOIN tbPerson p ON (kb.KTID = p.PID)
WHERE (k.KID='CE23')
ORDER BY p.Familienname, p.Vorname;
```
Listing 4.30: Dritte Variante des JOIN

Performance

Bei der Verwendung eines JOIN mit großen Tabellen muss im Einzelfall die Performance der SELECT-Anweisung analysiert werden. Eine grobe Richtlinie ist dabei, dass zunächst möglichst kleine Tabellen in den JOIN einbezogen werden sollen und die großen Tabellen möglichst spät berücksichtigt werden. Dahinter verbirgt sich die Erkenntnis, dass die virtuellen Zwischentabellen verwaltet werden müssen. Je kleiner diese Tabellen sind, desto performanter ist zumeist der JOIN. Zu beachten ist dabei aber auch inwieweit über eine WHERE-Klausel eine der am JOIN beteiligen Tabellen bereits »verkleinert« wird. Tatsächlich kann auch auf Grund von Indizes und anderen Optimierungen aber auch ein anderes Verhalten auftreten, so dass im Zweifelsfall einfach getestet werden sollte, welche Variante günstiger ist.

Klammersetzung

Was passiert aber, wenn beim JOIN mit mehreren Tabellen gar keine Klammern gesetzt werden? Der SQL-Standard sieht vor, dass ein JOIN immer von links nach rechts abgearbeitet wird, also streng genommen im vorletzten Beispiel die Klammern nicht notwendig sind. Die Erfahrung zeigt, dass die realen Datenbankmanagementsysteme das durchaus anders sehen können. Sie sollten also auch hier die Klammern setzen. Es erspart Probleme und erhöht die Lesbarkeit der SELECT-Anweisung.

Zusammenfassung

In einer SELECT-Anweisung können mehrere JOIN-Verknüpfungen verwenden. Dadurch entstehen ganze Netze von Tabellen, die schrittweise zu virtuellen Tabellen für die Auswertung zusammengefasst werden. Der INNER JOIN erfordert für jede Verbindung zweier Tabellen die Angabe über welchen Fremdschlüssel und Primärschlüssel die Verbindung erfolgen soll:

```
(ON tabelle1.Fremdschlüssel =
tabelle2.Primärschlüssel)
```

Eine Klammerung der JOIN-Verknüpfungen ist sinnvoll. Letztlich sind auch die Anforderungen des konkreten SQL-Interpreters des Datenbankmanagementsystems zu beachten. Nicht alle Varianten funktionieren mit allen Systemen.

Übungen

Übungen zur SELECT-Anweisung mit INNER JOIN über mehr als zwei Tabellen

Erstellen Sie für die folgenden Aufgaben jeweils eine SELECT-Anweisung

1. Erstellen Sie eine eindeutige alphabetisch sortierte Liste aller Kursteilnehmer mit Familienname und Vorname, die an einem Kurs zum Thema »Access« teilnehmen. (Ü4.5.2.1)
2. Ermitteln Sie für alle Dozenten ihren Familiennamen, Vornamen, Stundensatz und die Gebühr der Kurse, die sie zurzeit betreuen. (Ü4.5.2.2)
3. Ermitteln Sie zu jedem Kursthema welche Personen als Dozent welche Kurse zu diesem Thema leiten. Geben Sie das Kursthema,

die Kurskennung sowie Familienname und Vorname der Dozenten aus. Sortieren Sie die Liste alphabetisch nach Dozentennamen. Qualifizieren Sie alle Angaben. (Ü4.5.2.3)
4. Ermitteln Sie alle Personen, die zugleich Kursteilnehmer in einem Kurs und Dozent in einem anderen Kurs sind. (Ü4.5.2.4)

4.5.3 Varianten des INNER JOIN

Der **INNER JOIN** wie er bisher vorgestellt wurde, wird auch als **CONDITION JOIN** bezeichnet, weil eine Bedingung (ON ...) für seinen Aufbau verwendet wird. Diese Bedingung (Condition) gibt die Vorschrift an, nach der die Datensätze der Tabellen miteinander verbunden werden sollen. Es gibt aber noch einige weitere Varianten des **INNER JOIN**, die im SQL-Standard definiert sind und in der Praxis – vorsichtig eingesetzt – in bestimmten Situationen vorteilhaft sein können. Dazu gehören insbesondere der **USING JOIN** und der **NATURAL JOIN**. Sie verwenden letztlich auch Bedingungen, um die Tabellen zu kombinieren, allerdings nur implizit.

Diese Alternativen zum **CONDITION JOIN** werden jetzt verwendet und dabei deren spezielle Vor- und Nachteile abgewägt.

JOIN mit USING

Der **INNER JOIN** mittels **USING** macht sich die Tatsache zunutze, dass sehr oft das Fremdschlüsselfeld der einen Tabelle eines **JOIN** denselben Namen hat wie das Primärschlüsselfeld der anderen Tabelle. In diesen Fällen beruht der **JOIN** im Prinzip auf »einem« Feld. Die **USING**-Variante des **JOIN** macht sich dies zunutze, indem es reicht, den Namen des gemeinsamen Feldes zu erwähnen:

```
FROM tabellenname1 INNER JOIN tabellenname2
 USING (feldname);
```

Beispiel

Soll beispielsweise eine Liste der Kurse mit ihren Dozenten erstellt werden, so kann der **JOIN** über das Feld *DID* erfolgen, das in den beiden Tabellen *tbKurs* und *tbDozent* vorhanden ist. Würde man dies als **CONDITION JOIN** formulieren, erhält man etwa das Ergebnis in Listing 4.30.

```
SELECT d.PID, d.Stundensatz, k.KID, k.Kurskennung,
k.Kursbeginn,k.Kursende
FROM tbDozent d INNER JOIN tbKurs k ON
(d.DID = k.DID);
```
Listing 4.31: Lösung mit CONDITION JOIN

Formuliert man dasselbe Problem als **USING JOIN** erhält man das Ergebnis in Listing 4.31.

```sql
SELECT d.PID, d.Stundensatz, k.KID, k.Kurskennung,
  k.Kursbeginn,k.Kursende
FROM tbDozent d INNER JOIN tbKurs k USING (DID);
```
Listing 4.32: Lösung mit USING JOIN

Das Ergebnis wäre in beiden Fällen die in Abbildung 4.28 gezeigte Tabelle. Leider unterstützen viele Systeme wie MS Access, openBase oder Firebird diese Syntax aber zumindest zurzeit noch nicht.

PID	STUNDENSATZ	KID	KURSKENNUNG	KURSBEGINN	KURSENDE
26	14	CE17	Celle17-Word	04/23/2012	04/27/2012
1	17	CE20	Celle20-Word	07/09/2012	07/13/2012
1	17	CE23	Celle23-Access	08/06/2012	08/10/2012
1	17	CE24	Celle24-Access	08/13/2012	08/17/2012
1	17	H89	Hannover89-Access	07/09/2012	07/13/2012
2	15	H90	Hannover90-Windows	07/16/2012	07/18/2012
2	15	H91	Hannover91-Windows	07/23/2012	07/25/2012

7 rows returned in 0.08 seconds   Download

Abbildung 4.28: Ergebnis des USING JOIN

Der **USING JOIN** ist letztlich eine verkürzte Schreibweise für die klassische Variante des **CONDITION JOIN**. Noch kürzer ist die Schreibweise des **NATURAL JOIN**. Dieser »natürliche« JOIN beruht ebenfalls auf gleichnamigen Datenfeldern in den beiden beteiligten Tabellen. Er geht insofern noch einen Schritt weiter als der **USING JOIN**, als dass alle gleichnamigen Felder als Teil des JOIN aufgefasst werden. Es wird also überhaupt kein Datenfeldname mehr angegeben, sondern der SQL-Interpreter überprüft alle Spalten auf mögliche Gleichnamigkeit und erstellt implizit eine Bedingung für jede Kombination gleichnamiger Felder.

NATURAL JOIN

```sql
FROM tabellenname1 NATURAL JOIN tabellenname2;
```

Mit der Syntax des **NATURAL JOIN** erhält man

```sql
SELECT d.PID, d.Stundensatz, k.KID, k.Kurskennung,
k.Kursbeginn, k.Kursende
FROM tbDozent d NATURAL JOIN tbKurs k;
```
Listing 4.33: NATURAL JOIN

MS Access, openBase und Firebird bieten hier wiederum keine Unterstützung an. In MySQL muss man mit Alias arbeiten, damit der **NATURAL JOIN** funktioniert.

Die **USING**-Syntax ist eine eingängige und einfache Syntax, die allerdings nur relativ wenig Schreibarbeit spart. Problematisch ist, dass der **USING JOIN** nur von einigen Datenbankmanagementsystemen unterstützt wird.Der NATURAL JOIN ist darüber hinaus für den produktiven Betrieb generell mit großer Vorsicht zu handhaben. Hier führen Änderungen der Feldnamen zu einer impliziten Änderung des JOIN, sei es, dass Feldnamen die vorher gleich waren nicht mehr gleich sind, sei es, dass andere Feldnamen plötzlich gleich lauten. Gerade wenn die Ergebnisse der SELECT-Anweisung noch von anderen Programmen weiterverwendet werden, kann dies zu schwer aufzuspürenden Fehlern führen.

Übungen

Übungen zur SELECT-Anweisung mit USING JOIN und NATURAL JOIN.

Erstellen Sie für die folgenden Aufgaben jeweils eine SELECT-Anweisung mit USING JOIN und mit NATURAL JOIN soweit möglich (nur MySQL und Oracle).

1. Erstellen Sie eine Liste aller Kurse mit Kennung und Kursthema, der tatsächlichen und der geplanten Kursdauer. (Ü4.5.3.1)
2. Erstellen Sie eine alphabetische Liste aller Dozenten mit Familienname, Vorname, PLZ, Ort und Stundensatz, siehe Ü4.51.2. (Ü4.5.3.2)
3. Erstellen Sie eine eindeutige alphabetisch sortierte Liste aller Kursteilnehmer mit Familienname und Vorname, die an einem Kurs zum Thema »Access« teilnehmen, siehe Ü4.5.2.1. (Ü4.5.3.3)
4. Ermitteln Sie für alle Dozenten ihren Familiennamen, Vornamen, Stundensatz und die Gebühr der Kurse, die sie zurzeit betreuen, siehe Ü4.5.2.2. (Ü4.5.3.4).

4.5.4 Non-Equi-Joins

NON-EQUI-JOIN

Eine weitere Verallgemeinerung im Bereich des INNER JOIN kann hinsichtlich des Vergleichsoperators für die beteiligten Felder erfolgen. Bisher hat jeder JOIN immer auf der Gleichheit der Werte in zwei Feldern beruht. Auf Grund der Gleichsetzung der Werte zweier Felder spricht man auch von einem EQUI-JOIN, also einem JOIN, der auf Äquivalenz, also Gleichheit der Werte zweier Datenfelder beruht. Dies ist die bei weitem üblichste Art einen JOIN zu bilden. Es gibt allerdings auch Fälle, in denen es nicht darauf ankommt, die Werte zweier Felder mit dem Gleichheitsoperator = zu verbinden, sondern beispielsweise mit einem < oder >. Man spricht auch von einemNON-EQUI-JOIN.

Beispiel

Sollen beispielsweise alle Kurse ermittelt werden, deren tatsächliche Kursdauer kleiner ist als die im Rahmen der Beschreibung des Kursthemas geplante Dauer so kann dies mit folgender SELECT-Anweisung geschehen:

```
SELECT
    k.KID, k.Kurskennung, k.KursdauerStunden,
    kt.Kursthema, kt.DauerPlan
FROM tbKursthema kt INNER JOIN tbKurs k
ON(k.KTHID = kt.KTHID)
AND (k.KursdauerStunden < kt.DauerPlan);
```
Listing 4.34: NON-EQUI-JOIN

KID	Kurskennung	KursdauerStunden	Kursthema	DauerPlan
H90	Hannover90-Windows	18	Einstieg mit Windows	20
H91	Hannover91-Windows	18	Windows für Fortgeschrittene	20
CE23	Celle23-Access	36	Access I	40
H89	Hannover89-Access	32	Access I	40

Abbildung 4.29: Vergleich tatsächlicher und geplanter Stunden

Neu ist der Abschnitt

```
AND (k.KursdauerStunden < kt.DauerPlan)
```

der dafür sorgt, dass nur solche Datensätze in der Ergebnismenge erzeugt werden, bei denen die tatsächliche Kursdauer in *k.KursdauerStunden* kleiner als die geplante Kursdauer in *kt.DauerPlan* ist.

Der Vergleich (k.KTHID = kt.KTHID) ist zusätzlich notwendig, damit nur solche Kurse und Kursthemen miteinander in Beziehung gesetzt werden, die einander entsprechen. Fehlte diese Angabe, würden zusätzlich alle Kombinationen ausgegeben, bei denen ein Kurs mit einer kleineren Kursdauer als irgendein anderes Kursthema existiert.

Ein **NON-EQUI-JOIN** lässt sich in manchen Fällen durch einen **EQUI-JOIN** und eine **WHERE**-Klausel ersetzen. Der Programmtext in Listing 4.35 zeigt die umformulierte Anweisung mit einem **NON-EQUI-JOIN** in der **WHERE**-Klausel.

Nutzung der WHERE-Klausel

```
SELECT
    k.KID, k.Kurskennung, k.KursdauerStunden,
    kt.Kursthema, kt.DauerPlan
FROM tbKursthema kt INNER JOIN tbKurs k
ON(k.KTHID = kt.KTHID)
WHERE (k.KursdauerStunden < kt.DauerPlan);
```
Listing 4.35: Vergleich in der WHERE-Klausel

Neben dem Gleichheitsoperator können auch weitere Operatoren für einen **JOIN** verwendet werden. Insbesondere <, <=, >, >= und != können genutzt werden, um die Felder von Tabellen miteinander über einen **JOIN** in Verbindung zu setzen. Der **NON-EQUI-JOIN** wird oft nicht in der **FROM** sondern in der alten Syntax in der **WHERE**-Klausel verwendet.

Zusammenfassung

Übungen zur **SELECT**-Anweisung mit **NON-EQUI-JOIN**

Übungen

Erstellen Sie für die folgenden Aufgaben jeweils eine SELECT-Anweisung

1. Ermitteln Sie die Kursteilnehmer mit KID, bei denen der bezahlte Kursbeitrag (unabhängig vom Rabatt) kleiner ist als die Kursgebühr des besuchten Kurses. Zeigen Sie sowohl die gezahlte Gebühr als auch die Kursgebühr an. (Ü4.5.4.1)
2. Ermitteln Sie die Kurskennungen aller Kurse, die der Dozent Peter Weiss mit der PLZ 30529 nicht betreut. (Ü4.5.4.2)

4.5.5 OUTER JOIN

Der bisher betrachtete innere Verbund (INNER JOIN) in seinen verschiedenen Formen lässt die Kombination von Datensätzen aus zwei Tabellen zu, die in irgendeiner Form einander entsprechen. Es wurden immer die Werte zweier Felder miteinander verglichen und Datensätze mit passenden Werten miteinander kombiniert. Anders stellt sich die Situation dar, wenn in einem der am JOIN beteiligten Felder in einem Datensatz ein passender Wert in der anderen Tabelle fehlt.

Beispiel

Soll der Einsatz aller Dozenten in Kursen analysiert werden, so lässt sich dies durch einen JOIN zwischen *tbDozent* und *tbKurs* erreichen. Was ist aber mit den Dozenten für die zurzeit kein Einsatz geplant ist? Für sie existiert kein passender Satz in der Kurstabelle, daher fallen sie bei einem INNER JOIN wie in Listing 4.35 »unter den Tisch«.

```
SELECT
    tbPerson.Familienname, tbPerson.Vorname,
tbDozent.Titel,tbDozent.Qualifikationen,
tbKurs.Kurskennung
FROM (tbDozent INNER JOIN tbKurs
ON (tbDozent.DID = tbKurs.DID))
    INNER JOIN tbPerson ON
(tbDozent.PID = tbPerson.PID)
ORDER BY tbPerson.Familienname, tbPerson.Vorname;
```
Listing 4.36: INNER Join zwischen Dozent und Kurs

Familienname	Vorname	Titel	Qualifikationen	Kurskennung
Bucz	Susanne	Industriekaufmann	Windows, Rechnungswesen	Hannover90-Windows
Bucz	Susanne	Industriekaufmann	Windows, Rechnungswesen	Hannover91-Windows
Cromberg	Jörg	Mathematiker	Windows, Word	Celle17-Word
Weiss	Peter	Informatiker	Word, Windows, Datenbanken	Hannover89-Access
Weiss	Peter	Informatiker	Word, Windows, Datenbanken	Celle24-Access
Weiss	Peter	Informatiker	Word, Windows, Datenbanken	Celle23-Access
Weiss	Peter	Informatiker	Word, Windows, Datenbanken	Celle20-Word

Abbildung 4.30: Ergebnis mit dem INNER JOIN: eingesetzte Dozenten

Um auch die Datensätze einer Tabelle zu erhalten, die in einer anderen Tabelle keine Entsprechung finden benötigt man den OUTER JOIN.

Es sollen beispielsweise alle Dozenten mit ihren in der Datenbank abgelegten Kurseinsätzen angegeben werden. Als Besonderheit sollen auch diejenigen Dozenten aufgelistet werden, die zurzeit nicht in Kursen eingeplant sind. Bei den Dozenten wird der Familienname und Name angegeben, nach denen auch sortiert wird.

Beispiel

```
SELECT
    tbPerson.Familienname, tbPerson.Vorname,
tbDozent.Titel,tbDozent.Qualifikationen,
tbKurs.Kurskennung
FROM (tbDozent LEFT OUTER JOIN tbKurs
ON (tbDozent.DID = tbKurs.DID))
    INNER JOIN tbPerson ON
 (tbDozent.PID = tbPerson.PID)
ORDER BY tbPerson.Familienname, tbPerson.Vorname;
```
Listing 4.37: OUTER JOIN zwischen Dozent und Kurs

Neu ist die Angabe

```
tbDozent LEFT OUTER JOIN tbKurs
ON (tbDozent.DID = tbKurs.DID)
```

die dazu führt, dass aus der linken Tabelle, also *tbDozent* alle Datensätze Teil der Ergebnismenge werden, egal ob in der Tabelle *tbKurs* ein Kurs vorhanden ist oder nicht. Entsprechend erkennt man im Ergebnis dieser Abfrage in Abbildung 4.31, dass den beiden Dozenten Dieter Schlachter und Karin Weiss keine Kurse zugeordnet sind.

Wäre statt eines LEFT OUTER JOIN hier ein **INNER JOIN** verwendet worden, hätten beide Datensätze im Ergebnis komplett gefehlt, siehe Abbildung 4.30.

LEFT OUTER JOIN

Familienname	Vorname	Titel	Qualifikationen	Kurskennung
Bucz	Susanne	Industriekaufmann	Windows, Rechnungswesen	Hannover91-Windows
Bucz	Susanne	Industriekaufmann	Windows, Rechnungswesen	Hannover90-Windows
Cromberg	Jörg	Mathematiker	Windows, Word	Celle17-Word
Schlachter	Dieter	IT-Kaufmann	Office, Datenbanken, Netzwerke	
Weiss	Karin	Meister	CNC-Steuerungen	
Weiss	Peter	Informatiker	Word, Windows, Datenbanken	Celle24-Access
Weiss	Peter	Informatiker	Word, Windows, Datenbanken	Hannover89-Access
Weiss	Peter	Informatiker	Word, Windows, Datenbanken	Celle23-Access
Weiss	Peter	Informatiker	Word, Windows, Datenbanken	Celle20-Word

Abbildung 4.31: Ergebnis des OUTER JOIN

MS Access bietet die Möglichkeit einen **OUTER JOIN** direkt über die grafische Oberfläche zu bestimmen und anzuzeigen. Abbildung 4.32 zeigt, dass man einen **OUTER JOIN** als gerichteten JOIN auffassen kann. Bei einem **LEFT OUTER JOIN** wird von der linken Tabelle ausgegangen, aus der alle Datensätze genommen werden. Aus der rechten Tabelle werden dann wie gewohnt passende Datensätze ergänzt. Fehlen diese Datensätze bleiben die entsprechenden Feldwerte in der Ergebnismenge leer. Die Datensätze der »linken« Tabelle werden aber vollständig in die Ergebnismenge übernommen.

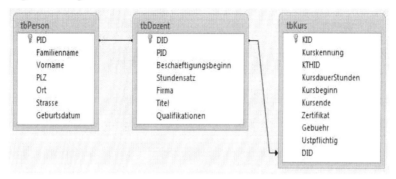

Abbildung 4.32: LEFT OUTER JOIN zwischen tbDozent und tbKurs

Darüber hinaus bietet MS Access eine zusätzliche Hilfe beim Aufbau eines **OUTER JOIN**. Dazu kann man im oberen Teil des Abfragefensters, der die Verbindungen zwischen den Tabellen visualisiert durch einen einfachen Klick auf die Verbindung diese zunächst aktivieren. Sie wird hervorgehoben. Jetzt erhält man durch einen rechten Mausklick auf diese Verbindung ein kleines Menu, in dem man die VERKNÜPFUNGSEIGENSCHAFTEN aufrufen kann. Alternativ kann man auch über den Menübefehl ANSICHT/VERKNÜPFUNGSEIGENSCHAFTEN gehen.

Man erhält ein neues Fenster, wie in Abbildung 4.33 dargestellt. Wenn man jetzt den VERKNÜPFUNGSTYP wählt, erhält man ein neues Fenster. Hier findet man die Standardeinstellungen

1. für einen INNER JOIN,
2. für einen LEFT OUTER JOIN,
3. für einen RIGHT OUTER JOIN.

MS Access erläutert die Bedeutung der einzelnen Beziehungen am Beispiel der beteiligten Tabellen. Nimmt man sich die Zeit, die Beschreibung kurz zu lesen, ist diese zumeist auch recht verständlich.

Abbildung 4.33: Einstellung für einen LEFT OUTER JOIN

Neben dem **LEFT OUTER JOIN** gibt es natürlich auch die umgekehrte Variante, den **RIGHT OUTER JOIN**. Dabei werden alle Datensätze aus der rechten Tabelle übernommen und – soweit vorhanden – die passenden Datensätze aus der linken Tabelle dazu kombiniert.

RIGHT OUTER JOIN

Ein **OUTER JOIN** lässt sich mit einem anderen **OUTER JOIN** oder **INNER JOIN** kombinieren. Dabei treten allerdings in der Praxis immer Probleme auf, wenn die »offene« Seite eines **JOIN**, also die rechte Seite eines **LEFT OUTER JOIN** oder die linke Seite eines **RIGHT OUTER JOIN** in einem weiteren **JOIN** verwendet werden soll. Die Ursache ist in vielen Fällen in den sogenannten **NULL**-Werten zu suchen. **NULL** steht dabei für das Fehlen jedes Wertes, also das was den **OUTER JOIN** ausmacht. Als Faustregel bei der Kombination von **INNER JOIN** und **OUTER JOIN** gilt, dass zunächst so viele **INNER JOIN** bearbeitet werden wie benötigt, nach einem **OUTER JOIN** sollte aber kein **INNER JOIN** mehr folgen.

Der SQL-Standard SQL99 sieht auch einen **FULL OUTER JOIN** vor, der der Kombination des **LEFT OUTER JOIN** mit dem **RIGHT OUTER JOIN** entspricht, also alle jeweiligen Datensätze ohne passenden Datensatz der anderen Tabelle beinhaltet. Dies würde dann in diesem Beispiel nicht nur die Dozenten ohne Kurse sondern auch die Kurse ohne Dozenten, die es hoffentlich nicht gibt, im Ergebnis liefern.

Mit einem **OUTER JOIN** werden bei einem **JOIN** auch Datensätze ausgegeben, zu denen keine »passenden« Datensätze in der anderen Tabelle existieren.

Zusammenfassung

JOIN	Ergebnis
tabelle1 LEFT OUTER JOIN tabelle2	Alle Datensätze aus tabelle1
tabelle1 RIGHT OUTER JOIN tabelle2	Alle Datensätze aus tabelle2
tabelle1 FULL OUTER JOIN tabelle2	Alle Datensätze aus tabelle1 und tabelle2

Tabelle 4.2: Übersicht über das Ergebnis eines OUTER JOIN

Übungen zur SELECT-Anweisung mit einem OUTER JOIN

Übungen

Erstellen Sie für die folgenden Aufgaben jeweils eine SELECT-Anweisung

1. Ermitteln Sie für alle Kursthemen in tbKursthema, welche Kurse dazu in tbKurs tatsächlich angeboten werden. Berücksichtigen Sie auch alle Kursthemen, die zurzeit nicht angeboten werden. Es sollen jeweils das Kursthema, die Kurskennung sowie Kursbeginn und Kursende angezeigt werden. (Ü4.5.5.1)
2. Ermitteln Sie für alle Personen, ob und an welchen Kursen (KID reicht) sie teilgenommen haben. Die Personen sollen nach Familienname und Vorname alphabetisch sortiert werden. Die PID soll für jede Person angegeben werden. Für die Kursteilnehmer soll die KID und die Zahlweise angegeben werden. Es sollen auch alle Personen aufgelistet werden, die zurzeit keine Kursteilnehmer sind. (Ü4.5.5.2)
3. Ermitteln Sie für alle Personen, ob und an welchen Kursen (KID reicht) sie teilnehmen oder ob sie als Dozent tätig sind. Die PID soll mit angezeigt werden. Für die Kursteilnehmer soll die KID und die Zahlweise angegeben werden. Für die Dozenten soll die DID und die Qualifikation angezeigt werden. Es sollen auch alle Personen aufgelistet werden, die zurzeit weder Kursteilnehmer noch Dozent sind. (Ü4.5.5.3)

4.5.6 CROSS JOIN

kartesisches Produkt

Was passiert, wenn zwei Tabellen miteinander verbunden werden ohne überhaupt irgendeine Bedingung für die Kombination zweier Datensätze anzugeben? Da ist der SQL-Interpreter rigoros. Wenn keine einschränkende Bedingung für die Kombination zweier Datensätze vergeben werden, werden alle Datensätze einer Tabelle mit allen Datensätzen der anderen Tabelle kombiniert. Mathematisch wird dies als kartesisches Produkt bezeichnet. In SQL heißt es **CROSS JOIN**. In der Praxis ist dies nahezu immer ein Problem. Normalerweise ist es nicht sinnvoll, wahllos alle Datensätze miteinander zu kombinieren. Es macht schließlich wenig Sinn, beispielsweise einen Kunden mit allen Aufträgen auch der anderen Kunden zu kombinieren. Trotzdem ist die entsprechende Syntax im SQL-Standard definiert worden.

CROSS JOIN-Syntax

FROM tabellename1 CROSS JOIN tabellenname2
Den **CROSS JOIN** gab es de facto bereits vor dessen Definition. In der SQL89-Syntax ergibt sich ein **CROSS JOIN** immer dann (zumeist ungewollt), wenn man vergisst zwei Tabellen miteinander in der **WHERE**-Klausel zu verbinden wie etwa in Listing 4.37.

```
SELECT
    k.KID, k.GezahlterBetrag, p.Familienname,
    p.Vorname, p.PLZ, p.Ort, p.Strasse
FROM tbPerson p, tbKursbesuche k
WHERE (k.KID = 'CE23') AND (k.GezahlterBetrag < 250)
ORDER BY p.Familienname, p.Vorname;
```
Listing 4.38: CROSS JOIN durch fehlende Verknüpfungsbedingung

Es fehlt in der Anweisung eine Verbindung der beiden Tabellen, also beispielsweise ein(p.PID = k.KTID).

und schon werden (alle nicht über die **WHERE**-Klausel herausgefilterten) Datensätze der Tabelle *tbKursbesuche* mit allen Datensätzen der Tabelle *tbPerson* kombiniert. Bei großen Datenbanken hat man dann gewaltige Ergebnismengen mit entsprechenden Laufzeiten und zumeist ohne inhaltliche Bedeutung. Trotzdem gibt es Spezialfälle in denen ein **CROSS JOIN** tatsächlich beabsichtigt werden kann.

Beispiel

Wenn einmal große Datenmengen erzeugt werden sollen, um beispielsweise die Auswirkung auf die Datenbankperformance zu testen oder um Optimierungen wie Indizes zu testen, kann dies recht schnell mit einem **CROSS JOIN** erreicht werden.

Im folgenden Beispiel sind vier Tabellen *CJVorname*, *CJFamilienname*, *CJOrt* und *CJStrasse*, die jeweils nur aus einem Feld bestehen. In den Tabellen sind zehn Vornamen, zehn Familiennamen, zehn Orte und zehn Straßen eingetragen. Mit dem einfachen **CROSS JOIN**, hier in der »alten Syntax«, die in allen Datenbanksystemen funktioniert,

```
SELECT
    CJVorname.Vorname,
    CJFamilienname.Familienname,
    CJOrt.Ort,
    CJStrasse.Strasse
FROM CJFamilienname, CJOrt, CJStrasse, CJVorname;
```
Listing 4.39: Beispiel CROSS JOIN für die Adressen

werden alle Datensätze aller Tabellen miteinander kombiniert. Also werden zehn Vornamen mit zehn Familiennamen kombiniert, was 100 Datensätze ergibt. Dann werden diese 100 Datensätze mit den zehn Datensätzen der Ortstabelle kombiniert, was 1000 Datensätze ergibt. Diese

1000 Datensätze werden dann mit den zehn Datensätzen der Straßentabelle kombiniert woraus immerhin 10000 Datensätze resultieren.

Mit der neuen **CROSS JOIN**-Syntax lautet die SELECT-Anweisung entsprechend

```
SELECT
    CJVorname.Vorname,
    CJFamilienname.Familienname,
    CJOrt.Ort,
    CJStrasse.Strasse
FROM CJFamilienname
    CROSS JOIN CJOrt
    CROSS JOIN CJStrasse
    CROSS JOIN CJVorname;
```
Listing 4.40: CROSS JOIN mit neuer Syntax

Der **CROSS JOIN** ist in openBase und MS Access nicht definiert und daher nur in der alten Syntax einsetzbar.

Mit einer **CREATE**-Anweisung, die das **SELECT** als Unterabfrage verwendet kann daraus auch schnell eine neue Tabelle erzeugt werden.

```
CREATE TABLE CJAdresse
( SELECT CJVorname.Vorname,
CJFamilienname.Familienname,
CJOrt.Ort,CJStrasse.Strasse
    FROM CJFamilienname, CJOrt, CJStrasse, CJVorname
);
```
Listing 4.41: Erzeugung einer neuen Tabelle mit CROSS JOIN

Das Ergebnis ist hier eine neue Tabelle mit 10000 Datensätzen, die alle möglichen Kombinationen von Vorname, Familienname, Ort und Straße beinhalten.

Übungen zur SELECT-Anweisung mit einem CROSS JOIN

Übungen Erstellen Sie für die folgenden Aufgaben jeweils eine SELECT-Anweisung

1. Ermitteln Sie alle möglichen Kombinationen von Dozenten (mit DID und Stundensatz) und Kursthemen, wenn theoretisch jeder Dozent jeden Kurs halten kann. Interpretieren Sie das Ergebnis in der Praxis. (Ü4.5.6.1)
2. Erweitern Sie die Abfrage aus Ü4.5.6.1 so, dass neben der DID auch der richtige Familienname und Vorname des Dozenten angezeigt werden. Dabei werden ein INNER JOIN und ein CROSS JOIN kombiniert. (Ü4.5.6.2)

4.5.7 JOIN über mehrere Felder

Normalerweise hat jede Tabelle in einer Datenbank nur ein Primärschlüsselfeld. Dies ist aber nicht zwingend. Eine Tabelle kann auch über zwei oder mehr Felder verfügen, die zusammen ihren Primärschlüssel bilden.

Beispiel

In bestimmten Fällen ist die Verwendung mehrerer Primärschlüsselfelder durchaus sinnvoll – beispielsweise in Warenwirtschaftssystemen oder ERP-Systemen, die mandantenfähig sein sollen. Die Mandantenfähigkeit beschreibt die Möglichkeit, in einer Datenbank die Daten von mehr als einem Unternehmen zu verwenden. Dazu wird eine sogenannte Mandantennummer verwendet, die zu allen Tabellen hinzugefügt wird, die mandantenfähig sein sollen. Der Vorteil ist, dass verbundene oder eng kooperierende Unternehmen, die rechtlich selbstständig sind, ihre Daten in derselben Datenbank führen können. Die Datensätze werden mittels der Mandantennummer unterschieden, indem jedes Unternehmen seine eigene Mandantennummer erhält.

Sollen beispielsweise die Kunden nach dem Mandanten getrennt werden, wird in einer Tabelle *tbKunde* neben dem ursprünglichen Primärschlüsselfeld *kdnr* (Kundennummer) eine *mnr* (Mandantennummer) aufgenommen. Damit kann von verschiedenen Unternehmen dieselbe Kundennummer vergeben werden. Die Kundenstämme können mittels der unterschiedlichen Mandantennummer unterschieden werden. Es existieren bei zwei Mandanten sozusagen zwei parallele Datenbestände, für jeden Mandanten ein eigener Bestand. Dies erfordert dann aber natürlich auch, dass andere Tabellen, die sich auf diese Tabelle beziehen zwei Fremdschlüsselfelder verwenden, eines für die *kdnr*, eines für die *mnr*. Der Bezug zu dieser Tabelle mittels eines solchen Fremdschlüssels erfordert dann einen JOIN mit mehreren Feldern, siehe Abbildung 4.34.

Ein **JOIN** muss dann alle betroffenen Felder, hier die *kdnr* und die *mnr* berücksichtigen.

```
SELECT
    k.mnr, k.kdnr, k.firma, k.anrede, k.name,
    b.bnr, b.bestelldatum
FROM
    tbkunde k INNER JOIN tbBestellung b
ON (k.mnr = b.mnr) AND (k.kdnr = b.kdnr);
```
Listing 4.42: JOIN über zwei Feldpaare

Diese Abfrage berücksichtigt beide Primärschlüsselfelder und ihre entsprechenden Fremdschlüsselfelder.

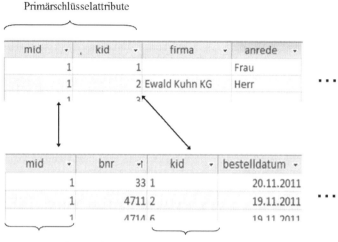

Abbildung 4.34: Mandantenfähige Verbindung der Kunden und Bestellungen

Man kann auch die anderen JOIN-Arten im Zusammenhang mit Verbindungen über zwei oder mehr Feldpaare entsprechend verwenden. So lassen sich in der USING-Klausel mehrere Feldnamen aufzählen:

USING (mnr, kdnr)

und der NATURAL JOIN, der auf Feldnamengleichheit beruht, würde hier sogar automatisch beide Felder berücksichtigen, da beide jeweils passende gleiche Namen haben. Weitere Beispiele und Übungen finden sich im Rahmen der Beispiele mit der Artikeldatenbank, die für komplexere Situationen genutzt wird.

4.6 Die GROUP BY-Klausel

Datenbanken enthalten – im Gegensatz zu den Testbeispielen – zumeist große Mengen von Datensätzen. Meistens ist man nur an wenigen Datensätzen interessiert und filtert die benötigten Datensätze über die WHERE-Klausel heraus. Oft möchte man aber auch den Überblick über Gruppen gleichartiger Datensätze beispielsweise Stammkunden, alle Autos von VW oder alle Teilnehmer bestimmter Kurse haben. In diesen Fällen werden die Datensätze mit gleichen Eigenschaften über eine GROUP BY-Klausel vorsortiert.

Es geht also darum, Daten zu verdichten, um beispielsweise Stückzahlen, Summen oder Durchschnittswerte zu erhalten. Dazu gruppiert man die Datensätze einer SELECT-Anweisung nach einem relevanten Gruppierungsfeld und verdichtet die Daten in anderen Feldern bei denen die Werte in dem Gruppierungsfeld gleich sind.

Es sollen beispielsweise die Teilnehmer derKurse nach den Kursen gruppiert werden, an denen sie teilnehmen, und zusätzlich die Anzahl der Teilnehmer an den verschiedenen Kursen ermittelt werden.

Beispiel

```
SELECT kb.KID AS "Anzahl Kursteilnehmer"
FROM tbKursbesuche kb
ORDER BY kb.KID;
```
Listing 4.43: Liste der besuchten Kurse

Das Ergebnis ist in Abbildung 4.35 zu sehen. Jetzt kannman natürlich in der Tabelle selbst zählen, wie viele Teilnehmer die einzelnen Kurse haben. Dank der Sortierung geht das sogar relativ einfach. Man kommt schnell auf drei Teilnehmer am Kurs »CE17« und die acht Teilnehmer des Kurses »CE23« sind im Normalfall auch noch an den Fingern zweier Hände abzuzählen.

Anzahl Kursteilnehmer
CE17
CE17
CE17
CE23
CE23
CE23
CE23
CE23
CE23
CE23
CE24
CE24
CE24
CE24
CE24
H90
H90

Abbildung 4.35: Einzeldatensätze der Tabelle Kursteilnehmer

Bei größeren Datenmengen wird dies aber schnell schwierig und die Frage nach einer Unterstützung durch die Datenbank ist sicher sinnvoll. Hier kann die folgende SQL-Anweisung Abhilfe schaffen:

```
SELECT kb.KID, COUNT(*) AS "Anzahl Kursteilnehmer"
FROM tbKursbesuche AS kb
GROUP BY kb.KID;
```
Listing 4.44: Einstufig gruppierte Liste der besuchten Kurse

KID	Anzahl Kursteilnehmer
CE17	3
CE23	8
CE24	5
H90	2

Abbildung 4.36: SELECT-Anweisung mit GROUP BY-Klausel

Die **SELECT**-Anweisung ermittelt das Ergebnis in Abbildung 4.36. Neu ist in der GROUP-Klausel

Gruppen-datensatz

```
GROUP BY kb.KID
```

was dazu führt, dass die Datensätze so sortiert werden, dass alle Datensätze mit demselben Wert im Datenfeld *kb.KID* hintereinander stehen. Dann wird aus diesen Datensätzen ein einziger neuer (virtueller) Datensatz erstellt, der auch als Gruppendatensatz bezeichnet wird. Ein Gruppendatensatz repräsentiert also immer eine Gruppe von einzelnen Datensätzen, die sonst in mehreren Zeilen getrennt dargestellt würden. Die Gruppe definiert sich, wie sonst auch, über mindestens eine Gemeinsamkeit, hier über einen gleichen Wert in einem bestimmten Datenfeld.

Ein Feld, hier die *KID*, enthält also für alle Einzeldatensätze einer Gruppe denselben Wert. Dies bezeichnet man als Gruppenbildung oder Gruppierung, die durch die **GROUP BY**-Klausel definiert wird:

```
GROUP BY feldname { ,feldname}
```

Für die Gruppierung dürfen nur Felder verwendet werden, die in den durch die FROM-Klausel ausgewählten Tabellen vorhanden sind, das heißt, dass die Gruppierungsfelder nicht zwingend auch angezeigt werden müssen.

Gruppierungs-felder

Nachdem eine Gruppierung über die **GROUP BY**-Klausel definiert ist, können jetzt weitere Felder ergänzt werden. Dabei muss für jedes einzelne Feld festgelegt werden, wie die Werte der einzelnen Datensätze zu einem Wert des neuen Gruppendatensatzes zusammengefasst werden. Die einfachste Form ist dabei ein neues Feld, das einfach die Anzahl der Datensätze pro Gruppe zählt. Dafür wird die Funktion **COUNT(feldname)** verwendet. **COUNT(*)** steht für alle Datensätze der Tabelle. Wie gesagt darf das Gruppierungsfeld in der Ergebnismenge fehlen, so dass mit

```
SELECT COUNT(*) AS "Anzahl Kursteilnehmer"
FROM tbKursbesuche AS kb
GROUP BY kb.KID;
```
Listing 4.45: Anzahl der Kursteilnehmer, gruppiert je Kurs

beispielsweise eine Liste mit der Anzahl der Teilnehmer aller Kurse erhalten werden kann, ohne dass die Kursnummer in der Ausgabe dabei steht – der Sinn sei für den Moment dahingestellt.

Durch die Gruppierung wird die Menge der Ergebnisdatensätze immer in eine Teilmenge von Datensätzen zerlegt. In jeder Teilmenge sind die Werte des Gruppierungsfeldes identisch und die Gesamtmenge zerfällt entsprechend Abbildung 4.37.

	Gruppierungsfeld KID		
Gruppe mit KID='CE17'	CE17	4 Karmann	Thomas
	CE17	5 Klötzer	Karl
	CE17	25 Sander	
Gruppe mit KID='CE23'	CE23	4 Karmann	Thomas
	CE23	5 Klötzer	Karl
	CE23	10 Müller	Claudia
	CE23	15 Martens	Melanie
	CE23	24 Ruppert	Nicola
	CE23	31 Schulze	Tanja
	CE23	32 Winter	Petra
	CE23	37 Magerkurth	Melissa
Gruppe mit KID='CE24'	CE24	4 Karmann	Thomas
	CE24	10 Müller	Claudia
	CE24	11 Lisewski	Bernd
	CE24	15 Martens	Melanie
	CE24	23 Peredy	Helmut
Gruppe mit KID='H90'	H90	9 Schmidt	Karl
	H90	34 Plate	Ulrich

Abbildung 4.37: Gruppierung nach der KID

Die Gruppierung kann grundsätzlich nach beliebig vielen Feldern erfolgen, wobei die Reihenfolge der Gruppierung entsprechend der Angabe der Feldnamen von links nach rechts durchgeführt wird. Der am weitesten links stehende Feldname legt die erste Aufteilung in Gruppen fest, der nächste Feldname gruppiert innerhalb der Gruppen, die schon gebildet sind. Der dritte dann wiederum innerhalb dieser Gruppen. Bei mehreren Gruppierungsfeldern müssen also in jeder Gruppe die Werte aller Gruppierungsfelder identisch sein.

Soll beispielsweise ermittelt werden, wie sich die Struktur der Zahlungsweise innerhalb der Kursteilnehmer der einzelnen Kurse zusammensetzt, so kann zunächst nach der KID, also dem Kurs, und dann innerhalb des Kurses nach der Zahlungsweise gruppiert werden:

Mehrstufige Gruppierung

```
SELECT kb.KID, kb.Zahlweise,
 COUNT(*) AS "Anzahl Zahler"
FROM tbKursbesuche kb
GROUP BY kb.KID, kb.Zahlweise;
```
Listing 4.46: Mehrstufige Gruppierung

Die entstehende Struktur ist in Abbildung 4.38 dargestellt. Es entstehen 10 Gruppen. In jeder der Gruppen sind die Werte beider Gruppierungsfelder in allen Datensätzen gleich.

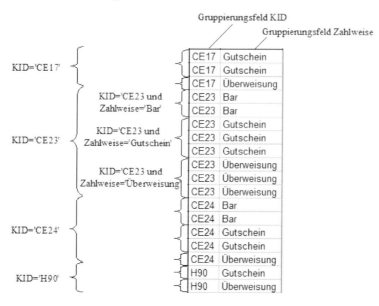

Abbildung 4.38: Zweifache Gruppierung führt zu 10 Gruppen

Entsprechend können jetzt die Datensätze in den einzelnen Gruppen mit COUNT(*) gezählt werden und man erhält das Ergebnis in Abbildung 4.39. Will man beispielsweise die Werte für den Kurs »CE23« verifizieren, so kann man leicht nachzählen, dass es sich um zwei, drei und noch einmal drei Datensätze handelt.

KID	Zahlweise	Anzahl Zahler
CE17	Gutschein	2
CE17	Überweisung	1
CE23	Bar	2
CE23	Gutschein	3
CE23	Überweisung	3
CE24	Bar	2
CE24	Gutschein	2
CE24	Überweisung	1
H90	Gutschein	1
H90	Überweisung	1

Abbildung 4.39: Ergebnis bei zweifacher Gruppierung

Virtueller Datensatz

In einer SELECT-Anweisung mit Gruppenbildung wird jeweils aus allen tatsächlichen Datensätzen einer Gruppe ein virtueller Gruppendatensatz gebildet. Dieser Gruppendatensatz enthält alle Felder, die in der SELECT-Anweisung vorgegeben sind. Für die Ausgabe muss daher für jedes Feld aus allen Werten des Feldes in allen Datensätzen der Gruppe genau ein Wert ermittelt werden. Mehr als ein Wert je Feld ist auch in dem virtuellen Gruppendatensatz nicht möglich.

Für das Gruppierungsfeld ist die Wertermittlung einfach. Schließlich ist die Gruppierung gerade so gebildet worden, dass der Wert in dem Feld einer Gruppe überall gleich und somit auch für den Gruppendatensatz sinnvoll ist. Hier würde für die erste Gruppe das Feld *KID* beispielsweise den Wert »CE17« bekommen. Bei zweifacher Gruppierung gilt dies für beide Gruppierungsfelder, beispielsweise für *KID* »CE17« und für die Zahlweise »Gutschein«. Damit ist klar, welcher Wert für die Gruppierungsfelder ausgegeben wird, wenn sie Bestandteil der Ausgabe sind.

Wert des Gruppierungsfeldes

Bei allen anderen Feldern muss aus der Menge der Werte aller Datensätze innerhalb der Gruppe ein Wert gewonnen werden. Dazu werden sogenannte Aggregatfunktionen wie **COUNT()** verwendet. Diese Funktionen beinhalten die Anweisung, wie die Einzelwerte zu einem gemeinsamen Wert verdichtet werden sollen. Diese Anweisung ist notwendig, weil im Gegensatz zu den Gruppierungsfeldern die Werte der anderen Felder innerhalb einer Gruppe normalerweise nicht gleich sind. Also gilt die Regel, dass bei einer Gruppierung alle Felder außer den Gruppierungsfeldern eine Aggregatfunktion besitzen müssen.

Die Aggregatfunktion **COUNT()** beispielsweise bewirkt einfach die Zählung der Datensätze der Gruppe. Das wäre aber doch sehr wenig. Daher gibt es daneben die Möglichkeit, durch andere Aggregatfunktionen die Zusammenfassung (Aggregation) der Werte eines Datenfeldes aller Einzeldatensätze einer Gruppe durchzuführen. Aggregatfunktionen sind in der Lage, beispielsweise den kleinsten Wert einer Gruppe zu ermitteln (**MIN**), die Werte zu summieren (**SUM**) oder einen Mittelwert (**AVG**) zu bilden. Dabei wird die Funktion mit dem Feldnamen aufgerufen, also beispielsweise

Aggregatfunktion

- SUM(Rabatt) – Summe aller Rabatte je Gruppe
- AVG(GezahlterBetrag) – Durchschnittlicher gezahlter Betrag je Gruppe
- COUNT(Zahlweise) – Anzahl (unterschiedlicher) Zahlweisen je Gruppe.

Wesentlich istt, dass für jedes Datenfeld außer den Gruppierungsfeldern eine Aggregatfunktion angegeben wird. Ist nämlich nicht klar wie für ein Feld ein repräsentativer Gruppenwert entstehen soll, müsste der SQL-Interpreter selbst entscheiden, welchen Wert er nehmen soll. Das ist nicht nur willkürlich sondern auch sinnlos. Also können keine einfachen Felder im Ergebnis der **SELECT**-Anweisung auftauchen sondern nur Gruppierungsfelder und Felder mit Aggregatfunktion.

So kann beispielsweise die Summe der gezahlten Beiträge je Kurs wie folgt ermittelt werden:

```
SELECT KID, SUM(GezahlterBetrag)
FROM tbKursbesuche
GROUP BY KID
ORDER BY 2 DESC;
```

Listing 4.47: Je Kurs bezahlte Beträge

Das Feld *KID* ist das Gruppierungsfeld, es wird also je Kurs ein Gruppendatensatz erzeugt. Dann werden die Werte des Feldes *GezahlterBetrag* je Gruppe summiert. Abschließend werden die ermittelten Datensätze absteigend nach dem summierten Betrag (2.Spalte) sortiert.

An dieser Stelle soll kurz auf die Besonderheiten von MS Access und openBase eingegangen werden. Beide bieten in der grafischen Oberfläche eine besondere Unterstützung für die Gruppierung an, die dann in eine **GROUP BY**-Klausel in SQL umgesetzt wird.

In der grafischen Oberfläche von MS Access erhält man die Darstellung in Abbildung 4.40. Auffällig ist dabei die Zeile »Funktion«. Diese wird in der Standardeinstellung nicht angeboten. Sie kann über den Menübefehl ANSICHT/FUNKTIONEN eingeblendet werden. Alternativ geht dies auch über die rechte Maustaste in unteren Fensterbereich und durch die Anwahl von FUNKTIONEN im dann eingeblendeten Kontextmenu oder über das Summen-Icon.

Gruppierung festlegen

In der Zeile FUNKTION bestimmt man die Gruppierung, indem man für die Gruppierungsfelder die Funktion GRUPPIERUNG einstellt. Für alle anderen Felder stellt man die Aggregatfunktion – für unser Beispiel Summe – ein, was dann in ein **SUM** in SQL umgesetzt wird. Die Gruppierungsfelder müssen in der Reihenfolge von links nach rechts in die **GROUP BY**-Klausel übernommen werden. Bei mehreren Gruppierungsfeldern muss die Reihenfolge der Felder so angepasst werden, dass die gewünschte Gruppierung entsteht.

Eine weitere Besonderheit von MS Access ist, dass sobald die FUNKTIONEN aktiviert sind grundsätzlich zunächst alle Felder, beginnend von links nach rechts, gruppiert werden, Access bildet also im Standard in jeder Abfrage eine totale Gruppierung. Dies kann gut nachvollzogen werden, indem die SQL-Anweisung

```
SELECT kb.KID, kb.Zahlweise
FROM tbKursbesuche kb
GROUP BY kb.KID, kb.Zahlweise;
```

einmal mit und einmal ohne eingeschaltete Funktionenzeile ausgeführt wird.

Abbildung 4.40: MS Access Darstellung der GROUP BY-Klausel als Gruppierung

Die Einstellung in Abbildung 4.41 erzeugt die **SELECT**-Anweisung

Totale Gruppierung

```
SELECT tbKursbesuche.KID, tbKursbesuche.Zahlweise
FROM tbKursbesuche;
```

und liefert alle 18 Datensätze der Tabelle *tbKursbesuche*.

Abbildung 4.41: Abfrage ohne Funktionenleiste und somit ohne Gruppierung

Wird die Funktionenleiste dagegen eingeblendet, kommt man zu der in Abbildung 4.42 gezeigten Einstellung, die zu einer vollständigen Gruppierung aller beteiligten Felder führt.

Abbildung 4.42: Mit eingeschalteter Funktionszeile erfolgt eine vollständige Gruppierung

MS Access erzeugt daraus als **SELECT**-Anweisung

```
SELECT tbKursbesuche.KID, tbKursbesuche.Zahlweise
FROM tbKursbesuche
GROUP BY tbKursbesuche.KID, tbKursbesuche.Zahlweise;
```
Listing 4.48: Totale Gruppierung in MS Access

Diese SQL-Anweisung erzeugt folgerichtig zehn Datensätze, die den besprochenen zehn Gruppen entsprechen, wie sie Abbildung 4.38 und Abbildung 4.39 dargestellt sind.

Noch ein Hinweis zu der speziellen **COUNT(*)**-Funktion, wie sie dem folgenden Befehl entspricht.

```
SELECT kb.KID, Count(*) AS [Anzahl Kursteilnehmer]
FROM tbKursbesuche AS kb
GROUP BY kb.KID;
```

Diese Funktion lässt sich nicht in der gewohnten Weise eingeben. Hier muss auf die direkte Eingabe der Funktion in der obersten Zeile FELD zurückgegriffen werden. Die Syntax zeigt Abbildung 4.43. In gleicher Weise lassen sich alle Aggregatfunktionen verwenden. Die Einstellung Ausdruck in der Zeile FUNKTION kann verwendet werden, um die Aggregatfunktionen in dieser Form direkt einzugeben. Wird die Aggregatfunktion bereits oben eingegeben, darf nicht noch einmal in der Funktionszeile aggregiert werden. Dies würde zu einer doppelten Aggregation führen, was verboten ist.

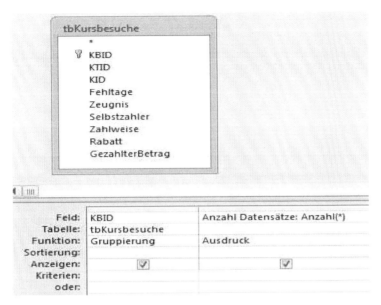

Abbildung 4.43: Aggregatfunktion direkt in der Feldbeschreibung

Die **WHERE**-Klausel wird vor der **GROUP BY**-Klausel abgearbeitet, die Datensätze werden also eingeschränkt bevor sie gruppiert werden. Damit kann beispielsweise bestimmt werden, welche Gruppen überhaupt nur betrachtet werden, indem nur auf die gewünschten Feldwerte des Gruppierungsfeldes mit der **WHERE**-Klausel gefiltert wird. Dazu soll ein weiteres Beispiel betrachtet werden. Es soll ermittelt werden, wie viele Personen in der Tabelle *tbPerson* in welcher Stadt wohnen, also nach dem Ort gruppiert werden. Dies soll aber nur für die Orte »Hannover«, »Braunschweig« und »Celle« geschehen. Zusätzlich sollen die Orte absteigend nach der Anzahl der Personen sortiert werden.

Beispiel mit WHERE

```
SELECT p.Ort, COUNT(*) AS "Personen in der Datenbank"
FROM tbPerson AS p
WHERE (p.Ort IN ('Hannover','Braunschweig','Celle'))
GROUP BY p.Ort
ORDER BY COUNT(*) DESC;
```
Listing 4.49: Gruppierung mit Filter

Man sieht im Ergebnis in Abbildung 4.44, dass zunächst alle Datensätze bis auf die Einträge mit den drei gewünschten Städten herausgefiltert wurden. Dann sind die Datensätze gruppiert und entsprechend der Häufigkeit absteigend sortiert worden.

Ort	Personen in der Datenbank
Celle	6
Hannover	5
Braunschweig	3

Abbildung 4.44: Nach WHERE, GROUP BY und ORDER BY

Diejenigen, die schon eine Weile gerade auch mit klassischen Programmiersprachen wie COBOL oder PL/I programmiert haben oder die schon mit Reportgeneratoren gearbeitet haben, werden hier stark an den sogenannten »Gruppenwechsel« erinnert worden sein, bei dem die Datensätze ebenfalls nach Gruppen sortiert und dann innerhalb der Gruppen einzeln verarbeitet werden. Tatsächlich bereitet SQL die Daten mittels der **GROUP BY**-Klausel ganz analog vor. Allerdings werden die einzelnen Sätze bereits zu einem kompletten Gruppendatensatz zusammengefasst. In einem weiterverarbeitenden Programm können die einzelnen Datensätze daher nicht mehr bearbeitet werden.

Zusammenfassung

Mit der **GROUP BY**-Klausel kann eine mehrstufige Gruppierung der Daten einer **SELECT**-Anweisung vorgenommen werden. Die Gruppierung erfolgt nach der Filterung mit der **WHERE**-Klausel. Die Gruppierung kann alle Felder der Tabellen aus der FROM-Klausel umfassen. Die Gruppierungsfelder werden von links nach rechts genutzt, um die Ergebnisse in Gruppen und Teilgruppen zu zerlegen. Mit einem **COUNT(*)** kann die Anzahl der Datensätze pro Gruppe ermittelt werden. Mit anderen Gruppierungsfunktionen wie **SUM** (Summe) oder **AVG** (Mittelwert) können Berechnungen bei der Aggregation von Datenfeldern durchgeführt werden.

Wichtige Aggregatfunktionen sind in der folgenden Tabelle enthalten. Abweichungen zwischen den verschiedenen Datenbankmanagementsystemen und teilweise auch zwischen englischen und deutschen Versionen sind möglich. Genaueres hierzu in Kapitel 5.

Aggregatfunktion	Bedeutung	grafische Oberfläche (deutsch)
COUNT()	Anzahl der Datensätze mit verschiedenen Wertes eines Feldes, oder Anzahl Datensätze COUNT(*)	Anzahl
SUM()	Summe der Datenfeldwerte	Summe
AVG()	Arithmetisches Mittel der Datenfeldwerte (Durchschnittswert)	Mittelwert
MAX()	Größter auftretender Wert	Max
MIN()	Kleinster auftretender Wert	Min
STDDEV()	Standardabweichung der Werte	StAbw

VAR()	Varianz der Werte	Varianz
FIRST()	Erster gefundener Wert (Wert des Datenfeldes im ersten Datensatz der Gruppe)	Erster Wert
LAST()	Letzter gefundener Wert (Wert des Datenfeldes im letzten Datensatz der Gruppe)	Letzter Wert

Tabelle 4.3: Wichtige Aggregatfunktionen

Damit ist die SELECT-Anweisungen mit dieser Syntax erarbeitet

SELECT-Syntax

```
SELECT [DISTINCT|ALL] feldname [AS alias]
 {, feldname [AS alias]}
FROM tabellen {joinliste}
[WHERE bedingungsliste]
[GROUP BY feldname [{,feldname}]]
[ORDER BY feldname [ASC|DESC]{ ,feldname [ASC|DESC]}];
```

Übungen zur SELECT-Anweisung mit GROUP BY-Klausel

Erstellen Sie für die folgenden Aufgaben jeweils eine SELECT-Anweisung **Übungen**

1. Ermitteln Sie aus allen Datensätzen in tbKursbesuche, wie viele Kursteilnehmer ohne Berücksichtigung des Kurses per Gutschein, bar beziehungsweise mit Überweisung bezahlen. Geben Sie die Zahlweise als eigenes Feld ebenfalls an. (Ü4.6.1)
2. Ermitteln Sie für alle Kursbesucher gruppiert nach Kursen wie viele Selbstzahler dabei sind. Die anderen Datensätze sollen nicht interessieren. (Ü4.6.2)
3. Ermitteln Sie die Liste aus Ü4.6.1, aber sortieren Sie sie absteigend nach der Anzahl der Teilnehmer und beziehen Sie sich nur auf die Kurse »CE17« und »CE23«. (Ü4.6.3)
4. Ermitteln Sie die Anzahl der Datensätze in der Tabelle tbKursbesuche insgesamt. (Ü4.6.4)
5. Ermitteln Sie je Kurs die Summe der Fehltage. Geben Sie die KID, das Kursthema und die Anzahl der Fehltage aus. (Ü4.6.5)

4.7 Die HAVING-Klausel

Es soll jetzt die Anzahl der Personen in der Datenbank ermittelt werden, die in einer bestimmten Stadt wohnen. Dies kann mit einer **GROUP BY**-Klausel erreicht werden. Es sollen aber nur die Städte in der Ergebnismenge erscheinen, in denen mindestens drei Personen wohnen. Dann müssen alle Datensätze herausgefiltert werden, die zu Orten mit weniger als drei Personen gehören. Das kann aber nicht mit einer

WHERE-Klausel funktionieren, da diese vor der GROUP BY-Klausel abgearbeitet wird und der SQL-Interpreter daher zum Zeitpunkt der Bearbeitung der WHERE-Klausel noch gar nicht weiß, wie viele Datensätze zu einem Ort gehören werden.

Daher muss eine Möglichkeit geschaffen werden, die Ergebnismenge noch einmal zu filtern, nachdem die Gruppenbildung erfolgt ist. Dafür gibt es die HAVING-Klausel der SELECT-Anweisung.

Es sollen jetzt also auch Eigenschaften von gruppierten Datensätzen genutzt werden, um die gewünschten Daten auszuwählen, also in Gruppendatensätzen filtern. Dazu gibt es die HAVING-Klausel der SELECT-Anweisung.

Beispiel

Soll beispielsweise für jeden Ort in der Personentabelle *tbPerson* ermittelt werden, wie viele Personen dort wohnen, und sollen nur die Orte ausgegeben werden, in denen mindestens drei Personen wohnen, so kann dies mit der folgenden SELECT-Anweisung erreicht werden:

```
SELECT p.Ort, COUNT(*) AS "Personen in der Datenbank"
FROM tbPerson AS p
GROUP BY p.Ort
HAVING COUNT(*) >= 3
ORDER BY COUNT(*) DESC;
```

Listing 4.50: Orte mit mindestens drei Personen in der Datenbank

Das Ergebnis ist dasselbe wie in Abbildung 4.44 zu sehen. Es entsteht allerdings auf andere Art. War es oben eher Zufall, dass nur Gruppendatensätze mit mindestens drei Datensätzen berücksichtigt werden, wird dies jetzt gezielt konstruiert. Zunächst werden alle Datensätze der Tabelle berücksichtigt und es wird für jeden Ort eine Gruppe, ein Gruppendatensatz, gebildet. Dann wird für jeden Gruppendatensatz mit der HAVING-Klausel überprüft, ob er die Bedingung erfüllt, dass er aus mindestens drei Einzeldatensätzen gebildet wurde. Ist dies nicht der Fall wird der entsprechende Gruppendatensatz aus der Ergebnisdatenmenge entfernt. Schließlich werden die verbleibenden Gruppen absteigend nach ihrer Größe sortiert.

HAVING-Syntax

```
HAVING (bedingung) { AND | OR (bedingung) }
```

Die Bedingung der HAVING-Klausel wird auf jede Gruppe der GROUP BY-Klausel angewendet, es wird also jede Gruppe überprüft. Man kann sich das als Schleife über die einzelnen Gruppendatensätze vorstellen. Nur die Gruppen, die die HAVING-Bedingung erfüllen, bleiben Teil der Ergebnismenge.

Die WHERE-Klausel und die HAVING-Klausel haben also viele Gemeinsamkeiten. Eigentlich verhalten sich beide Klauseln fast gleich. Wann sollte jetzt eine Filterbedingung wo platziert werden, WHERE oder HAVING? Eine Filterbedingung, die sich auf das Datenfeld der untersten

Gruppierungsebene, also die Einzelsatzebene, bezieht, lässt sich immer in einer **WHERE**-Klausel unterbringen, wie bereits an obiger **SELECT**-Anweisung zu sehen war:

```
SELECT p.Ort, COUNT(*) AS "Personen in der Datenbank"
FROM tbPerson AS p
WHERE (p.Ort IN ('Hannover','Braunschweig','Celle'))
GROUP BY p.Ort
ORDER BY COUNT(*) DESC;
```

Derselbe Effekt lässt sich in diesem Fall auch mit einer **HAVING**-Klausel erreichen, wenn eine **GROUP BY**-Klausel existiert.

```
SELECT p.Ort, COUNT(*) AS "Personen in der Datenbank"
FROM tbPerson AS p
GROUP BY p.Ort
HAVING (p.Ort IN ('Hannover','Braunschweig','Celle'))
ORDER BY COUNT(*) DESC;
```

Listing 4.51: Wahlweises Filtern mit WHERE und HAVING

Hier gibt es also beide Möglichkeiten. Wenn sich dagegen die Filterbedingung auf ein Feld des Gruppendatensatzes mit dem Zähler (**COUNT**) oder einer anderen Aggregatfunktion bezieht, ist die Nutzung der **HAVING**-Klausel statt der **WHERE**-Klausel zwingend erforderlich, weil der zu filternde Wert erst durch die Aggregation entsteht. Existiert keine **GROUP BY**-Klausel ist es ebenfalls eindeutig, es kann nur die **WHERE**-Klausel verwendet werden.

WHERE versus HAVING

Bestehen wie im obigen Beispiel beide Möglichkeiten, so sollte im Normalfall die **WHERE**-Bedingung verwendet werden, um die Datenmenge so früh wie möglich zu reduzieren.

Ein weiteres Beispiel, in dem sowohl die **WHERE**- als auch die **HAVING**-Klausel verwendet werden können, ist eine Fortführung des Beispiels der **GROUP BY**-Klausel aus Listing 4.43. Hierbei wird die Anzahl der Teilnehmer an den Kursen ermittelt. Jetzt wird die Betrachtung aber auf den Kurs »CE23« eingeschränkt. Hier gibt es zwei Varianten.

Beispiel

Variante 1

```
SELECT kb.KID, COUNT(*) AS "Anzahl Kursteilnehmer"
FROM tbKursbesuche AS kb
GROUP BY kb.KID
HAVING (kb.KID='CE23');
```

Variante 2

```
SELECT kb.KID, COUNT(*) AS "Anzahl Kursteilnehmer"
FROM tbKursbesuche AS kb
WHERE (kb.KID='CE23')
GROUP BY kb.KID;
```

Listing 4.52: Varianten mit WHERE und HAVING

Das Ergebnis beider Abfragen ist in Abbildung 4.45 zu sehen.

KID	Anzahl Kursteilnehmer
CE23	8

Abbildung 4.45: Ergebnis der SELECT-Anweisung mit HAVING-Klausel

Normalerweise ist aus Performancegründen Variante 2 vorzuziehen. Bei größeren Datenbeständen sollte, wann immer möglich die **WHERE**-Klausel statt der **HAVING**-Klausel verwendet werden. Die **WHERE**-Klausel reduziert die Datenmenge frühzeitig. Damit sind bei der Gruppierung weniger Sortieroperationen notwendig und die Performance verbessert sich im Allgemeinen deutlich.

Zusammenfassung

Die **HAVING**-Klausel erlaubt die Formulierung von Filterbedingungen für die durch die **GROUP BY**-Klausel definierten Gruppendatensätze. Für jede Gruppe existiert ein Gruppendatensatz, dessen mit Aggregatfunktionen berechnete Felder die Anforderungen der **HAVING**-Klausel erfüllen müssen, damit der Gruppendatensatz Bestandteil der Ergebnismenge wird. Fehlt die **HAVING**-Klausel werden alle Gruppendatensätze ermittelt.

Damit ist die zunächst vollständige Syntax der **SELECT**-Anweisung:

Syntax

```
SELECT [DISTINCT|ALL] feldname [AS alias]
{ ,feldname [AS alias]}
FROM tabelle {joinliste}
[WHERE (bedingung) { AND | OR (bedingung) }]
[GROUP BY feldname [{, feldname}]]
[HAVING (bedingung) { AND | OR (bedingung) }]
[ORDER BY feldname [ASC|DESC]
{ ,feldname [ASC|DESC]}];
```

Diese Syntax entspricht dem Standardumfang aller relationalen Datenbankmanagementsysteme. Über den bis hierher definierten Umfang hinaus gibt es eine Reihe von Erweiterungen, die mehr oder weniger weit verbreitet sind und eigenen syntaktischen Regeln folgen. Die meisten Erweiterungen beziehen sich auf physische Eigenschaften der Datenbank und dienen der Steuerung der Datenabfrage sowie der Performance.

Zwei wesentliche standardisierte Erweiterungen fehlen aber noch. Zum einen muss auf die Verwendung von Funktionen zur Berechnung oder Erstellung komplexerer Ausdrücke eingegangen werden, zum anderen fehlen die Unterabfragen. Die Funktionen sollen im folgenden Kapitel 5 im Zusammenhang mit den Datentypen behandelt werden. Unterabfragen, bei denen **SELECT**-Anweisungen geschachtelt oder als Teil anderer SQL-Anweisungen verwendet werden, werden ab Kapitel 6 behandelt.

Übungen zur SELECT-Anweisung mit **HAVING**-Klausel **Übungen**

Erstellen Sie für die folgenden Aufgaben jeweils eine SELECT-Anweisung.

1. Ermitteln Sie aus der Tabelle tbKursbesuche je Kurs den kleinsten und größten Rabatt, der gewährt wurde. Geben Sie nur die Kurse an, bei denen der größte Rabatt über 50 liegt. Sortieren Sie das Ergebnis absteigend nach dem größten Rabatt. (Ü4.7.1)
2. Ermitteln Sie die KID und den durchschnittlichen Rabatt für alle Kursteilnehmer gruppiert nach Kursen. Geben Sie dabei nur diejenigen an, bei denen der durchschnittliche gezahlte Betrag der Teilnehmer kleiner als 250 ist. (Ü4.7.2)
3. Gruppieren Sie alle Kurse nach der Gebühr. Bestimmen Sie die Anzahl der Datensätze und geben Sie nur solche Gruppen aus, die aus mindestens zwei Datensätzen bestehen. Sortieren Sie das Ergebnis aufsteigend nach der Gebühr. (Ü4.7.3)
4. Ermitteln Sie die Anzahl der Kurse, die mindestens EUR 300,- kosten und gruppieren Sie sie nach der Gebühr. (Ü4.7.4)

5 Datentypen, Ausdrücke und Funktionen

Neben den Feldern können in SQL-Anweisungen auch Konstanten (Literale) oder mittels der Felder berechnete Ausdrücke verwendet werden. Bevor dies ausführlich betrachtet wird, müssen zunächst «Datentypen» besprochen werden. War es der SELECT-Anweisung noch relativ egal, welche Daten dargestellt werden, so müssen wie in jeder Programmiersprache auch in SQL spätestens wenn es um die Verwendung von Funktionen geht diese Datentypen berücksichtigt werden.

5.1 Datentypen

Um die Bedeutung von Datentypen zu zeigen, soll zunächst ein Beispiel genutzt werden, das bereits eine ganze Fülle von Funktionen verwendet, die von dem jeweiligen Datentyp der Felder abhängen.

Beispiel

```
SELECT
CONCAT(p.Familienname, IF(p.Vorname IS NOT NULL,
CONCAT(', ',p.Vorname),'')) AS "Name",
EXTRACT(YEAR FROM p.Geburtsdatum) AS "Geburtsjahr",
   kb.KID,
CONCAT(ROUND(kb.GezahlterBetrag/k.Gebuehr*100,2),
' %')
   AS "Bezahlter Anteil"
FROM tbPerson p
   INNER JOIN tbKursbesuche kb ON (p.PID = kb.KTID)
   INNER JOIN tbKurs k ON (kb.KID = k.KID)
ORDER BY 1 ASC;
```
Listing 5.1: Beispiel für ein komplexes SELECT mit Funktionen

Zunächst einmal soll das Ergebnis der SELECT-Anweisung aus Listing 5.1 betrachtet werden. Dies ist in Abbildung 5.1 dargestellt. Man sieht, dass zunächst der Familienname und der Vorname aneinandergehängt werden. Dies geschieht mit der Funktion CONCAT(), die alphanumerische Daten erfordert. Zusätzlich ist hier noch eine IF-Funktion eingebaut, die auf die Existenz von Werten prüft. Dafür sind sogenannte NULL-Werte wichtig, die in Abschnitt 5.2 besprochen werden.

Dann wird das Geburtsjahr als Jahr aus dem Geburtsdatum extrahiert. Dies funktioniert nur bei Feldern des Typs »Datum«, nicht bei numerischen oder alphanumerischen Feldern.

Anschließend wird der »bezahlte Anteil« an den Kursgebühren berechnet. Derartige Berechnungen können natürlich nur mit numerischen Angaben erfolgen. Das Ergebnis wird anschließend in einem CONCAT mit dem Prozentzeichen kombiniert. Dafür wandelt es der SQL-Interpreter intern in eine alphanumerische Angabe um.

Name	Geburtsjahr	KID	Bezahlter Anteil
Karmann, Thomas	1954	CE17	100.00 %
Karmann, Thomas	1954	CE23	100.00 %
Karmann, Thomas	1954	CE24	62.50 %
Klötzer, Karl	1971	CE17	100.00 %
Klötzer, Karl	1971	CE23	14.29 %
Lisewski, Bernd	1960	CE24	87.50 %
Magerkurth, Melissa	1951	CE23	14.29 %
Martens, Melanie	1911	CE24	0.00 %
Martens, Melanie	1911	CE23	71.43 %
Müller, Claudia	NULL	CE24	0.00 %
Müller, Claudia	NULL	CE23	100.00 %
Peredy, Helmut	1956	CE24	75.00 %
Plate, Ulrich	1986	H90	66.67 %
Ruppert, Nicola	1962	CE23	100.00 %
Sander	1953	CE17	92.86 %
Schmidt, Karl	1949	H90	100.00 %
Schulze, Tanja	1992	CE23	100.00 %
Winter, Petra	1989	CE23	85.71 %

Abbildung 5.1: Ergebnis der SELECT-Anweisung in Listing 5.1

SQL-Anweisungen erlauben also eine große Vielfalt von Berechnungen und sonstigen Umformungen in den Ergebnismengen.

Grundsätzlich unterscheidet man in SQL

- alphanumerische Daten (zeichenorientiert)
- numerische Daten (zahlenorientiert)
- zeitbezogene Daten (Datum, Uhrzeit, Zeitintervalle)
- binäre Daten (Daten mit eigener innerer Struktur, die nicht von SQL interpretiert wird).

In Tabelle 5.1 sind die Basisdatentypen zusammengestellt, die heute die Grundlage der gängigen Datenbanken bilden und weitgehend durch den SQL-Standard in seinen Entwicklungsstufen definiert sind.

Kategorie	Datentyp	Beschreibung
Alpha-numerisch	**CHARACTER(n)**	Jede Art alphanumerischer Zeichen entsprechend dem eingestellten Zeichensatz. Es wird Speicherplatz für Zeichenketten der festen Länge *n* reserviert.
	CHARACTER VARYING(n)	Wie **CHARACTER**, aber es werden nur die tatsächlich verwendeten Zeichen belegt. *n* gibt die maximale Anzahl Zeichen an.

numerisch	NUMERIC(m,n)	Dezimalzahl mit der festen Länge *m* und mit *n* Nachkommastellen, beispielsweise bei finanzmathematischen Berechnungen.
	DECIMAL(m,n)	Dezimalzahl mit variabler (maximaler) Länge *m* und mit *n* Nachkommastellen, ansonsten wie **NUMERIC**.
	INTEGER	Ganze Zahl (4 Byte)
	SMALLINT	Ganze Zahl (2 Byte)
	BIGINT	Ganze Zahl (8 Byte) ab SQL2003
	FLOAT(n)	Gleitkommazahl mit gegebener Genauigkeit *n*
	REAL	Gleitkommazahl mit einfacher Genauigkeit
	DOUBLE [PRECISION]	Gleitkommazahl mit doppelter Genauigkeit
Datum/Zeit	DATE	Datumsangabe, normalerweise *'JJJJ-MM-TT'*
	TIME	Zeitangabe, normalerweise *'hh:m:ss'* (plus Zeitzone und weitere Dezimalstellen nach Implementierung)
	TIMESTAMP	Kombination von **DATE** und **TIME**
Intervall	INTERVAL DAY	Intervall Tage
	INTERVAL HOUR	Intervall Stunden
sonstige	BLOB	Binary Large Object. Speicherung binärer Daten beispielsweise für Grafiken. Der Zugriff erfolgt über spezielle Methoden, ab SQL99
	CLOB	Character Large Object. Vergleichbar mit dem BLOB aber für textbasierte Objekte, ab SQL99.
	BIT(n)	Bitkette der Länge *n* (normalerweise maximale Länge)
	BOOLEAN	Wahrheitswert Ja/Nein, True/False

Tabelle 5.1: Basisdatentypen der meisten SQL-Datenbanken

Zu diesen Basistypen kommen in der Regel noch eine Reihe weiterer Datentypen, die datenbankspezifisch sind. Hierzu gehören streng genommen bereits die logischen Datentypen (**BOOLEAN**), aber beispielsweise auch Aufzählungstypen, Mengentypen oder Konstrukte wie das neue **MULTISET**.

Darüber hinaus bieten viele Datenbanken strukturierte Datentypen, Felder (ARRAY) und diverse Typen für spezielle Anwendungszwecke wie beispielsweise Geodaten oder multidimensionale Strukturen.

In einigen Systemen können mit einer eigenen SQL-Anweisung **CREATE TYPE** oder **CREATE DOMAIN** weitere Datentypen definiert werden. Die so definierten Datentypen können dann wie normale Datentypen bei der Definition von Tabellen eingesetzt werden. Beispielsweise kann ein Punkt im zweidimensionalen Raum mit

CREATE TYPE

```
CREATE TYPE Punkt (x FLOAT, y FLOAT)
```

definiert und dann in Tabellen als Datentyp für geometrische Informationen genutzt werden.

Die sogenannten BIT-Typen für binäre Daten in Tabelle 5.1 sind mit Erscheinen des SQL-Standards in der Version SQL2003 nicht mehr Teil des Standards, aber natürlich noch in vielen Datenbanksystemen implementiert.

Die Vielfalt der Erweiterungen und unterschiedlichen Implementierungen der Datentypen, die die heutigen Datenbanksysteme bieten, stellen die Anwender vor einige Probleme. Diese Probleme sind relativ gering, solange man sich innerhalb eines Systems mit SQL bewegt, da der SQL-Interpreter auf die Datentypen abgestimmt ist. Soll aber über eine Programmierschnittstelle auf eine oder gar mehrere unterschiedliche Systeme zugegriffen werden, müssen die entsprechenden Beschreibungen der technischen Dokumentation genau beachtet werden. Ursprünglich sollten die Datentypen durch einen Datentypcode standardisiert werden. Der ANSI Standard ordnet den Datentypen sogenannte Datentypcodes (DATATYPE CODE) zu. Beginnend mit CHARACTER=1, NUMERIC=2, DECIMAL=3 wird dabei den einzelnen Datentypen ein eindeutiger Code zugeordnet. Später kamen auch Untertypen hinzu, so dass die Codes allein nicht mehr eindeutig sind. So hat beispielsweise bei den Zeitintervallen INTERVAL DAY den Code 10 und den Untertyp 3. INTERVAL HOUR hat ebenfalls den Typ 10 aber den Untertyp 4. Diese Datentypen können in einigen Systemen insbesondere bei der Programmierung mit Schnittstellen aus verschiedenen Programmiersprachen verwendet werden, bieten aber auch keine hundertprozentige Garantie für Kompatibilität.

Datentyp-code

Die Vielfalt der Datentypen erklärt sich aus dem Bestreben der Datenbankhersteller den Anwendern Wahlmöglichkeiten bei

- der Größe der Datenfelder (Speicherplatz) und
- der Verarbeitung der Datenfelder (Funktionen)

zu bieten und so der Datenbank Vorteile zu verschaffen.

Speicher-
platz

Natürlich ist Speicherplatz seit der Entwicklung der ersten SQL-fähigen Datenbanken erheblich günstiger und in größerem Umfang verfügbar geworden. Gleichzeitig sind aber auch die Anforderungen durch wachsende Datenmengen gestiegen. Spielt es bei unseren Beispieldatenbanken noch keine große Rolle, ob ein Namensfeld 25 oder 100 Zeichen lang ist, kann dies bei 10 Millionen Datensätzen allein in diesem Feld einen Unterschied von ungefähr 750 MB ausmachen. Multipliziert man dies mit der Anzahl der Datenfelder und Tabellen, mit Versionen und Sicherungsständen macht es auch heute unter Umständen noch Sinn, bei der Wahl des Datentyps gezielt auch auf den Speicherbedarf zu achten.

Funktionen

Der zweite Aspekt liegt in den Funktionen, die für die einzelnen Datentypen zur Verfügung stehen. Soll beispielsweise mit den Inhalten eines Feldes gerechnet werden, stellen die numerischen Datentypen eine sinnvolle Option dar, kommt es mehr auf eine einfache und schnelle Formatierung an, kann ein alphanumerischer Datentyp sinnvoll sein.

5.1.1 Alphanumerische Angaben (Text)

Die auf den ersten Blick einfachsten Datentypen sind die alphanumerischen Angaben, also die Texte. Im einfachsten Fall werden dabei die Codes der einzelnen Zeichen eines Textes gespeichert. Wie ein Datenbanksystem dabei vorgeht, lässt sich an Listing 5.2 erkennen. Hier wird mittels der Funktion ASC der Code der ersten fünf Zeichen gemäß dem verwendeten Zeichensatz ermittelt und als Zahl dargestellt.

Das Prinzip ist, einen Zeichensatz festzulegen und die einzelnen Zeichen dann jeweils numerisch als 2 Byte oder 4 Byte (Unicode) zu kodieren.

```
SELECT Familienname,
SUBSTR(Familienname,1,1) AS Z1,
ASCII(SUBSTR(Familienname,1,1))
   AS ASCII1,
SUBSTR(Familienname,2,1) AS Z2,
ASCII(SUBSTR(Familienname,2,1))
   AS ASCII2,
SUBSTR(Familienname,3,1) AS Z3,
ASCII(SUBSTR(Familienname,3,1))
   AS ASCII3,
SUBSTR(Familienname,4,1) AS Z4,
ASCII(SUBSTR(Familienname,4,1))
   AS ASCII4,
SUBSTR(Familienname,5,1) AS Z5,
ASCII(SUBSTR(Familienname,5,1))
   AS ASCII5
FROM tbPerson t;
```
Listing 5.2: Auswahl der ersten fünf Zeichen und deren ASCII-Codes

Familienname	Z1	ASCII1	Z2	ASCII2	Z3	ASCII3	Z4	ASCII4	Z5	ASCII5
Weiss	W	87	e	101	i	105	s	115	s	115
Bucz	B	66	u	117	c	99	z	122		0
Karmann	K	75	a	97	r	114	m	109	a	97
Klötzer	K	75	l	108	ö	246	t	116	z	122
Weiss	W	87	e	101	i	105	s	115	s	115
Weiss	W	87	e	101	i	105	s	115	s	115
Meier	M	77	e	101	i	105	e	101	r	114
Schmidt	S	83	c	99	h	104	m	109	i	105
Müller	M	77	ü	252	l	108	l	108	e	101

Abbildung 5.2: ASCII-Codes der einzelnen Zeichen

Problematisch sind Texte in der Praxis durch ihren Speicherbedarf, insbesondere bei sehr unterschiedlich langen Texten, durch den Zeichensatz, der festgelegt werden muss, durch die Unterscheidung in Groß-/Kleinschreibung und durch die oft schlechte Performance bei Textrecherchen.

Zunächst zum Thema Speicherbedarf. In einer Datenbanktabelle hat ein bestimmtes Feld für jeden Datensatz eine festgelegte Länge. Soll in einem Feld ein Text gespeichert werden, muss der längste in allen Datensätzen zu erwartende Text auch noch gespeichert werden können. Entsprechend muss das Textfeld für diesen größten Wert dimensioniert werden. Dies kann zu sehr großen Feldern führen, die noch dazu in vielen Datensätzen nur sehr wenige Zeichen beinhalten, nur um im ungünstigsten Fall noch ausreichend Speicherplatz zu bieten. Daher hat man bereits frühzeitig im Standard eine Unterscheidung zwischen Textfeldern mit fester Länge (CHAR) und solchen mit variabler Länge (VARCHAR) getroffen. Bei CHAR-Feldern wird stets die volle Anzahl Bytes belegt, die bei der Definition angegeben ist, ob sie nun benötigt wird oder nicht. Nicht benötigte Zeichen werden zumeist mit dem Code »0« belegt (siehe Abbildung 5.2 zweiter Datensatz) Bei VARCHAR-Feldern wird die tatsächlich benötigte Länge in einem oder mehreren zusätzlichen Bytes gespeichert und nur die tatsächlich benötigte Speicherplatzgröße belegt. CHAR-Felder sind auf eine maximale Anzahl Zeichen begrenzt, die Anzahl liegt je nach Datenbank zumeist zwischen 255 und 65535 Zeichen, VARCHAR erlaubt (auch wieder zumeist) mehr Zeichen je nach Datenbank zwischen 65535 Zeichen und 2 GB.

CHAR vs. VARCHAR

Nun böte es sich an, stets VARCHAR zu verwenden, da dies mit Ausnahme sehr kleiner Datenfelder doch wesentlich speicherplatzeffizienter ist. Der Nachteil liegt allerdings für die Datenbank in der unterschiedlichen Länge von Datensätzen, die so entstehen und den zusätzlichen Zugriffen auf die Längenbytes. Daher werden diese Felder oft datenbankintern getrennt gespeichert und haben Einschränkungen und Performance-Nachteile bei der Suche mit SELECT-Anweisungen. Letztlich ist also hier immer zwischen Speicherplatz und Performance abzuwägen, was in der Informatik keine wirklich neue Erkenntnis ist. Im Zweifelsfall sollte man sich bei kleinen und mittleren Datenbanken für die feste Länge entscheiden.

TEXT, CLOB Bieten VARCHAR-Felder bereits komfortablen Speicherplatz so kann dieser in Fällen, in denen komplette Dokumente in der Datenbank abgelegt werden sollen, ebenfalls noch nicht ausreichend sein. Für besonders lange Texte sind daher Erweiterungen geschaffen worden, bei denen Texte in großen Containern abgelegt werden, die mit SQL zumeist nur noch begrenzt bearbeitbar sind. Diese Container tragen je nach Datenbank Namen wie »TEXT«, »Memo« oder »CLOB« (Character Large OBject). Im Endeffekt sind Felder dieser Datentypen letztlich nur in die Datenbank eingelagerte Container mit dem Vorteil, alle Informationen zentral in einem System verwalten zu können. Die Zugriffsmöglichkeiten mit SELECT-Anweisungen sind sehr eingeschränkt, insbesondere ist oft keine Suche mit einem

```
WHERE feldname LIKE '%suchtext%'
```
möglich. Einige neuere – wiederum datenbankspezifische – Entwicklungen bieten hier aber immer mehr Bearbeitungsmöglichkeiten inklusive einer Volltextsuche.

Zeichensatz Neben der reinen Größe von Textobjekten entstehen auch Probleme durch den verwendeten Zeichensatz. In CHAR- und VARCHAR-Feldern werden Texte gemäß dem für die Datenbank gewählten oder bei der Definition der Tabelle angegebenen Zeichensatz gespeichert. Dies setzt dann voraus, dass die Datenbank stets mit demselben Zeichensatz verwendet wird, oder eine entsprechende Umwandlung erfolgt. Der Vorteil ist in jedem Fall, dass bekannt ist, mit welchem Zeichensatz gearbeitet wird, und jedes mit diesem Zeichensatz darstellbare Zeichen auch gespeichert werden kann.

Spielt der Zeichensatz keine Rolle, können Texte auch platzsparender binär statt byteweise gespeichert werden. Dafür stehen Typen wie BINARY oder VARBINARY zur Verfügung. Diese lassen sich dann zumeist mit CONVERT in verschiedenen Zeichensätzen interpretieren. Den Unterschied kann man sich mittels eines kleinen Beispiels klarmachen.

```
SELECT Familienname, SUBSTR(Familienname,3,1) AS Z3,
ASCII (SUBSTR(Familienname,3,1)) AS ASCII1,
CONVERT (SUBSTR(Familienname,3,1) USING utf8) AS
ASCII2
FROM tbPerson t;
```
Listing 5.3: Bei zeichenbasierten »normalen« Strings erfolgt keine Konvertierung (MySQL)

```sql
SELECT Familienname, SUBSTR(Familienname,3,1) AS Z3,
ASCII (BINARY (SUBSTR(Familienname,3,1))) AS ASCII1,
CONVERT (BINARY (SUBSTR(Familienname,3,1))) USING utf8)
AS ASCII2
FROM tbPerson t;
```

Listing 5.4: Bei binären Strings wird in einen neuen Zeichencode umgesetzt (MySQL)

In beiden Listings soll der Inhalt des dritten Buchstabens des Familiennamens ermittelt werden. Dabei wird einmal das Zeichen ohne Konvertierung ermittelt, was problemlos in beiden Beispielen funktioniert, da der Zeichensatz verwendet wird, der auch bei der Eingabe verwendet wurde.

Dann wird einmal der Inhalt als ASCII-Zeichencode ausgegeben, der in beiden Beispielen ebenfalls dasselbe Ergebnis liefert. Schließlich wird das Zeichen konvertiert auf den Zeichensatz UTF8 ausgegeben. Die Daten sind jeweils zeichenorientiert abgespeichert. Im zweiten Beispiel wird mit der Funktion BINARY eine binäre Speicherung simuliert und das Ergebnis dann in UTF8 umgewandelt. Man sieht, dass das »ö« bei der binären Speicherung im Gegensatz zu der ersten zeichensatzbasierten Umwandlung jetzt nicht mehr umgesetzt werden kann.

Familienname	Z3	ASCII1	ASCII2
Weiss	i	105	i
Bucz	c	99	c
Karmann	r	114	r
Klötzer	ö	246	ö
Weiss	i	105	i

Abbildung 5.3: Ergebnis ohne Zeichensatzumwandlung

Familienname	Z3	ASCII1	ASCII2
Weiss	i	105	i
Bucz	c	99	c
Karmann	r	114	r
Klötzer	ö	246	NULL
Weiss	i	105	i

Abbildung 5.4: Ergebnis mit Zeichensatzumwandlung

ANSI	MySQL	MS Access	Oracle
CHARACTER(n) max. n	CHAR(n) 255	CHAR(n) (Text) 255	CHAR(n) 4000
VARYING CHARACTER (n) max. n	VARCHAR (n) 65532	VARCHAR(n) (Memo) 64000	VARCHAR2 (n) 4000

Tabelle 5.2: Alphanumerische DatentypenTeil 1

Firebird	openBase	SQL Server	PostgreSQL
CHAR(n) 32767	CHAR(n)	CHAR(n) 8000	CHAR(n) 1GB (physisch)
VARCHAR(n) 32767	VARCHAR(n)	VARCHAR(n) Max. 2GB	VARCHAR(n) 1GB (physisch) Text unbegrenzt

Tabelle 5.3: Alphanumerische Datentypen Teil 2

Viele Datenbanken bieten zusätzliche Typen, um direkt die national relevanten Zeichensätze zu verwenden. Diese heißen dann beispielsweise NCHAR oder NVARCHAR. Im Normalfall werden sie aber nur aus Kompatibilitätsgründen mit Oracle zugelassen und haben kein besonderes Verhalten.

5.1.2 Ganze Zahlen

Eigentlich sollte man erwarten, dass für ganze Zahlen ein Datentyp ausreicht. Unterscheidet aber bereits der Standard verschiedene »INTEGER« so kann man am Beispiel MySQL, das eine große Vielfalt von ganzzahligen Datentypen bietet, sehen, wo der Unterschied im Einzelnen liegt. Bei den Datentypen für ganze Zahlen fallen insbesondere die zusätzlichen Typen TINYINT und MEDIUMINT auf, siehe Tabelle 5.4.

Datentyp	Byte	Unsigned	kleinster Wert	größter Wert
TINYINT	1	Nein	-128	127
		Ja	0	255
SMALLINT	2	Nein	-32768	32767
		Ja	0	65535
MEDIUMINT	3	Nein	-8388608	8388607
		Ja	0	16777215
INT (INTEGER)	4	Nein	-2147483648	2147483647
		Ja	0	4294967295
BIGINT	8	Nein	-9223372036854775808	9223372036854775807
		Ja	0	18446744073709551615

Tabelle 5.4: Übersicht über ganzzahlige Typen in MySQL

Die wesentlichen Unterschiede liegen in der Größe der speicherbaren Zahlen und in dem dafür benötigten Speicherplatz in Byte. Gerade bei Tabellen, die viele Datensätze beinhalten werden, kann der Speicherbedarf sehr groß werden kann. Man sieht, dass die Unterschiede erheblich sind.

Ganze Zahlen können in MySQL zusätzliche Angaben enthalten:

```
INTEGER [(Stellenanzahl)] [UNSIGNED] [ZEROFILL]
SIGNED | UNSIGNED
```

Die Unterscheidung zwischen **SIGNED** (Standard) als Zahlen mit Vorzeichen und **UNSIGNED** als Zahlen ohne Vorzeichen, die dann dank des eingesparten Bits für das Vorzeichen zumeist doppelt so große positive Zahlen erlauben, ist in Programmiersprachen weit verbreitet.

Die optionale Angabe der Stellenanzahl gibt die Anzahl dargestellter Ziffern an. Fehlen Ziffern, wird die Angabe links mit Leerzeichen aufgefüllt, was die Verwendung in Tabellen deutlich verbessert. Mit **ZEROFILL** kann auch mit führenden Nullen aufgefüllt werden. So wird bei der Angabe

```
INTEGER(5) ZEROFILL
```

die Postleitzahl 01438 korrekt mit führender Null angegeben. Die Tabellen 5.5 und 5.6 geben eine Übersicht über die Standardtypen ganzer Zahlen in den verschiedenen Systemen.

ANSI	MySQL	MS Access	Oracle
SMALLINT (2 Byte)	SMALLINT	INTEGER (Zahl)	SMALLINT
INTEGER (4 Byte)	INTEGER (INT)	LONG INTEGER (Zahl)	INTEGER
BIGINT (8 Byte)	BIGINT	%	BIGINT

Tabelle 5.5: Ganze Zahlen Teil 1

Firebird	openBase	SQL Server	PostgreSQL
SMALLINT	SMALLINT	SMALLINT	SMALLINT
INTEGER	INTEGER	INTEGER	INTEGER
%	BIGINT	BIGINT	BIGINT

Tabelle 5.6: Ganze Zahlen Teil 2

Oracle stellt eine Besonderheit dar, da dort für Zahlen generell der Typ NUMBER empfohlen wird. NUMBER ist eine Oracle-Entwicklung, die in diesem Umfeld aber den de-facto-Standard darstellt. Für ganze Zahlen empfiehlt sich hier generell die Verwendung des Typs NUMBER(38).

Oracle

Access

Die MS Access-Oberfläche bietet für alle numerischen Angaben die Auswahl Zahl an. Wird im unteren Auswahlbereich unter FELDGRÖSSE Byte (1 Byte), Integer oder Long Integer gewählt, ergibt sich daraus eine entsprechende Ganzzahl.

5.1.3 Gleitkommazahlen

Die Zahlen mit Nachkommastellen lassen sich grundsätzlich in die Gleitkommazahlen mit einer variablen, von der Anzahl Byte abhängigen oder festgelegten Genauigkeit und Dezimalzahlen (manchmal auch Festkommazahlen) mit einer festen Anzahl Nachkommastellen einteilen.

Die erste Gruppe entspricht den aus anderen Programmiersprachen wie C++ oder Pascal bekannten Implementierungen von Gleitkommazahlen. Es wird im Wesentlichen zwischen der Rechnung mit einfacher Genauigkeit (FLOAT) und doppelter Genauigkeit (DOUBLE PRECISION) unterschieden. Eine Besonderheit ist die Möglichkeit die Nachkommastellen vorzugeben (FLOAT(n)).

Gleitkomma-zahl

Eine Gleitkommazahl oder Festkommazahl wird in der Form

```
(-1)Vorzeichen * Mantisse * Basis Exponent
```

dargestellt. Der wesentliche Unterschied zwischen der Gleitkommazahl und der Festkommazahl ist nur der, dass bei einer Gleitkommazahl binär gerechnet wird, die Basis also 2 ist, während bei einer Festkommazahl (Dezimalzahl) zur Basis 10 gerechnet wird. In beiden Fällen könnte mit einer flexiblen oder einer festen Anzahl Nachkommastellen gearbeitet werden. Die binäre Logik ist aber schneller, erlaubt eine höhere Anzahl Nachkommastellen bei komplexen Berechnungen und wird zumeist bei mathematischen Berechnungen bevorzugt, wo man dann zumeist auch die größtmögliche Genauigkeit nutzt. Es gibt sie aber mit variabler und (seltener genutzt) fester Anzahl Nachkommastellen.

Dezimalzahl

Die Dezimalzahlen werden im kaufmännischen Bereich bevorzugt, da sie eine Abbildung der kaufmännischen Rundungsvorschriften eher erlauben. Hier wird entsprechend auch mit einer festen Anzahl Nachkommastellen gerechnet. Die interne Darstellung ist ähnlich, erfolgt aber zur Basis 10, also entsprechend unserem gewohnten Zahlensystem.

Die Zahl 7.32 kann beispielsweise dann mit Vorzeichen = 0 (1 Bit), Mantisse 732 zur Basis 10 mit dem Exponent -2 wie folgt dargestellt werden.

$(-1)0 * 732 * 10 -2 = 7.32$

Für den kaufmännischen Bereich, insbesondere für Geldbeträge werden die Dezimalzahlen angeboten, bei denen zwischen solchen mit fester Länge (NUMERIC) und solchen mit variabler Länge (DECIMAL) unterschieden wird. In beiden Fällen kann die Anzahl der Nachkommastellen fest vorgegeben werden.

In den Tabellen 5.7 und 5.8 wird ein Überblick über die Namen der gängigen Datentypen für Gleitkommazahlen und Dezimalzahlen gegeben.

ANSI	MySQL	MS Access	Oracle
NUMERIC (m,n)	NUMERIC(m,n)	CURRENCY(Währung)	NUMERIC (m,n)
DECIMAL (m,n)	DECIMAL (m,n)	DECIMAL (m,n) (Dezimal)	DECIMAL (m,n)
REAL 4 Byte 7 Nachkommast.	REAL	SINGLE, REAL (Zahl)	FLOAT(63) BINARY_FLOAT
DOUBLE PRECISION 8 Byte, 14 Nachkommastellen	FLOAT (zusätzlich DOUBLE)	DOUBLE, FLOAT (Zahl)	FLOAT(126) BINARY_DOUBLE
FLOAT(n)	FLOAT(n)	SINGLE/ DOUBLE (Zahl)	FLOAT (n)

Tabelle 5.7: Gleitkommazahlen und Festkommazahlen Teil 1

Firebird	openBase	SQL Server	PostgreSQL
NUMERIC (m,n)	NUMERIC (m,n)	NUMERIC (m,n)	NUMERIC (m,n)
DECIMAL (m,n)	DECIMAL (m,n)	DECIMAL (m,n)	%
FLOAT	REAL	REAL	REAL, FLOAT(24)
DOUBLE PRECISION	DOUBLE	FLOAT(53)	DOUBLE PRECISION, FLOAT
%	FLOAT(n)	FLOAT(n)	FLOAT(n)

Tabelle 5.8: Gleitkommazahlen und Festkommazahlen Teil 2

Bei Gleitkommazahlen steht zwar NUMERIC zur Verfügung, ist aber wie DECIMAL, also mit variabler Länge, implementiert.

Oracle

Eine Besonderheit von Oracle ist der Typ NUMBER(m, n), der in Oracle-Datenbanken der numerische Typ schlechthin ist und für fast alle Zwecke verwendet werden kann. Er ähnelt am meisten dem DECIMAL(m,n) aber durch das Weglassen der Nachkommastellen kann er auch für andere Zahlen, beispielsweise INTEGER verwendet werden.

Bei Access erfolgt die Einstellung des Typs über die Auswahl Zahl und die anschließende Auswahl der FELDGRÖSSE, die dann wiederum je nach Einstellung noch eine Auswahl der GENAUIGKEIT (m) und der DEZIMALSTELLEN (n) erlaubt. Der Datentyp WÄHRUNG wird direkt AUSGEWÄHLT und erlaubt nur eine Angabe der Nachkommastellen. Durch seine Bindung an das Währungssymbol entspricht er nicht wirklich dem Typ NUMERIC, zeigt aber ein entsprechendes Verhalten.

5.1.4 Datum/Uhrzeit

Es gibt eine Reihe von Formaten, die speziell für die Speicherung von Datums- und Zeitangaben vorgesehen sind. Natürlich könnten diese Angaben auch in normalen alphanumerischen Feldern gespeichert werden. Die speziellen Datentypen wie DATE, TIME, DATETIME oder TIMESTAMP bieten aber den großen Vorteil, dass für sie spezielle Sortierungen und Berechnungen mit Funktionen in Datumslogik nutzbar sind.

Datum

Damit dies möglich ist, müssen alle Datumsangaben immer in demselben Format gespeichert werden. Normalerweise ist dies die Reihenfolge »Jahr-Monat-Tag« für Datumsangaben mit zwei- oder vorzugsweise vierstelligen Jahresangaben und Bindestrichen als Trennzeichen. Die Angabe für Weihnachten 2014 wäre dann »2014-12-24«. Zweistellige Jahresangaben sind ebenfalls erlaubt, also »14-12-24« und werden gleichbedeutend interpretiert. Bei zweistelligen Jahresangaben ist allerdings der Jahrtausendwechsel zu beachten. So kann 70 als Jahresangabe sowohl 1970 als auch 2070 bedeuten. Ab welchem Wert eine zweistellige Jahresangabe als 19xx interpretiert wird und bis wohin sie als 20xx gilt, ist einstellungsabhängig. MySQL hat zur Zeit als Standardeinstellung festgelegt, dass der Zeitraum 1970-2069 als gültig angesehen wird, also bedeutet »70« noch »1970« während »69« schon für »2069« steht. Man sollte dies für jede Datenbank testen, wenn mit zweistelligen Jahresangaben gearbeitet wird, sonst kann es bei der Sortierung zu überraschenden Ergebnissen kommen. Generell sind vierstellige Jahresangaben vorzuziehen.

Uhrzeit

Für die Uhrzeit gilt normalerweise das Format »HH:MM:SS«, also jeweils zweistellige Angaben für Stunden, Minuten und Sekunden. Die Stunden werden im 24-Stundensystem verwaltet, Bruchteile von Sekunden müssen gesondert eingestellt werden.

Für die Abspeicherung sieht der Standard ein Format DATE vor, das sowohl das Datum als auch die Uhrzeit beinhaltet, also eine Angabe der Form:

'JJJJ-MM-TT HH:MM:SS'

Bei der Umsetzung gibt es im Wesentlichen zwei Varianten. Entweder wird das Format – wie beispielsweise in Oracle – gemäß des Standards umgesetzt, oder es werden für Datum und Uhrzeit getrennte Formate DATE und TIME geschaffen, die dann für die Speicherung des Datums beziehungsweise der Uhrzeit verwendet werden. Manche Datenbanken wie MySQL bieten dann zusätzlich noch einen Datentyp DATETIME, um beides zu speichern. **DATE, TIME, DATETIME**

Ein besonderer Datentyp ist der Zeitstempel (TIMESTAMP). Dabei handelt es sich prinzipiell ebenfalls um eine Kombination von Datum und Uhrzeit. Da der Hauptzweck des Zeitstempels zumeist die eindeutige Markierung von Einfüge- oder Änderungszeitpunkten ist, gibt es noch die Möglichkeit, die Zeit durch die Angabe von Sekundenbruchteilen und/oder der Zeitzone eindeutiger zu gestalten. **TIMESTAMP**

Einige Datenbanken erlauben bis zu neun Nachkommastellen bei der Sekundenangabe, so kann man bei Oracle mit

`TIMESTAMP(6)`
beispielsweise Zeitangaben wie

12:23:15.362562

zulassen, also eine auf die Millionstel Sekunde genaue Angabe, wenn dies denn die Rechneruhr hergibt.

Die Zeit (TIME) wird in einem 24-Stunden-System mit jeweils 2 Stellen für die Stunden, Minuten und Sekunden gemacht. Um eine weltweite Verarbeitung zu erleichtern, kann eine zusätzliche Angabe zur Zeitzone gemacht werden. Mit dieser Korrektur kann die lokale Zeitangabe auf die Greenwich Mean Time (GMT) umgerechnet werden. Damit können alle Angaben entsprechend der lokalen Zeitzone gemacht werden. Für die deutsche Zeit wäre also jeweils eine Angabe +01:00 oder +1:00 anzufügen. **GMT**

Inzwischen ist es üblich geworden statt von der früher vertrauten GMT von der UTC (Universal Time Coordinate) zu sprechen, was derselben Zeitzone entspricht. **UTC**

Die Zeitangabe

'2008-05-17 14:02:04 +1:00'

wäre also eine Angabe nach deutscher Standardzeit und entspräche

'2008-05-17 13:02:04 UTC'.

Die Sommerzeit (Daylight Saving Time) wird über individuelle Einstellungen berücksichtigt.

Es gibt zu dem Datentyp TIMESTAMP noch die Erweiterung TIMESTAMP WITH TIMEZONE, die die Zeitdifferenz zwischen der lokalen Zeit und der UTC berücksichtigt, sodass alle Angaben weltweit **WITH TIMEZONE** vergleichbar werden. In diesem Fall wird die Zeit wie oben beschrieben abgespeichert, letztlich in UTC.

Oracle bietet darüber hinaus noch TIMESTAMP WITH LOCAL TIMEZONE, wobei ebenfalls der Unterschied zwischen der lokalen Zeit und der UTC berücksichtigt wird, aber alle Angaben bei einer Abfrage jeweils in die lokale Zeit umgerechnet angezeigt werden.

Der Zeitstempel (TIMESTAMP) ist als internes Systemfeld sehr beliebt, dessen Wert bei Neueingaben oder Änderungen automatisch in die Datensätze angefügt wird, um die jeweils letzte Änderung dokumentieren zu können.

Intervall

Genutzt werden neben den Angaben von Zeitpunkten auch die Angabe von Zeitintervallen, einige Datenbanken bieten hierzu auch eigene Datentypen. Ein Intervall kann beispielsweise in Oracle in einem Datentyp INTERVAL DAY TO SECOND gespeichert werden, der einen Zeitunterschied ausgedrückt in Tagen, Stunden, Minuten und Sekunden speichert. Die Tabellen 5.9 und 5.10 geben einen Überblick über die wichtigsten Datums-/Uhrzeittypen in den verschiedenen Systemen.

ANSI	MySQL	MS Access	Oracle
DATE	DATETIME DATE und TIME existieren auch einzeln	DATE/TIME/ DATETIME (Datum/Uhrzeit)	DATE
TIMESTAMP	TIMESTAMP	TIMESTAMP (Datum/Uhrzeit)	TIMESTAMP(n)
TIMESTAMP WITH TIMEZONE	%	%	TIMESTAMP WITH TIMEZONE

Tabelle 5.9: Datentypen für Datums- und Zeitangaben Teil 1

Firebird	openBase	SQL Server	PostgreSQL
DATE und TIME zusammen	DATE und TIME zusammen	DATE	DATE und TIME
TIMESTAMP	TIMESTAMP (n) n=0 oder 6	DATETIME	TIMESTAMP
%	%	DATETIMEOFFSET	TIMESTAMP WITH TIMEZONE

Tabelle 5.10: Datentypen für Datums- und Zeitangaben Teil 2

5.1.5 Bits, BLOBs und andere Datentypen

Neben den beschriebenen Datentypen gibt es eine Reihe von Erweiterungen, die in vielen Systemen verfügbar sind. Die wichtigsten sind die Möglichkeit binäre Werte, also 0/1, True/False zu speichern, wofür zumeist nur 1 Bit benötigt wird, sowie die Möglichkeit große Binärdateien beispielsweise für Multimedia-Objekte wie Bilder, Filme oder Musik zu speichern.

ANSI	MySQL	MS Access	Oracle
BLOB	BLOB 64k LONGBLOB 2 GB	OLE Object 64k	BLOB, CLOB 4 GB
BIT	BIT(n)	BINARY teilweise BOOLEAN (Ja/Nein)	%

Tabelle 5.11: Sonstige gängige Datentypen Teil 1

Bei binären Werten kann beispielsweise in MySQL auch eine größere Anzahl Bits definiert werden, also etwa BIT(8). Generell wird in den neuen SQL-Standards von der Verwendung dieser binären Datentypen aber abgeraten.

Firebird	openBase	SQL Server	PostgreSQL
BLOB	BLOB 64k LONGBLOB 2 GB	BLOB 2 GB	BYTEA Byte array
BIT	BIT(n)	BIT	BOOLEAN BIT(n)

Tabelle 5.12: Sonstige gängige Datentypen Teil 2

Auf BLOB-Daten kann mit den Standard-SQL-Anweisungen nicht zugegriffen werden. Die BLOB-Typen wurden hauptsächlich eingeführt, um derartige Daten nicht außerhalb der Datenbanken speichern zu müssen. Neben den reinen BLOB-Daten gibt es inzwischen ganze Bereiche, wo die Datentypen um XML-Daten, geographische Daten oder multidimensionale Daten mit den zugehörigen Erweiterungen des Standard-SQL in die Datenbanksysteme integriert wurden. Diese Erweiterungen sind aber zum einen datenbankspezifisch und zum

5.2 NULL-Werte

Eine Besonderheit von SQL ist der Wert **NULL**. **NULL** wird immer groß geschrieben und bedeutet immer das Fehlen eines Wertes, also das Fehlen einer Information, was streng genommen, selbst wieder eine Information ist. **NULL** kann bei allen Datentypen vorkommen.

Beispiel

Sie wollen die Personentabelle *tbPerson* auf Vollständigkeit der Angaben überprüfen. So fehlt zum Familiennamen »Sander« der Vorname. In Abbildung 5.5 ist anstelle des Vornamens nicht einfach ein leerer Eintrag zu sehen sondern klein in der Ecke »NULL« eingeblendet (MySQL).

NULL ist nicht 'leer'

Mit NULL wird zwischen einem leeren Wert, beispielsweise dem leeren Text '' und dem Fehlen eines Wertes unterschieden. NULL bedeutet bei einem Vornamen, dass der Name nicht bekannt ist, dass die Information fehlt, ein leerer Text dagegen würde bedeuten, dass bekannt ist, dass kein Vorname existiert.

```
SELECT p.PID, p.Familienname, p.Vorname
FROM tbPerson p
WHERE (p.Vorname='');
```
Listing 5.5: Abfrage auf Personen mit fehlendem Vornamen

Das Ergebnis der SQL-Anweisung in Listing 5.5 ist eine leere Menge, es gibt keinen Datensatz, bei dem der Vorname ein leerer Text ist.

Der NULL-Wert des Vornamens des Datensatzes mit der PID »25« entspricht also auch im Verständnis des SQL-Interpreters nicht dem leeren Text.

```
SELECT p.PID, p.Familienname, p.Vorname
FROM tbPerson p
WHERE p.Vorname IS NULL;
```
Listing 5.6: Abfrage auf alle Personen mit fehlendem Vornamen

PID	Familienname	Vorname	PLZ	Strasse	Ort	Geburtsdatum
1	Weiss	Peter	30529	Palmstraße 6	Hannover	1963-11-07
2	Bucz	Susanne	30531	Heinestraße 23	Hannover	1976-04-06
4	Karmann	Thomas	29227	Trift 28	Celle	1954-08-04
5	Klötzer	Karl	29221	Bahnhofstraße 2	Celle	1971-03-13
6	Weiss	Karin	30529	Palmstraße 6	Hannover	1962-10-05
7	Weiss	Peter	38134	Glanweg 4	Braunschweig	1974-03-02
8	Meier	Kathrin	38154	Welfenallee 23	Braunschweig	1981-05-03
9	Schmidt	Karl	30529	Lavesallee 23	Hannover	1949-06-25
10	Müller	Claudia	29596	In den Fuhren 12	Breitenhees	NULL
11	Lisewski	Bernd	30890	Roggenkamp 10	Barsinghausen	1960-06-06
23	Peredy	Helmut	29221	Mauernstraße 2	Celle	1956-02-23
17	Schlachter	Dieter	29227	Mondhagen 43	Celle	1961-02-02
15	Martens	Melanie	29221	Horstweg 258	Celle	1911-02-17
24	Ruppert	Nicola	29301	Welfenallee 23	Bergen	1962-02-25
25	Sander	NULL	29223	Marxallee 12	Celle	1953-02-05
26	Cromberg	Jörg	38152	Nordring 13	Braunschweig	1991-06-07
31	Schulze	Tanja	29308	Berliner Ring 23	Winsen	1992-11-09
37	Magerkurth	Melissa	29336	Am Tümpel 3	Nienhagen	1951-09-04
32	Winter	Petra	29320	Immenhoop 51	Hermannsburg	1989-12-30
34	Plate	Ulrich	30529	Gutenberggasse 5	Hannover	1986-12-02

Abbildung 5.5: Tabelle mit NULL-Werten

Dagegen liefert die Anweisung in Listing 5.6 den erwarteten Datensatz wie man ihn in Abbildung 5.6 sieht.

pid	familienname	vorname
25	Sander	NULL

Abbildung 5.6: Ergebnis der SELECT-Anweisung mit IS NULL

IS [NOT] NULL

NULL ist ein eigener Wert in SQL, er entspricht NICHT dem leeren Text '', nicht der 0 oder 0.0 oder einem Datum 0000-00-00. Die Abfrage auf NULL-Werte erfolgt mit dem eigenen Operator IS NULL beziehungsweise IS NOT NULL.

Durch wahlweise Nutzung und Abfrage von NULL-Werten kann zwischen dem Fehlen einer Information und der Information, dass etwas leer oder »0« ist unterschieden werden. Existieren beispielsweise Dozenten, die nicht auf Stundenbasis sondern mit einem Festgehalt bezahlt werden, kann es Sinn machen in diesen Fällen als Stundensatz EUR 0.00 einzugeben. Dies dokumentiert, dass kein Stundensatz existiert. Demgegenüber bedeutet dann die Eingabe »NULL«, dass zurzeit keine Informationen über den Stundensatz vorliegen.

5.3 Literale

Bisher wurden schon Werte von Datenfeldern mit festen Werten verglichen, beispielsweise

```
k.KID='CE23'oderk.GezahlterBetrag < 250
```
ohne dies weiter zu kommentieren.

Ausdrücke, die lediglich feste Werte und keine Datenbankfelder beinhalten, beispielsweise 'Celle', 25, 4+5 oder 12.4.2008 heißen in SQL Literale.

In der Tabelle 5.8 sind beispielhaft Literale für die grundlegenden Datentypen angegeben.

Datentyp	Beispiele	Erläuterung
alphanumerisch	'Gauss' 'Gauss''sche Gleichung'	Die Doppelung des einfachen Anführungszeichens führt dazu, dass es in das Ergebnis einfach aufgenommen wird.
numerisch	123 123.12 +123 -123.12 123.12E+2 123.12E-2	Als Dezimaltrennzeichen ist der im Englischen übliche Punkt zu verwenden. Führende Vorzeichen sind erlaubt. Die wissenschaftliche Schreibweise ist erlaubt, E+2 steht für 10^2.
Datum/Uhrzeit	DATE '2007-08-11' TIME '13:15:04' TIMESTAMP '2007-08-11 13:15:04 +1:00'	Bei Datums- und Uhrzeitliteralen muss gegebenenfalls die Schreibweise geprüft werden. Hier können sowohl Datenbankeinstellungen als auch Betriebssystemwerte ein anderes Format erfordern.

Tabelle 5.13: Beispiel für Literale

5.3.1 Alphanumerische Literale

Grundsätzlich werden Literale in einfache Anführungszeichen eingeschlossen – auf der deutschen Tastatur auf der #-Taste, nicht zu verwechseln mit den Accents. Soll in einem Literal selbst ein solches Anführungszeichen verwendet werden, wird es durch ein vorangestelltes ebenfalls einfaches Anführungszeichen maskiert.

ESCAPE-Zeichen

MySQL verwendet in Literalen sogenannte Escape-Zeichen, um Sonderzeichen einfügen zu können. Dieses Vorgehen und auch die Zeichen entsprechen den aus der LINUX-Welt bekannten Zeichen. In Tabelle 5.14 sind einige der wichtigsten Zeichen aufgelistet.

Zeichen	Erläuterung
\'	Einfaches Anführungszeichen
\"	Doppelte Anführungszeichen
\\	Backslash
\n	Neue Zeile
\t	Tabulatorzeichen

Tabelle 5.14: Escape-Zeichen können in Literalen in MySQL verwendet werden.

Numerische Literale

Sollen numerische Literale, oder einfacher ausgedrückt, Zahlen verwendet werden, treten im Allgemeinen keine größeren Schwierigkeiten auf. Zahlen ohne Dezimaltrennzeichen werden als ganzzahlig (INTEGER, INT, ...), solche mit Dezimaltrennzeichen als Gleitkommazahlen (FLOAT, DOUBLE, ...) interpretiert.

Das Dezimaltrennzeichen folgt der allgemeinen Logik einer englischen Umgebung. Hier ist das Dezimaltrennzeichen der Punkt ».« und das Tausendertrennzeichen das Komma »,«. In einer deutschen Umgebung ist es genau umgekehrt, also Komma als Dezimaltrennzeichen und Punkt als Tausendertrennzeichen. Normalerweise gilt bei allen SQL-Interpretern die englische Logik.

Eine Ausnahme bildet MS Access, das für »interessante« Verwirrungen sorgen kann, wenn teilweise auf die Betriebssystemumgebung, hier Windows, zurückgegriffen wird. Man sieht dies, wenn man in der Datenbank tbDozent einmal testweise den Wert für eine Stundensatz ändert und sich vorher den alten Wert notieret.

Gibt man »23,45« ein, dann findet man anschließend in der Anzeige die Eingabe »23,45«, also deutsche Schreibweise. Diese Vermutung wird bestätigt, wenn man testweise »23.45« eingibt, was direkt in »2345,00« umgesetzt wird. Hier scheint man das deutsche Format zu verwenden Nun gibt man wieder »23,45« ein und testet Sie den Wert mit einer Abfrage. Die SELECT-Anweisung, um diesen Datensatz abzufragen, funktioniert aber wie in Listing 5.7 zu sehen in englischer Notation. Dieselbe Abfrage mit »23,34« führt zu einer Fehlermeldung.

```
SELECT *
FROM tbDozent
WHERE Stundensatz = 23.45;
```
Listing 5.7: Test auf die Schreibweise der Zahl

Intern greift der SQL-Interpreter also auf die englische Schreibweise zurück. Man kann davon ausgehen, dass das praktisch immer der Fall ist und man die SQL-Anweisungen unbeeinflusst von der deutschen Oberfläche mit der englischen Syntax eingeben muss.

Vorzeichen können angegeben werden, also +123.45 oder -123.45, Zahlen mit fehlendem Vorzeichen werden als positive Zahlen interpretiert.

Die Verwendung der wissenschaftlichen Schreibweise mit Zehnerexponent, also 123.12E+2 oder 123.12e+2 für $123.12 * 10^2 = 12312$ ist ebenso erlaubt wie üblich. Im Übrigen sind diverse datenbankspezifische Erweiterungen vorhanden, die man aber der Dokumentation des Datenbanksystems entnehmen sollte.

Datum/Zeit-Literale

Die meisten Probleme ergeben sich erfahrungsgemäß bei den Datums- und Zeitliteralen. Der SQL-Standard ist hier recht eindeutig.

```
DATE 'jjjj-mm-tt'
TIME 'hh:mm:ss [{+|-}hh:mm]'
TIMESTAMP ' jjjj-mm-tt hh:mm:ss[.dddddddd]
[{+|-}hh:mm]'
```

Das Datum (**DATE**) wird also mit vierstelliger Jahresangabe und jeweils zweistelliger Monats- und Tagesangabe getrennt mit Bindestrichen angegeben. Dieses Format ist sehr sortierfreundlich, da es sich direkt für jede Sortierung nach auf- oder absteigendem Datum eignet. Eine gültige Datumsangaben ist also beispielsweise '2008-05-17'. Die Uhrzeit wird jeweils zweistellig wie bereits von dem entsprechenden Datentyp bekannt eingegeben.

Der **TIMESTAMP** kann zusätzlich Bruchteile von Sekunden und eine Angabe der Zeitzone beinhalten, also etwa

'2008-07-19 20:12:45.123 +01:00'

für eine Angabe einer Zeit in Deutschland. Das funktioniert in allen Datenbanksystemen. Dies kann man mit

```
SELECT '2008-07-19 20:12:45.123 +01:00' FROM tbDozent;
```

testen. Alle anderen Formate sind zumeist nur Darstellungsformate, die aber bei Eingaben durchaus zu verwenden sind.

5.4 Ausdrücke

Bisher wurde immer direkt mit Datenfeldern oder mit Literalen gearbeitet, wenn es darum ging, welche Werte als Ergebnis einer SELECT-Anweisung angezeigt werden, wie Tabellen miteinander verbunden wurden, welche Datensätze gefiltert werden und wonach sortiert wird. Betrachtet man die Syntax der SELECT-Anweisung ist also bisher die folgende Form betrachtet worden:

```
SELECT [DISTINCT|ALL] feldnamenliste
FROM tabelle {joinliste}
[WHERE bedingungsliste]
[GROUP BY feldnamenliste]
[HAVING bedingungsliste]
```

```
[ORDER BY {feldnamenliste [ASC|DESC]}];
```
Tatsächlich kann an (fast) jeder Stelle, an der ein Feldname steht, auch ein Literal stehen. Werden Literale mit Feldnamen oder Literale mit Literalen oder Feldnamen mit Feldnamen über Operatoren wie beispielsweise +, -, * oder / miteinander verbunden, entsteht ein sogenannter Ausdruck. Jeder einzelne Feldname für sich wie auch jedes Literal für sich ist aber ebenfalls bereits ein Ausdruck. Ein Ausdruck kann also ein Feldname sein, ein Literal oder eine Kombinationen aus beiden in beliebiger Komplexität.

Ausdruck

Zusätzlich stehen bei der Bildung von Ausdrücken sogenannte Funktionen zur Verfügung mit denen die Feldinhalte und Literale weiter verändert werden können. Somit stellt der Begriff »Ausdruck« hier einen Oberbegriff für alle Kombinationen von Feldern, Funktionen und Operatoren dar, die zu einem sinnvollen Ergebnis führen.

Die folgende SELECT-Anweisung gibt die Kursgebühr erhöht um 19% Umsatzsteuer und auf zwei Stellen gerundet aus. Dabei wird die Währung »EUR« als Text angefügt.

```
SELECT
   k.Kurskennung,
CONCAT(ROUND(k.Gebuehr*1.19,2),' EUR') AS "Gebühr"
FROM tbKurs k;
```
Listing 5.8: Kalkulation des Bruttobetrages

Beispiele

Hier werden die beiden Feldnamen Kurskennung und Gebuehr zusammen mit dem Literal ' EUR' (man beachte das Leerzeichen vor dem »EUR«) sowie die Funktionen ROUND() und CONCAT() verwendet worden. Die SELECT-Anweisung kann somit erweitert werden zu

```
SELECT [DISTINCT|ALL] ausdrucksliste
FROM tabelle {joinliste}
[WHERE bedingungsliste]
[GROUP BY ausdrucksliste]
[HAVING bedingungsliste]
[ORDER BY {ausdrucksliste [ASC|DESC]}];
```

5.5 Funktionen

Funktionen bilden einen wichtigen Bestandteil vieler Ausdrücke. Teilweise werden ganze Datenbanksysteme nach dem Umfang der bereitgestellten Funktionen beurteilt, was aber zumindest zweifelhaft ist.

Es gibt zwei große Gruppen von Funktionen:

- Datensatzorientierte Funktionen, die Berechnungen innerhalb eines Datensatzes ausführen, um neue Ausdrücke zu berechnen (Skalarfunktionen).

- Gruppenorientierte Funktionen, die basierend auf einer Gruppe (Menge) von Datensätzen Berechnungen innerhalb eines Datenfeldes für die gesamte Gruppe durchführen. (Aggregatfunktionen)

Datensatzorientierte Funktionen erlauben die Berechnung neuer Ausdrücke, also neuer Spalten, innerhalb der Ergebnismenge einer **SELECT**-Anweisung. Damit entstehen in der Abfrage Spalten, die in keiner Tabelle der Datenbank vorhanden sind, wie im obigen Beispiel die Gebühr.

Diese Funktionen haben alle einen festgelegten Aufbau, der den Funktionen in anderen Programmiersprachen entspricht:

FUNKTIONSNAME (Parameter1, Parameter2, ...)

Parameter
Der Funktionsname wird stets in Großbuchstaben geschrieben, obwohl dies nicht zwingend notwendig ist. Er ist aber ähnlich wie die SQL-Schlüsselworte fest definiert und wird daher hier genauso behandelt. In den Klammern stehen die Parameter, also die Werte, die an die Funktion übergeben werden. Wichtig ist dabei, dass sowohl die Anzahl als auch der Datentyp der Parameter mit der Funktionsdefinition übereinstimmen.

Freiheiten
SQL ist allerdings recht gutmütig, was den Datentyp angeht. Zumeist reicht es hier, die Kategorien alphanumerisch, numerisch sowie die verschiedenen Datums- und Uhrzeitformate beziehungsweise Intervalle und BOOLEAN (Wahrheitswerte) zu unterscheiden. Bei der Anzahl der Parameter gibt es teilweise auch Freiräume insofern, als dass teilweise weiter hinten stehende Parameter optional sind und bei Fehlen einer Angabe diese Werte durch Standardwerte ersetzt werden.

Rückgabewert
Die Parameter sind reine Eingangswerte, sie können nicht geändert werden. Also im Sinne der Programmierung handelt es sich bei SQL immer um einen »Call By Value«: Werte können übergeben, aber nicht verändert werden. Jede Funktion liefert immer genau einen Rückgabewert, der bei der Ausführung an die Stelle des Funktionsnamens tritt. Daher ist der Datentyp des Ergebnisses, das eine Funktion liefert, von zentraler Bedeutung für ihre Verwendung. Sie darf nur dort verwendet werden, wo der Datentyp, den sie liefert, verwendet werden darf.

Der Datentyp, den eine Funktion als Ergebnis liefert, ist oft derselbe den auch der zentrale Eingabeparameter hat. Das ist aber nicht zwingend erforderlich. Daher lassen sich die Funktionen nur grob nach den drei wichtigsten Datentypklassen und in zwei weitere Gruppen einteilen.

- Numerische Funktionen, die auf der Umformung und Berechnung von numerischen Werten beruhen – also weitgehend mathematische Funktionen, mit denen sich beispielsweise aus Bruttobeträgen die Nettobeträge oder die Umsatzsteuer

- berechnen lässt oder mit denen sich der Gewinn aus vorhandenen Datenfeldern bestimmen lässt.
- Alphanumerische Funktionen, die sich auf alle alphanumerischen Datentypen wie **CHAR** oder **VARCHAR** anwenden lassen und Texte oder einzelne Zeichen aus anderen Texten extrahieren, Texte miteinander verbinden, Zeichen ersetzen oder löschen. Damit lassen sich beispielsweise Adressen aus ihren Einzelteilen neu kombinieren oder umgekehrt in längeren Textteilen Teilbegriffe oder Worte suchen.
- Datumsfunktionen, die im Wesentlichen auf **DATE**, **TIME**, **TIMESTAMP** aber auch auf Zeitintervallen beruhen, um Zeiten zu vergleichen, Zeiträume zu berechnen oder auch nur die aktuelle Zeit zu ergänzen.
- Casting-Funktionen, die im Zweifelsfall Werte zwischen Datentypen umwandeln, soweit dies sinnvoll und auf Grund der Werte machbar ist.
- Sonstige Funktionen, die beispielsweise einen logischen Ablauf erlauben, Systemvariablen abfragen oder sonstige Informationen liefern.

Die Einteilung im SQL-Standard folgt dem Datentyp, den die Funktion erzeugt, nicht dem, den sie primär als Parameter verarbeitet. So gilt die Ermittlung der Länge einer Zeichenkette als numerische Funktion, weil sie zwar eine Zeichenkette, also eine alphanumerische Eingabe besitzt, das Ergebnis aber immer eine Zahl, also eine numerische Angabe ist. Für jede Funktion sind die benötigten Eingabewerte (Parameter) und deren Datentypen festgelegt und die Logik der SQL-Anweisung muss sicherstellen, dass genau diese Datentypen auch für die Funktion bereitgestellt werden.

Einteilung nach dem Ergebnisdatentyp

Für die eigene Erstellung von SQL-Anweisungen, insbesondere **SELECT**-Anweisungen ist diese Einteilung aber oft auch lästig, da man zumeist von bestimmten Datenfeldern ausgeht, deren Datentyp man kennt. Man weiß, dass man beispielsweise zwei alphanumerische Felder verbinden und deren gemeinsame Länge bestimmen will. Da ist es eher ungewöhnlich bei numerischen Funktionen zu suchen, weil am Ende eine Zahl erzeugt wird. Daher sind die Funktionen hier nach ihrem primären Anwendungsbereich, also nach ihrer Nutzung im Zusammenhang mit numerischen, alphanumerischen beziehungsweise datumsorientierten Ausdrücken, sortiert.

Bevor auf die Funktionen eingegangen wird, muss noch eine kleine Anmerkung erfolgen.

Unterschiedlicher Funktionsumfang

Der Standard gab ursprünglich sehr wenig hinsichtlich der Funktionen vor und ist derEntwicklung der Datenbanksysteme immer hinterher gelaufen. Daher gibt es zwar eine ähnliche Funktionalität und auch eine recht große gemeinsame Menge an Funktionen bei den verschiedenen Systemen, aber auch eine Fülle von Funktionen, die nur in bestimmten Systemen existieren und hier nicht alle vorgestellt werden können.

Die gute Nachricht ist, dass die Datenbankhersteller bemüht sind, den Anwendern den Umstieg zu erleichtern und viele Funktionen gleich benennen, manchmal sogar dieselbe Funktion unter verschiedenen Namen anbieten, um die Kompatibilität zu verbessern.

Als kleines Beispiel kann dafür die Funktion **CURRENT_TIMESTAMP()** dienen, die das aktuelle Systemdatum und die Systemzeit im **TIMESTAMP**-Format liefert. In MySQL können Sie den aktuellen **TIMESTAMP** auf mindestens drei Arten erstellen. Die folgende **SELECT**-Anweisung liefert dreimal dasselbe Ergebnis:

```
SELECT NOW(), SYSDATE(), CURRENT_DATE;
```

Bevor die Funktionen im Detail besprochen werden sollen noch ein paar Hinweise zu einigen Datenbanken erfolgen.

MySQL

MySQL bietet einen großen Funktionsumfang mit teils historisch gewachsenen, teils in neuerer Zeit stärker am Standard und anderen Systemen orientierten Funktionen. Man findet sowohl in der Dokumentation als PDF-Datei (refman-vvvv-de.a4.pdf, mit vvvv als Version) als auch in der Oberfläche im unteren rechten Fenster unter dem zweiten Reiter FUNKTIONEN hier eine umfangreiche Dokumentation.

Oracle

Oracle ist bekannt als die Datenbank mit den meisten und mächtigsten Funktionen. Sie finden die Dokumentation am besten online, indem Sie im Übersichtsfenster (HOME) rechts oben auf LINKS/DOCUMENTATION klicken. Geben Sie beispielsweise »SQL function« ein und wählen Sie einen Eintrag, der erste ist oft eine gute Wahl.

Firebird UDF

Firebird verfolgt ein etwas anderes Konzept als andere Datenbanken. Hier wird nur ein relativ kleiner Befehlssatz im Standard angeboten. Dafür wird die Möglichkeit angeboten, sogenannte UDF (User Defined Functions) in einer Programmiersprache zu erstellen und dann einzubinden. Derartige Bibliotheken sind verfügbar, die Einbindung soll aber den Spezialisten für Firebird überlassen werden. Hier wird nur der Standard verwendet. Informationen im Internet findet man am besten unter IBPhoenix.com oder über eine entsprechende Suche. Die Interbase-Dokumentation ist auch noch hilfreich.

Access

Die Access-Funktionen können Sie natürlich in der Hilfe nachschlagen, allerdings kann das etwas unübersichtlich werden, wenn man nicht weiß, wie die Funktion heißt. Online finden Sie Hilfe bei Microsoft unter office.microsoft.com/de-ch/access/HA101316761031.aspx eine Übersicht.

Für openBase findet man neben der Hilfe im Internet ebenfalls einige **openBase**
Hinweise, so beispielsweise unter www.hsqldb.org/doc/guide/ch09.html
zum Thema SQL-Syntax und SQL-Funktionen.

Wie immer sind die Informationen Momentaufnahmen der jeweiligen Versionen und Releases. Jetzt werden einige wichtige Funktionen besprochen.

5.6 Datensatzorientierte Funktionen (Skalarfunktionen)

Im Folgenden werden immer zunächst die Funktionen mit ihrer Funktionsweise aufgelistet. Dann werden die Namen in den einzelnen Systemen angeben und einige Beispiele ergänzt.

Die Beschreibung entspricht der folgenden Legende.

Die Eingabeparameter werden entsprechend des Datentyps angegeben. **Legende**

n, n2, n3	numerisch Angaben
a, a2, a3	alphanumerische Angaben
d, d2, d3	Datumsangaben
u, u2, u3	Uhrzeitangaben
t, t2, t3	Timestamp-Angaben
i, i2, i3	Zeitintervall-Angaben
[Parameter]	optionaler Parameter

Das Ergebnis wird mit einem Pfeil angegeben, beispielsweise eine Funktion, die einen numerischen Wert liefert: Funktion() -> n

5.6.1 Funktionen in MS Access

In MS Access stellen die Funktionen ein besonderes Kapitel dar. Um für die MS Access-Anwender die Übersicht etwas zu vereinfachen, soll hier vor der eigentlichen Funktionsbeschreibung auf die Besonderheiten hingewiesen werden.

Man muss hier zwischen den Funktionen der Jet Engine und den **Jet Engine**
Funktionen der MS Access-Oberfläche unterscheiden. Die Jet Engine verfügt weitgehend über die beispielsweise auch in MySQL bekannten Funktionen, wie sie später ausführlich beschrieben werden. Je nach Betriebsart muss aber unterschieden werden, ob im ODBC-Modus oder im DAO-Modus (dann zumeist mit dem SQL Server) als sogenanntes Access-Projekt (ADP) gearbeitet wird.

ODBC

Im ODBC-Modus stehen die Funktionen in Tabelle 5.10 zur Verfügung. Aus dieser Tabelle können Sie in der noch folgenden Beschreibung die passende Funktion ermitteln, soweit sie verfügbar ist.

Funktionsklasse	Funktionen
numerisch	ABS, ATAN, CEILING, COS, EXP, FLOOR, LOG, MOD, POWER, RAND, SIGN, SIN, SQRT, TAN
alphanumerisch	ASCII, CHAR, CONCAT, LCASE, LEFT, LENGTH, LOCATE, LTRIM, RIGHT, RTRIM, SPACE, SUBSTRING, UCASE
Datum/Uhrzeit	CURDATE, CURTIME, DAYNAME, DAYOFMONTH, DAYOFWEEK, DAYOFYEAR, HOUR, MINUTE, MONTH, MONTHNAME, NOW, QUARTER, SECOND, WEEK, YEAR
Konvertierung	CONVERT

Tabelle 5.15: ODBC-Skalarfunktionen der MS Access Jet-Engine

ADP

Wird dagegen in einem ADP gearbeitet, stehen die Funktionen des MS SQL Servers zur Verfügung, die dort nachzulesen sind. Die Jet Engine wird bei der Programmierung über die entsprechende Schnittstelle genutzt, also im Normalfall nicht, wenn wie in diesem Buch üblich mit der MS Access-Oberfläche gearbeitet wird.

VBA

Bei der Nutzung der MS Access-Oberfläche wird dagegen auf den VBA-Funktionssatz zurückgegriffen. Dies sind VBA-Funktionen, die für das Access-Modul verfügbar gemacht worden sind und in SQL verwendet werden dürfen. Diese können sowohl direkt im SQL-Code des Abfragefensters verwendet werden als auch über die grafische Oberfläche eingegeben werden.

Bei der Nutzung der grafischen Oberfläche (Entwurfsansicht für Abfragen) klickt man mit der rechten Maustaste auf die zu beschreibende Spalte im Abfragefenster. Es erscheint ein Auswahlmenu wie in Abbildung 5.7 angegeben.

Abbildung 5.7: Auswahl nach Klick mit rechter Maustaste auf eine Spalte

Man wählt die Option AUFBAUEN, um in den Ausdrucks-Generator zu kommen, siehe Abbildung 5.8. Der Ausdrucksgenerator bietet unter FUNKTIONEN/EINGEBAUTE FUNKTIONEN alle verfügbaren VBA-Funktionen an. Diese sind in der Oberfläche thematisch geordnet. Bei Auswahl einer Funktion wird außerdem im Fenster angezeigt wie viele Parameter die Funktion benötigt und welchen Datentyp sie haben müssen,

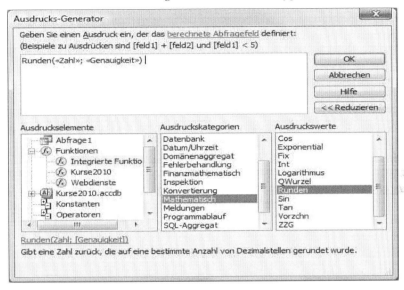

Abbildung 5.8: Ausdrucks-Generator für Funktionen

Um die Sache jetzt nicht zu einfach zu machen, sind diese Funktionen ins Deutsche übersetzt worden, während im SQL-Fenster die englischen Bezeichnungen einzugeben sind. So findet man beispielsweise im Ausdrucks-Generator die Funktion RUNDEN (ab Access2003), muss aber im SQL-Fenster ROUND() eingeben. Daher sind in den folgenden Tabellen bei der Angabe der Funktionsnamen für MS Access immer zunächst der englische Name wie in SQL benötigt und danach der deutsche Name des Ausdrucks-Generators angegeben.

Hier soll SQL im Vordergrund stehen, daher wird im Folgenden auch bei MS Access immer nur das Beispiel im SQL-Fenster angegeben. Hier verhält sich MS Access dann glücklicherweise wieder recht standardkonform.

5.6.2 Numerische Funktionen

Die einfachsten, zugleich auch oft die wichtigsten Funktionen stellen die mathematischen Funktionen dar.

In der Tabelle *tbKurs* sind die Kursgebühren für die einzelnen Kurse aufgeführt. Dabei handelt es sich um Nettopreise. Jetzt sollen für alle   **Beispiel**

Kurse, die umsatzsteuerpflichtig sind neben den Nettopreisen auch die Umsatzsteuer (19%) und der sich dann ergebende Bruttopreis in der SELECT-Anweisung angegeben werden. Die SELECT-Anweisung hierzu lautet dann:

```
SELECT
    k.kurskennung,
    k.ustpflichtig,
    k.Gebuehr AS "Gebuehr",
    k.Gebuehr * 0.19 AS "Umsatzsteuer",
    k.Gebuehr * 1.19 AS "Gebühr brutto"
FROM tbKurs k
WHERE (k.ustpflichtig='J');
```
Listing 5.9: Mathematische Operatoren

Das Ergebnis ist in Abbildung 5.9 dargestellt.

KURSKENNUNG	USTPFLICHTIG	Gebuehr	Umsatzsteuer	Gebühr Brutto
Celle17-Word	J	280	53,2	333,2
Celle20-Word	J	280	53,2	333,2
Hannover90-Windows	J	120	22,8	142,8
Hannover91-Windows	J	120	22,8	142,8

4 rows returned in 0,08 seconds   CSV Export

Abbildung 5.9: Ergebnis mit Umsatzsteuer

Operatoren

+, -, *, /

Hier ist zunächst die Grundrechenart * zum Multiplizieren verwendet worden. Entsprechend funktionieren die anderen Grundrechenarten, so dass +, -, * und / immer als Operatoren für numerische Angaben zur Verfügung stehen. Das »+«- und das »-«-Zeichen übernehmen zwei Aufgaben. Sie können unäre Operatoren (Vorzeichen) sein, also +2 oder -3. Sie können auch binäre Operatoren im Sinne der normalen Grundrechenarten, also 5+3 oder 5-7 sein. SQL unterscheidet hier nicht.

DIV, MOD

Zusätzlich werden oft noch Operatoren für die ganzzahlige Division (**DIV**) sowie für die Berechnung des Restes angeboten (**MOD** oder %).

Sie können in den meisten Systemen eine **SELECT**-Anweisung auch als reine Rechenoperation nutzen, beispielsweise

```
SELECT 5-7;
```
was dann eine Spalte mit der Überschrift 5-7 und eine Zeile mit dem Wert »-2« liefert. Man kann **SELECT** also auch als recht umständlichen Taschenrechner nutzen. Der SQL-Standard erfordert eigentlich eine **FROM**-Klausel, die hier komplett fehlt, aber sie wird inhaltlich auch nicht benötigt, so dass beispielsweise MySQL darauf komplett verzichten kann. Andere Datenbanken wie Oracle behelfen sich hier mit einzeiligen Hilfstabellen wie »dual«, so dass man dann

```
SELECT 5-7
FROM dual;
```
einzugeben hat.

Die wichtigsten numerischen Funktionen sind in Tabelle 5.16 zusammengestellt.

SQL-Funktion	Erläuterung	Beispiel
ABSOLUTE(n) -> n	Bestimmung des absoluten Wertes von n, also Entfernung des Vorzeichens	ABS(-123) -> 123 ABS(123) -> 123
CEILING (n) -> n CEIL(n) -> n	Zwangs»aufrunden« der Nachkommastellen. Es wird die kleinste ganze Zahl größer oder gleich der Eingabe ermittelt.	CEILING(12.45) -> 13 CEIL(-12.45) -> -12 CEIL(12) -> 12
FLOOR (n) -> n	Zwangs»abrunden« der Nachkommastellen. Es wird die größte ganze Zahl kleiner oder gleich der Eingabe ermittelt.	FLOOR(12.45) -> 12 FLOOR(-12.45) -> -13 FLOOR(12) -> 12
EXP(n) -> n	Ermittelt e^n, also die Eulersche Zahl hoch dem angegebenen Wert	EXP(1) -> 2,71828
POWER (n, n2) -> n	Ermittelt n^{n2}, also die normale Potenzfunktion	POWER(2,5) -> 32
LEAST (n, n1, n2,...) ->n	Kleinster Wert einer Reihe von Werten, die einzeln aufgezählt als Parameter angegeben werden.	LEAST(2,3,5) -> 2
LN(n) -> n	Natürlicher Logarithmus (zur Basis e), verbotene Werte <= 0 liefern NULL	LN(2,71828) -> 1 LN(1) -> 0 LN(-1) -> NULL
LOG (n1, n) -> n	Logarithmus zur Basis n1 von n	LOG(10,100) -> 2 LOG(0,100) -> NULL
LOG2 (n) -> n	Logarithmus zur Basis 2 von n	LOG2(8) -> 3
LOG10 (n) -> n	Logarithmus zur Basis 10 von n	LOG10(100) -> 2

SQL-Funktion	Erläuterung	Beispiel
MOD (n, n1) -> n n % n1 -> n	Bestimmt den Rest der ganzzahligen Division n / n1. Teilweise darf auch das Prozentzeichen als Operator verwendet werden.	MOD(124,10) -> 4 26 % 5 -> 1 27 MOD 9 -> 0
PI() -> n	Liefert den Wert der Zahl Pi.	PI() -> 3.14159...
RANDOM ([n])	Erzeugt eine Zufallszahl zwischen 0 und 1. Wird n angegeben, kann eine definierte (wiederholbare) Folge erreicht werden.	RAND()-> ,254... RAND(1)->,343...
GREATEST(n, n1, n2, ...) -> n	Größter Werte einer Reihe von Werten, die einzeln aufgezählt als Parameter angegeben werden	GREAT EST(2,3,5) ->5
ROUND(n,[n1]) -> n	Rundet n auf die angegebene Anzahl Dezimalstellen n1. Fehlt n1 wird auf ganzzahlige Werte gerundet.	ROUND(12.45) -> 12 ROUND(12.453, 2) -> 12.45 ROUND(12)->12
SIGN(n) -> n	Liefert das Vorzeichen von n als Zahlwert positiv (1), Null (0), negativ(-1)	SIGN(5) -> 1 SIGN(0) -> 0 SIGN(-7) -> -1
SQRT(n) -> n	Positive Quadratwurzel von n	SQRT(4) -> 2 SQRT(-1)->NULL
TRUNCATE(n, [n1]) -> n	Alle Nachkommastellen werden auf n1 Stellen abgeschnitten (nicht gerundet). Wird n1 nicht angegeben, wird auf eine ganze Zahl abgeschnitten.	TRUNCATE(12.45,0)-> 12 TRUNCATE (-1,999) -> -2

Tabelle 5.16: Gängige numerische Funktionen

ANSI	MySQL	MS Access	Oracle
ABSOLUTE()	ABS()	Abs()	ABS()
CEILING() CEIL()	CEILING() CEIL()	%	CEIL()
FLOOR()	FLOOR(), DIV()	Int(), Fix() bei negativen Zahlen wie FLOOR()	FLOOR()
EXP()	EXP()	Exp() Exponential()	EXP()
POWER()	POWER()	%	POWER()
LEAST()	LEAST()	%	LEAST()
LN()	LN()	Log(x) Logarithmus()	LN()
LOG()	LOG()	%	LOG()
LOG2()	LOG2()	%	LOG(2,)
LOG10()	LOG10()	%	LOG(10,)
MOD()	MOD(), X % Y, X MOD Y	%	MOD()
PI()	PI()	%	%
RANDOM()	RAND()	Rnd(), ZZG()	dbms_random.value()
GREATEST()	GREATEST()	%	GREATEST()
ROUND()	ROUND()	Round(), Runden()	ROUND()
SIGN()	SIGN()	Sgn(), Vorzchn()	SIGN()
SQRT()	SQRT()	Sqr(), QWurzel()	SQRT()
TRUNCATE()	TRUNCATE()	%	TRUNC()

Tabelle 5.17: Vergleich numerischer Funktionen verschiedener Datenbanken Teil 1

ANSI	Firebird	openBase	SQL Server	PostgreSQL
ABSOLUTE()	%	ABS()	ABS()	abs()
CEILING() CEIL()	%	CEILING()	CEILING()	ceiling() ceil()
FLOOR()	%	FLOOR()	FLOOR()	floor()
EXP()	%	EXP()	EXP()	exp()
POWER()	%	POWER()	POWER()	power()
LEAST()	%	%	%	least()
LN()	%	%	LOG()	ln()
LOG()	%	LOG()	%	log(basis, wert)
LOG2()	%	LOG(2,)	%	%
LOG10()	%	LOG10()	LOG10()	log(wert)
MOD()	%	MOD()	X % Y	mod() X % Y
PI()	%	PI()	PI()	pi()
RANDOM()	%	RAND()	RAND()	random()
GREATEST()	%	%	%	greatest()
ROUND()	%	ROUND()	ROUND()	round()
SIGN()	%	SIGN()	SIGN()	sign()
SQRT()	%	SQRT()	SQRT()	sqrt()
TRUNCATE()	%	TRUNCATE()	%	trunc()

Tabelle 5.18: Vergleich numerischer Funktionen verschiedener Datenbanken Teil 2

Daneben existieren noch die zumeist selten gebrauchten trigonometrischem Funktionen und Winkelumrechnungen wie ACOS(X), ASIN(X), ATAN(X) (in verschiedenen Varianten), COS(X), COT(X), SIN(X), TAN(X) sowie DEGREES(X), RADIANS(X).

Beispiel Der Aufruf einer Funktion soll an einem Beispiel dargestellt werden. Es gibt verschiedene »Rundungsfunktionen«, ROUND, CEIL und FLOOR, die im Wesentlichen ein mathematisches Runden, ein Aufrunden und ein Abrunden bewirken. In Listing 5.10 sind alle drei Varianten verwendet worden.

```
SELECT
   Gebuehr,
   KursdauerStunden,
   Gebuehr/KursdauerStunden,
```

```
    ROUND(Gebuehr/KursdauerStunden,2) AS "gerundet",
    CEIL(Gebuehr/KursdauerStunden) AS "aufgerundet",
    FLOOR(Gebuehr/KursdauerStunden) AS "abgerundet"
FROM tbKurs t;
```
Listing 5.10: Runden mit verschiedenen Funktionen

Bei der mathematischen Rundung ist ein zweiter Parameter angegeben worden, der die Anzahl der Nachkommastellen angibt. Dadurch wird hier nicht auf ganze Zahlen sondern auf die zweite Nachkommastelle, also Hundertstel, gerundet. Die Eingabe der Parameter mit runden Klammern ist in allen Systemen gleich. Das Ergebnis der Abfrage ist in Abbildung 5.10 zu sehen.

Gebuehr	KursdauerStun...	Gebuehr/Kursd...	gerundet	aufgerundet	abgerundet
280	40	7	7.00	7	7
280	40	7	7.00	7	7
350	36	9.7222222222...	9.72	10	9
400	40	10	10.00	10	10
350	32	10.9375	10.94	11	10
120	18	6.6666666666...	6.67	7	6
120	18	6.6666666666...	6.67	7	6

Abbildung 5.10: Ergebnis der Abfrage mit Rundungen

Sollen beispielsweise die Kursstunden pro Tag auf 7 Stunden reduziert werden, so stellt sich die Frage, wie viele Tage dann ein Kurs benötigt und wie viele Stunden übrig bleiben, die keinen kompletten Tag füllen. Diese müssen entweder entfallen oder es müssen zusätzliche Stunden eingeplant werden, damit ein weiterer Tag gefüllt werden kann. Einen Überblick kann man sich mit einem Befehl wie in Listing 5.11 (MySQL) verschaffen. **Beispiel**

```
SELECT
    DauerPlan,
    DauerPlan DIV 7 AS "Ganze Tage",
    MOD(DauerPlan,7) AS "Reststunden",
    7 - MOD(DauerPlan,7) AS "Aufzufüllende Stunden"
FROM tbKursthema;
```
Listing 5.11: Überblick Kursaufteilung bei siebenstündigem Unterricht

Das Ergebnis ist in Abbildung 5.11 zu sehen.

DauerPlan	Ganze Tage	Reststunden	Aufzufüllende Stunden
20	2	6	1
20	2	6	1
8	1	1	6
40	5	5	2
40	5	5	2
40	5	5	2
40	5	5	2
80	11	3	4
80	11	3	4
40	5	5	2
40	5	5	2

Abbildung 5.11: Ergebnis der Abfrage aus Listing 5.11

Mit SQL2003 wurde eine Reihe von Funktionen neu in den Standard übernommen. Dazu gehören der natürliche Logarithmus LN() sowie die e-Funktion EXP(), die normale Potenzfunktion POWER(), die Quadratwurzel SQRT(), das Abschneiden von Nachkommastellen FLOOR(), die Bestimmung der nächstgrößeren ganzen Zahl CEIL[ING]() sowie WIDTH_BUCKET(, , ,), um Daten zu gruppieren. Diese Funktionen, die nicht sonderlich ungewöhnlich sind und zumindest teilweise bereits in vielen Systemen vorher implementiert waren, zeigen wieder, dass der Standard der Entwicklung in vielen Bereichen mit Abstand folgt.

Abschließend soll noch eine neuere komplexe Funktion gezeigt werden, die die Klassierung von Daten erlaubt: WIDTH_BUCKET. Da diese Funktion nur in Oracle vollständig implementiert ist, werden die Möglichkeiten dieser neuen Gruppierungsfunktion an einem Beispiel mit Oracle gezeigt.

```
SELECT
   WIDTH_BUCKET(GezahlterBetrag, 0, 400, 8) AS
"Klasse",
   COUNT(1) AS "Anzahl Kursbesuche"
FROM tbKursbesuche t
GROUP BY WIDTH_BUCKET(GezahlterBetrag,0, 400, 8)
ORDER BY WIDTH_BUCKET(GezahlterBetrag,0, 400, 8);
```
Listing 5.12: Gruppierung der bezahlten Kursbesuche

Dabei werden die Gebühren, die von den einzelnen Kursteilnehmern bereits bezahlt wurden, aus dem Feld «GezahlterBetrag» gelesen. Mit der Funktion WIDTH_BUCKET werden die Daten in diesem Feld klassiert. Der niedrigste Betrag ist 0, der höchste 400 Euro. Dieser Bereich wird in 8 gleich große Klassen aufgeteilt. WIDTH_BUCKET ermittelt für jeden Wert zu welcher Klasse er gehört. Gruppiert und sortiert nach dieser Klassennummer erhält man das Ergebnis in Abbildung 5.12.

Klasse	Anzahl Kursbesuche
1	2
2	3
3	1
6	5
7	2
8	5

Abbildung 5.12: Klassierte Kursbeiträge

Übungen zu den numerischen Funktionen **Übungen**

Erstellen Sie für die folgenden Aufgaben jeweils eine SELECT-Anweisung.

1. Erstellen Sie eine Übersicht über alle Kursbesuche mit der KTID, der Gebühr für den Kurs und dem Rabatt. Berechnen Sie außerdem eine Spalte Reduzierte Gebühr, die den für den Kurs zu zahlenden Beitrag bestimmt. (Ü5.6.2.1)
2. Bestimmen Sie für alle Kurse die Gebühr, die Kosten für den Dozenten, sowie die Anzahl Teilnehmer, die man benötigt, um die Kosten zu decken, wenn neben den Kosten für den Dozenten noch einmal der gleiche Betrag für sonstige Kosten anfällt. Geben Sie zusätzlich die Anzahl aufgerundet auf ganze Teilnehmer an. (Ü5.6.2.2)
3. Nutzen Sie die KTHID der Kursthemen, um den Wert der Exponentialfunktion sowie die Quadratwurzel der ersten 10 Zahlen zu bestimmen. (Ü5.6.2.3)
4. Nutzen Sie die Kursbesuche, um 18-mal zu »würfeln«, also eine ganze Zufallszahl im Bereich von »1« bis »6« zu erzeugen. (Ü5.6.2.4)

5.6.3 Alphanumerische Funktionen

Die zweite Gruppe von Skalarfunktionen sind Funktionen, die sich auf alphanumerische Datentypen anwenden lassen, also auf Texte. Einige wichtige alphanumerische Funktionen sind in Tabelle 5.13 zusammengestellt.

SQL-Funktion	Erläuterung	Beispiel
CONCATENATE(a1, a2) -> a oder CONCATENATE (a,a2) -> a	Die beiden Texte a und $a2$ werden aneinandergehängt.	CONCATENATE ('29223', ' Celle') -> '29223 Celle'
ASCII(a) -> n	ASCII-Zeichencode des Zeichens a. a muss	ASCII('A') -> 65

	ein einzelnes Zeichen sein.	
CHAR(n) -> a	Liefert das Zeichen, das zu dem angegebenen ASCII-Code gehört.	CHAR(65) -> 'A'
POSITION (a IN a2) ->n	Sucht das erste Vorkommen des Textes *a*im Text *a*2. Oft wird statt des IN auch ein normales Komma verwendet. Die Zeichen werden ab 1 gezählt.	POSITION ('an' IN 'Hannover') -> 2
LENGTH(a) -> n	Gibt die Anzahl der Zeichen *n* im Text *a* an.	LENGTH('Hallo') -> 5
LOWER(a) –> a	Wandelt alle Zeichen des Textes *a* in Kleinbuchstaben um und gibt diesen Text aus.	LOWER('Name') -> 'name'
SUBSTRING(a,n,n2) -> a	Ermittelt den Teil von *a* als Text, der beim *n*-ten Zeichen anfängt und die Länge *n*2 hat.	SUBSTRING ('Hannover', 2, 4) -> 'anno'
REPLACE (a,a2,a3) -> a	In *a* wird das Auftreten von *a*2 durch *a*3 ersetzt.	REPLACE('Tisch ', 'T', 'F') -> 'Fisch'
TRIM(a) -> a	Entfernt aus dem Text a alle führenden und alle anhängenden Leerzeichen.	TRIM(' Text ') -> 'Text'
LTRIM(a) -> a	Entfernt aus *a* alle führenden Leerzeichen.	LTRIM (' Text') ->'Text '
RTRIM(a) -> a	Entfernt aus *a* alle anhängenden Leerzeichen.	RTRIM(' Text ') -> ' Text'
UPPER(a) -> a	Wandelt den Text *a* in Großbuchstaben um.	UPPER('name' -> 'NAME'

Tabelle 5.19: Gängige alphanumerische Funktionen

ANSI	MySQL	MS Access	Oracle
CONCATENATE()	CONCAT()	text1 &text2	CONCAT()
ASCII()	ASCII()	Asc()	ASCII()
CHAR()	CHAR()	Chr(), Zchn()	CHR()
POSITION()	POSITION (a IN a2), INSTR (Basis, Suchtext) LOCATE Suchtext, Basis)	InStr (Basis, Suchtext)	INSTR (Basis,Suchtext)
LENGTH()	LENGTH()	Len() Länge()	LENGTH()
LOWER()	LOWER()	Lcase() Kleinbst()	LOWER()
SUBSTRING ()	SUBSTRING () MID()	Mid() Teil()	SUBSTR()
REPLACE()	REPLACE()	Replace() Ersetzen()	REPLACE()
TRIM()	TRIM()	Trim() Glätten()	TRIM()
LTRIM()	LTRIM()	Ltrim() LGlätten()	LTRIM()
RTRIM()	RTRIM()	Rtrim() RGlätten()	RTRIM()
UPPER()	UPPER()	Ucase() Grossbst()	UPPER()

Tabelle 5.20: Alphanumerische Funktionen Teil 1

ANSI	Firebird	openBase	SQL Server	PostgreSQL
CONCATENATE()	text1 ‖ text2	CONCAT()		text1 ‖ text2, concat()
ASCII()	%	ASCII()	ASCII()	ascii()
CHAR()	%	CHAR()	CHAR()	chr()

POSITION()	%	POSITION (..IN..) LOCATE (Suchtext, Basis)	CHARINDEX()	position()
LENGTH()	%	LENGTH()	LEN()	length()
LOWER()	%	LOWER() LCASE()	LOWER()	lower()
SUBSTRING ()	SUBSTRING (wert FROM .. FOR ..)	SUBSTRING (..FROM .. FOR ..) SUBSTR()	SUBSTRING ()	substring()
REPLACE()	%	REPLACE()	REPLACE()	replace()
TRIM()	TRIM (FROM wert)	%	TRIM()	%
LTRIM()	TRIM (LEADING FROM wert)	LTRIM()	LTRIM()	ltrim()
RTRIM()	TRIM (TRAILING FROM wert)	RTRIM()	RTRIM()	rtrim()
UPPER()	UPPER()	UPPER() UCASE()	UPPER()	upper()

Tabelle 5.21: Alphanumerische Funktionen Teil 2

Beispiel

In der Tabelle *tbKursthema* sind die Kursbeschreibungen für die einzelnen Kursthemen enthalten. Jetzt soll für einen Prospekt die Länge der einzelnen Beschreibungen in Form der Anzahl Zeichen ermittelt werden. Bei der Gelegenheit soll gleichzeitig ermittelt werden, in welchen Beschreibungen der Name »Excel« auftaucht, da diese Kurse eventuell umbenannt werden sollen. Dies könnte mit der SELECT-Anweisung in Listing 5.13 (MySQL) geschehen.

```
SELECT
   LENGTH(Kursbeschreibung) "Textlänge",
   POSITION('Excel' IN Kursbeschreibung) AS "Excel vorhanden",
   Kursbeschreibung
FROM tbKursthema;
```

Listing 5.13: Analyse der Länge der Kursbeschreibungen

Textlänge	Excel vorhanden	Kursbeschreibung
174	0	Windows bietet die Grundlage für alle modernen und anwe...
169	0	Der Kurs wendet sich an PC-Benutzer, die schon etwas Erf...
148	0	Wie schaffe ich Ordnung auf dem PC? Wie können Progra...
121	0	Einstieg in die Textverabeitung mit Word. Grundlegende Fu...
79	0	Einstieg in das Datenbankmanagmentsystem Access. Tab...
115	41	Einstieg in die Tabellenkalkulation mit Excel. Grundfunktion...
92	0	Vertiefung der Arbeit mit MS Access. Komplexe Abfragen u...
59	0	Entwurf relationaler Datenbanken und Umsetzung in MS A...
58	0	Programmierung von Anwendungen auf der Basis von MS ...
90	0	Vertiefung des Umgangs mit Word. Mehrspaltige Formate, ...
73	28	Vertiefung des Umgangs mit Excel, Funktionen einschließ...

Abbildung 5.13: Ergebnis der Anweisung aus Listing 5.13

Man sieht vorn die Anzahl Zeichen, die mit der Funktion LENGTH ermittelt wurde, und dann die erste Position des Vorkommens von »Excel«, sofern es vorkommt, sonst »0«.

Übungen zu den alphanumerischen Funktionen **Übungen**

Erstellen Sie für die folgenden Aufgaben jeweils eine SELECT-Anweisung.

1. Es soll ein neuer numerischer Schlüssel für die Kurse verwendet werden. Dazu soll der ASCII-Codes des ersten Zeichens der KID mit einer Zufallszahl multipliziert werden und das Ergebnis auf eine ganze Zahl gerundet werden. (Ü5.6.3.1)
2. Es soll eine Übersicht über die Kurse mit der Kurskennung, dem Kursthema, der geplanten Dauer sowie Beginn- und Endtermin erstellt werden. Dabei sollen die Datenbankkurse zu Access auf MySQL (oder ein anderes Datenbanksystem Ihrer Wahl) umgestellt werden, die Stundenangabe soll den Zusatz 'Stunden' erhalten. (Ü5.6.3.2)
3. Für Adresslisten soll eine Umformatierung vorgenommen werden. Die Ausgabe soll in der Form:
»Bucz, Susanne29xxxCELLEMarxallee12«
erfolgen. Erstellen Sie eine solche Liste zunächst ohne das Problem des fehlenden Vornamens zu berücksichtigen. (Ü5.6.3.3)
4. Um neue Kurse vorzubereiten, sollen alle Kurs-IDs umbenannt werden. Die neue Kurs-ID soll aus der bisherigen Ortskennung (»CE« oder »H«) und dem Kursbeginn bestehen. (Ü5.6.3.4)

5.6.4 Datumsorientierte Funktionen

Zunächst gibt es Funktionen, um das aktuelle Datum, die aktuelle Uhrzeit oder einen kompletten aktuellen Zeitstempel zu erzeugen. Es wird dabei stets auf den aktuellen Rechner zugegriffen und die entsprechenden **Aktuelle Angaben**

Werte werden entnommen. Die Benennungen sind unterschiedlich, Listing 5.14 zeigt gängige Beispiele.

```
SELECT CURRENT_TIMESTAMP;
SELECT NOW();
SELECT Jetzt();
SELECT SYSDATE();
```

Listing 5.14: ktuellen Rechnerzeit beziehungsweise Datum

Als Standard können heute die Angaben mit »CURRENT« angesehen werden, also **CURRENT_DATE**, **CURRENT_TIME** beziehungsweise **CURRENT_TIMESTAMP**.

Teilangaben Die Ermittlung von Bestandteilen eines Datums oder einer Uhrzeit wie Jahr, Monat, Tag, Stunde, Minute oder Sekunde kann zunehmend mit der Funktion **EXTRACT** geschehen, wobei angegeben wird, welche Einheit, also Jahr, Monat, Tag, Stunde, Minute, Sekunde und einige andere Angaben, aus welcher Zeitangabe extrahiert werden sollen. Beispielsweise wird mit (**DAY FROM** *geburtsdatum*) der Tag aus dem Feld *geburtsdatum* extrahiert und kann dann weiterverwendet werden. Daneben existieren eine Reihe älterer Funktionen für diesen Zweck, die aus Kompatibilitätsgründen weiter verwendet werden. Tabelle 5.22 gibt eine Übersicht über gängige Funktionen.

SQL-Funktion	Erläuterung	Beispiel
CURRENT_DATE() -> d CURRENT_DATE () -> t	Das aktuelle Datum (und teilweise auch die Uhrzeit) werden ermittelt.	CURRENT_DATE() -> '2008-07-20'
CURRENT_TIME() -> u	Die aktuelle Uhrzeit wird ermittelt.	CURRENT_TIME() -> '20:27:39'
CURRENT_TIMESTAMP() -> t	Liefert den aktuellen Timestamp.	CURRENT_TIMESTAMP () -> '2008-08-20 20:27:39'
EXTRACT (Einheit FROM DATE/TIME/ TIMESTAMP) ->n	Standard, um eine Datums-/Zeiteinheit zu ermitteln. *Einheit* kann sein: **YEAR, MONTH, DAY, HOUR, MINUTE, SECOND,** teilweise zusätzlich mit **TIMEZONE** beispielsweise als **TIMEZONE_HOUR**. Daneben existieren ältere Funktionen wie **YEAR(),MONTH()** und	EXTRACT (YEAR FROM '2008-08-20 20:27:39') -> '2008'

	andere.	
Zeitintervalle	Es können Differenzen zwischen Datums- oder Uhrzeitangaben berechnet werden und in bestimmten Einheiten ausgedrückt werden. Diese Funktionen sind unterschiedlich gelöst und können teilweise durch das Rechnen mit den Einzelteilen des Datums ersetzt werden.	DATEDIFF ('2008-07-20', '2008-06-03') -> 47 TIMEDIFF('20:08:40', '18:07:42') -> '02:00:58'
Funktionen, um Zeitintervalle zu addieren oder zu subtrahieren	Auch diese Funktionen sind datenbankabhängig.	'2008-07-20 06:50:04'- TO_DSINTERVAL ('2 08:00:00') -> '2008-07-18 22:50:04' (datenbankabhängig)

Tabelle 5.22: Gängige Datums-/Zeitfunktionen

ANSI	MySQL	MS Access	Oracle
CURRENT_DATE()	CURRENT_DATE CURDATE() SYSDATE() NOW() UTC_DATE	Now() Jetzt() Date() Datum()	CURRENT_DATE SYSDATE
CURRENT_TIME	CURRENT_TIME CURTIME() SYSTIME() UTC_TIME	Zeit()	
CURRENT_TIMESTAMP	CURRENT_TIMESTAMP NOW() UTC_TIMESTAMP	Now() Jetzt()	CURRENT_TIMESTAMP SYS_TIMESTAMP SYS_EXTRACT_UTC LOCAL TIMESTAMP
EXTRACT(Einheit FROM Datums-/	EXTRACT(Einheit FROM Datums-	DatePart (Einheit, Feld)	EXTRACT(*Einheit* FROM (Datums-

Zeitangabe)	/Zeitangabe) WEEKDAY() DAYNAME() DAY() WEEK() MONTH() YEAR() HOUR() MINUTE() SECOND() DAY_ HOUR() DAY_ MINUTE() DAY_ SECOND()	DatTeil() Einheiten sind:*yyyy, q, m, d, y, w, ww, h, m, s* – jeweils als Text in ''. Jahr() Monat() Monatsname() Tag() Stunde() Minute() Sekunde() Wochentag() Wochentags-name()	/Zeitangabe)
Zeitintervalle	DATEDIFF() TIMEDIFF() TIMESTAMP DIFF()	**IntDatDiff** *(Einheit, Datum1, Datum2)* DatDiff()	TO_DS_ INTERVAL TO_YM _INTERVAL
Funktionen, um Zeitintervalle zu addieren oder zu subtrahieren	ADDDATE *(Datum, Anzahl, Einheit)* ADDTIME *(Uhrzeit, Anzahl, Einheit)*	DateAdd *(Einheit, Anzahl, Datumsfeld)* Einheit wie DatTeil	Durch +/- Operatoren mit Zeitintervallen ADD_MONTH()

Tabelle 5.23: Datumsorientierte Funktionen Teil 1

ANSI	Firebird	openBase	SQL Server	PostgreSQL
CURRENT_ DATE()	CURRENT_ DATE	CURRENT_ DATE NOW()	GETDATE() GETUTCDATE () SYSDATETIME() SYSUTCDATE TIME()	current_date
CURRENT_ TIME	CURRENT_ TIME	CURRENT_ TIME	Wie Current_date	current_time
CURRENT_ TIMESTAMP	CURRENT_ TIMESTAMP	CURRENT_ TIMESTAMP NOW()	CURRENT_TIM ESTAMP()	current_timestamp, localtimestamp() now()

EXTRACT(Einheit FROM Datums-/ Zeitangabe)	EXTRACT(Einheit FROM (Datums-/Zeitangabe)	DAYNAME() DAYOF MONTH() DAYOF WEEK() DAYOF YEAR() YEAR() QUARTER () MONTH() MONTH NAME() WEEK() HOUR() MINUTE() SECOND()	DATEPART(Einheit, Datums-/Zeitangabe)	EXTRACT(Einheit FROM (Datums-/Zeitangabe) datepart()
Zeitintervalle	%	DATEDIFF (Einheit, Datum1, Datum2) Einheiten sind: yy, mm, dd, hh, mi, ss, ms – jeweils in ', also beispielsweise 'dd' für Tage.	DATEDIFF (Einheit, Datum1, Datum2)	Über - (Minus) Operator
Funktionen zum Addieren/Subtrahieren von Zeitintervallen	%	%	DATEADD (Einheit, Anzahl, Datum)	+, - Operatoren

Tabelle 5.24: Datumsorientierte Funktionen Teil 2

Als ein weiteres Beispiel soll eine Geburtstagsliste der Personen in der Tabelle *tbPerson* erstellt werden. Dazu ist es notwendig, sich auf den Monat und den Tag zu konzentrieren und die Liste nach diesen zu ordnen. Um den Monat und den Tag zu extrahieren, wird die SQL-Standardfunktion *EXTRACT* verwendet. Dann wird die Liste nach dem Monat und dem Tag sortiert und Sie erhalten mit der Anweisung in Listing 5.15 das Ergebnis in Abbildung 5.14.

Beispiel

```
SELECT
   Familienname, Vorname,
EXTRACT(MONTH FROM Geburtsdatum) AS "Monat",
```

```
EXTRACT(DAY FROM Geburtsdatum) AS "Tag"
FROM tbPerson
WHERE Geburtsdatum IS NOT NULL
ORDER BY 3 ASC, 4 ASC;
```
Listing 5.15: Geburtstagsliste mit EXTRACT

Neben der Funktion **EXTRACT** existieren in den meisten Datenbanksystemen noch eine ganze Reihe älterer Funktionen wie **MONTH( )** oder **DAY( )**, um einzelne Bestandteile eines Datums oder einer Uhrzeit zu extrahieren, die beispielhaft in Listing 5.16 (MySQL) verwendet werden.

```
SELECT Familienname, Vorname, MONTH(Geburtsdatum) AS
"Monat",DAY(Geburtsdatum) AS "Tag"
FROM tbPerson
WHERE Geburtsdatum IS NOT NULL
ORDER BY 3 ASC, 4 ASC;
```
Listing 5.16: Geburtstagsliste mit klassischen Datumsfunktionen

Familienname	Vorname	Monat	Tag
Schlachter	Dieter	2	2
Sander	NULL	2	5
Martens	Melanie	2	17
Peredy	Helmut	2	23
Ruppert	Nicola	2	25
Weiss	Peter	3	2
Klötzer	Karl	3	13
Bucz	Susanne	4	6
Meier	Kathrin	5	3
Lisewski	Bernd	6	6
Cromberg	Jörg	6	7
Schmidt	Karl	6	25
Karmann	Thomas	8	4
Magerkurth	Melissa	9	4
Weiss	Karin	10	5
Weiss	Peter	11	7
Schulze	Tanja	11	9
Plate	Ulrich	12	2
Winter	Petra	12	30

Abbildung 5.14: Ergebnis der Geburtstagsliste

Übungen Übungen zu den datumsorientierten Funktionen

Erstellen Sie für die folgenden Aufgaben jeweils eine SELECT-Anweisung.

1. Bestimmen Sie für alle Personen mit Geburtsdatum den Familiennamen, Vornamen, das aktuelle Datum, sowie jeweils die Monate und die Tage zu beiden Daten. (Ü5.6.4.1)
2. Bestimmen Sie für alle Personen den Familiennamen, den Vornamen, das aktuelle Datum, das Geburtsdatum und ermitteln Sie mittels des aktuellen Datums und des Geburtsdatums für alle Personen, deren Geburtsdatum bekannt ist und die noch diesen Monat Geburtstag haben, wie viele Tage es noch bis zu ihrem Geburtstag sind (Hinweis: Sollten in dem aktuellen Monat keine Personen mehr Geburtstag haben, addieren oder subtrahieren Sie eine Zahl vom aktuellen Monat). (Ü5.6.4.2)
3. Ermitteln Sie für alle Kurse in tbKurs die Kurslänge in Tagen. (Ü5.6.4.3)
4. Erstellen Sie eine Liste neuer Kurse, die alle KID der bisherigen Kurse mit dem Zusatz »-Neuer Kurs« haben, die Kurskennung, und ein Beginndatum, das jeweils 7 Tage nach dem bisherigen Beginndatum liegt. Sie können zur Kontrolle den bisherigen Kursbeginn und den Wochentag hinzufügen. (Ü5.6.4.4)

5.6.5 Datentypumwandlungsfunktionen (Casting)

Daten werden in verschiedenen Formaten gespeichert: im Wesentlichen als alphanumerische Zeichenketten (String, Text), als Zahlen (ganzzahlig, Gleitkomma), als Zeitangabe (Uhrzeit, Datum, Timestamp, Intervall) oder als binäres Objekt (BLOB, OLE). Viele Funktionen funktionieren innerhalb dieser Datentypklassen. Für die Kombination, Bearbeitung und gerade für die Ausgabe müssen aber auch Umwandlungen zwischen den Datentypen vorgenommen werden können, man spricht von Casting. Die Standardfunktion zur Umwandlung von Datentypen heißt CAST mit der Syntax

CAST

```
CAST (Ausdruck AS Datentyp)
```
Dabei wird ein beliebiger Ausdruck in den angegebenen Datentyp umgewandelt, sofern dies möglich ist.

So kann eine Zahl in einen Text umgewandelt werden:

```
SELECT CAST(Stundensatz AS CHAR) FROM tbDozent;
```
In der Praxis tritt die CAST-Funktion allerdings selten auf. Dies liegt auch daran, dass viele Datentypkonvertierungen implizit, also automatisch entsprechend dem Kontext durchgeführt werden. In Listing 5.17 sind zwei SQL-Anweisungen angegeben, die in MySQL identische Resultate erzeugen.

```
SELECT CONCAT(CAST(Stundensatz AS CHAR),' EUR') FROM tbDozent;
SELECT CONCAT(Stundensatz,' EUR') FROM tbDozent;
```
Listing 5.17: Casting mit CAST und mit implizitem Casting

Der SQL-Interpreter erkennt, dass die Funktion CONCAT als Datentypen Texte benötigt und wandelt den Stundensatz implizit von einem Zahlwert in einen Text um.

Zum anderen sind aber in den Datenbanken typspezifische Funktionen vorhanden, die zur Umwandlung in den gewünschten Datentyp verwendet werden können und oft noch zusätzliche Optionen bieten. Diese Funktionen haben typischerweise Namen wie der Zieltyp oder ähnlich, beispielsweise **DATE()** oder **TO_DATE()**, während die CAST-Funktion nur teilweise umgesetzt ist.

```
SELECT
   Beschaeftigungsbeginn,
DATEDIFF(CAST('2008-07-01' as DATE,
   Beschaeftigungsbeginn) AS "mit CAST",
   DATEDIFF(DATE('2008-07-01'),Beschaeftigungsbeginn)
AS "mit DATE"
FROM tbDozent;
```
Listing 5.18: Umwandlung mit CAST und DATE (MySQL)

Beschaeftigung...	mit CAST	mit DATE
2003-07-01	1827	1827
2002-01-01	2373	2373
2005-09-15	1020	1020
2003-08-01	1796	1796
2001-01-01	2738	2738

Abbildung 5.15: Gleiche Ergebnisse mit CAST und typspezifischer Umwandlung

In beiden Spalten wird das Literal in ein Datum umgewandelt und dann eine Differenz von Tagen bestimmt, um zu ermitteln, seit wie vielen Tagen ein Dozent beschäftigt ist.

CONVERT Neben der Umwandlung von Datentypen können auch innerhalb eines Datentyps die Darstellungen geändert werden. So können diverse Datums- und Zeitdarstellungen ineinander umgewandelt werden. Aber auch Zahlendarstellungen lassen sich umrechnen, so liefert

```
SELECT CONV(15,10,16);
```
in MySQL die hexadezimale Darstellung (zur Basis 16) der Zahl 15, die in dezimaler Darstellung (zur Basis 10) angegeben ist – also einfach »F«.

SQL-Funktion	Erläuterung	Beispiel
CAST (Wert AS Datentyp)	Wandelt den Wert in eine Darstellung des angegebenen Datentyps um. Dies ist logisch nicht immer möglich. Welche Datentypen in welcheDatentypen umgewandelt werden können, ist in der jeweiligen Dokumentation der Datenbank beschrieben.	CAST ('12.0' AS DECIMAL)
CONVERT (Wert, alter Zeichensatz, neuer Zeichensatz)	Texte können zwischen verschiedenen Zeichensätzen konvertiert werden, soweit diese die verwendeten Zeichen unterstützen. Die Zeichensatznamen sind unterschiedlich, hier sind Oracle-Zeichensätze verwendet worden.	SELECT CONVERT ('Müller', 'US7ASCII', 'WE8ISO8859P1') FROM DUAL; -> 'Muller'
Konvertierungen zwischen Zahlenformaten	Zahlen können dezimal, dual oder beispielsweise hexadezimal dargestellt werden.	CONV(28,10,16) -> 1C

Tabelle 5.25: Gängige Umwandlungsfunktionen

ANSI	MySQL	MS Access	Oracle
CAST (Wert AS datentyp)	CAST() FORMAT (Wert, Datentyp)	STR() CSTR() ZString() Cdate() ZDate() und ähnlich Ccur(), Cdbl(), Cint(), CIng(), Csng(), Cvdate()	CAST() TO_CHAR TO_DATE TO_TIMSTAMP sowie eine ganze Reihe weiterer spezieller Funktionen
CONVERT(Wert, alter Zeichensatz, neuer Zeichensatz)	CONV()	StrConv() nur für bestimmte Zeichensätze, nicht vergleichbar	CONVERT()
Konvertierungen zwischen Zahlenformaten	CONV (Wert, Startbasis, Zielbasis)	Hex() Oct()	Verschiedene Funktionen über BIN- und RAW-Formate

Tabelle 5.26: Konvertierungsfunktionen Teil 1

ANSI	Firebird	openBase	SQL Server	PostgreSQL
CAST(Wert as datentyp)	CAST()	CAST()	CAST()	CAST() Diverse Funktionen to_datentyp() to_number() to_char()
CONVERT (Wert, alter Zeichensatz, neuer Zeichensatz)	%	CONVERT()	CONVERT()	CONVERT()
Konvertierungen zwischen Zahlenformaten	%	%	%	Parame-trierung von to_number()

Tabelle 5.27: Konvertierungsfunktionen Teil 2

Oracle verwendet durchgängig die Funktionen TO_Zieltyp, also etwa TO_NUMBER(), TO_CHAR(), TO_DATE() für die Typumwandlungen.

5.6.6 Logische und sonstige Funktionen

Es gibt natürlich noch eine ganze Reihe weiterer Funktionen, die in SQL-Anweisungen genutzt werden können. In der Praxis wichtig sind insbesondere

- die Generierung eines Schlüssels
- die Bedingungen und
- Informationsabfragen.

Der Primärschlüssel einer Tabelle ist häufig eine Nummer ohne inhaltliche Bedeutung. Diese kann prinzipiell von der Datenbank erzeugt werden, wobei die Datenbank dann auch die Eindeutigkeit innerhalb der Tabelle garantiert. Manche Datenbanken bieten dazu einen »Datentyp« an, der bereits bei der Anlage der Tabelle verwendet werden kann, manche bieten eine eigene Funktion an, wobei noch zwischen Eindeutigkeit bezüglich der Tabelle und globaler Eindeutigkeit zu unterscheiden ist. Tabelle 5.20 bietet einen Überblick.

SQL-Funktion	Erläuterung	Beispiel
Generierung einer ID (AUTOWERT)	Wandelt den Wert in eine Darstellung des angegebenen Datentyps um. Welche Datentypen in welche Datentypen umgewandelt werden können, ist in der Dokumentation der Datenbanken beschrieben.	GEN_ID()
Bedingung (IF)	Texte können zwischen Zeichensätzen konvertiert werden, soweit diese die verwendeten Zeichen unterstützen. Die Zeichensatznamen sind unterschiedlich, hier sind Oracle-Zeichensätze verwendet worden.	IF (1>2,'ja','nein')
Systemvariable abfragen	Abfrage aktueller Werte wie des Systemdatums oder des aktuellen Benutzers.	SYSTEM_USER()

Tabelle 5.28: Gängige sonstige Funktionen

ANSI	MySQL	MS Access	Oracle
Generierung einer ID	UUID()	Autowert in der Tabelle	über Tabellenbeschreibung
Bedingung (IF)	CASE... WHEN... THEN... END IF(Bedingung, Ausdruck, Ausdruck) IFNULL(...,...,..) NULLIF(...,...,..)	IF (Bedingung, Ausdruck1, Ausdruck2), Switch (bedingung1, Wert1, Bedingung2, Wert2, ,...,...,...,...)	CASE... WHEN... THEN .. ; und vergleichbare Funktionen
Systemvariable abfragen	DATABASE() CURRENT_USER SCHEMA() USER() VERSION()	CurrentUser() AktuellerBenutzer()	UID USER USERENV

Tabelle 5.29: Sonstige Funktionen Teil 1

ANSI	Firebird	openBase	SQL Server	PostgreSQL
Generierung einer ID	GEN_ID()	überAUTO_INCREMENT in der Tabelle	NEWID() NEWSEQUENTIALID()	nextval()
Bedingung (IF)	CASE... WHEN... THEN ... END	CASE... WHEN... THEN ... END	CASE... WHEN... THEN... END IF(Bedingung, Ausdruck, Ausdruck) Ausdrücke können mit BEGIN ... END zusammengefasst werden.	CASE... WHEN... THEN... END NULLIF (Ausdruck1, Ausdruck2),
Systemvariable abfragen	%	DATABASE() CURRENT_USER()	DB_NAME() COL_NAME() Viele mit @@Name abfragbar	Current_database() Current_user() ...

Tabelle 5.30: Sonstige Funktionen Teil 2

Die zweite wichtige Funktionsart ist eine Art Verzweigung, die dem IF aus Programmiersprachen ähnelt und etwa der Mächtigkeit des IF in Excel entspricht.

```
SELECT p.Familienname, p.Vorname,
IF(kb.Zeugnis = 'J',CONCAT('Ja am
',k.Kursende),'Nein') AS "Zeugnis"
FROM tbKursbesuche kb INNER JOIN tbKurs k ON
 (kb.KID = k.KID)
INNER JOIN tbPerson p ON (kb.KTID = p.PID);
```
Listing 5.19: Bedingung in einer SELECT-Anweisung (MySQL)

Beliebt ist auch die Mehrfachverzweigung mit **CASE WHEN**, die in zwei Versionen existiert. Als einfache Bedingung hat sie die Form

```
CASE Bedingung WHEN Ausdruck1 THEN Wert1 {WHEN
Ausdruck THEN Wert} [ELSE Wert] [END];
```

Dabei wird die Bedingung nacheinander mit den Ausdrücken verglichen. Sobald ein Vergleich eine Übereinstimmung ergibt, wird der zu dem

Ausdruck gehörige Wert zurückgegeben. Trifft kein Ausdruck zu, wird der **ELSE**-Wert gewählt. Fehlt der **ELSE**-Ausdruck, wird zumeist **NULL** geliefert.

Die Alternative ist die reine Bedingung, wobei jeweils eine Bedingung einem Wert zugeordnet wird. Die erste Bedingung, die erfüllt ist, bestimmt den Rückgabewert. Für die **ELSE**-Klausel gilt dasselbe wie für das einfache **CASE WHEN**.

```
CASE WHEN Bedingung1
 THEN Wert1
 {WHEN Bedingung THEN Wert} [ELSE Wert] [END];

SELECT p.Familienname, p.Vorname,
CASE kb.Zeugnis WHEN 'J' THEN CONCAT('Ja am
',k.Kursende) WHEN 'N' THEN 'Nein' END AS
"Zeugnis"
FROM tbKursbesuche kb INNER JOIN tbKurs k ON
(kb.KID = k.KID)
INNER JOIN tbPerson p ON (kb.KTID = p.PID);
```
Listing 5.20: Einfache CASE WHEN-Bedingung

```
SELECT p.Familienname, p.Vorname,
CASE WHEN kb.Zeugnis = 'J' THEN CONCAT('Ja am
',k.Kursende) WHEN kb.Zeugnis = 'N' THEN
'Nein' END AS "Zeugnis"
FROM tbKursbesuche kb INNER JOIN tbKurs k ON
 (kb.KID = k.KID)
INNER JOIN tbPerson p ON (kb.KTID = p.PID);
```
Listing 5.21: CASE WHEN mit Einzelbedingungen

Sowohl Listing 5.19 als auch Listing 5.20 als auch Listing 5.21 liefern alle dasselbe Ergebnis (MySQL), wie es in Abbildung 5.16 angegeben ist.

FAMILIENNAME	VORNAME	Zeugnis
Karmann	Thomas	Nein
Karmann	Thomas	Ja am 04/27/2012
Karmann	Thomas	Nein
Kloetzer	Karl	Nein
Kloetzer	Karl	Ja am 04/27/2012
Schmidt	Karl	Nein
Mueller	Claudia	Nein
Mueller	Claudia	Nein
Lisewski	Bernd	Nein
Peredy	Helmut	Nein
Martens	Melanie	Nein
Martens	Melanie	Nein
Ruppert	Nicola	Nein
Sander	-	Ja am 04/27/2012
Schulze	Tanja	Nein
Magerkurth	Melissa	Nein
Winter	Petra	Nein
Plate	Ulrich	Nein

18 rows returned in 0.00 seconds   Download

Abbildung 5.16: Ergebnis der bedingten Abfrage

Beachten Sie, dass Oracle auf das abschließende END verzichtet und MS Access mit SWITCH eine eigene Syntax verwendet.

Übungen

Übungen zu den sonstigen Funktionen

Erstellen Sie für die folgenden Aufgaben jeweils eine SELECT-Anweisung.

1. Für Adresslisten soll eine Umformatierung wie in Ü5.6.3.3 vorgenommen werden. Die Ausgabe soll in der Form:
   »Bucz, Susanne29xxxCELLEMarxallee12«
   erfolgen. Erstellen Sie eine solche Liste jetzt mit Berücksichtigung des Problems des fehlenden Vornamens. (Ü5.6.6.1)
2. Jetzt soll ermittelt werden, welche Person im aktuellen Jahr schon Geburtstag hatte oder hat. Dazu soll das Geburtsdatum, das aktuelle Datum und »Ja« ausgegeben werden, wenn die Person heute oder früher im Jahr Geburtstag hatte, sonst »Nein«. (Ü5.6.6.2)

5.7 Gruppenorientierte Funktionen (Aggregatfunktionen)

Gruppenorientierte Funktionen – auch Aggregatfunktionen genannt – fassen die Werte eines Datenfeldes (Ausdruckes) über eine Gruppe von Datensätzen zusammen. Dadurch wird ein Wert ermittelt, der repräsentativ für das Feld in der gesamten Datensatzgruppe ist.

Beispiel

Soll die Anzahl der Teilnehmer des Kurses »CE23« ermittelt werden, so ist die Anzahl der Datensätze zu ermitteln. Dies kann wie in Kapitel 4 gesehen relativ einfach geschehen:

```
SELECT kb.KID, COUNT(kb.KBID) AS "Anzahl Kursbesucher"
FROM tbKursbesuche kb
GROUP BY kb.KID;
```
Listing 5.22: Einfache Gruppierung mit Zählung der Datensätze

Es werden hier die Datensätze nach der *KID* gruppiert und ein Gruppendatensatz für jede Gruppe gebildet.

COUNT

Mit der Funktion COUNT(*kb.KBID*) werden die Anzahl der Datensätze gezählt, die einen Eintrag in dem Feld *kb.KBID* besitzen. Sie kennen bereits die Spezialfunktion COUNT(*), die alle Datensätze zählt. COUNT(*) stellt im Rahmen der Aggregatfunktionen einen Sonderfall dar, da sie sich als einzige der gängigen Funktionen auf den gesamten Datensatz (daher *) bezieht. Alle anderen Aggregatfunktionen beziehen sich immer auf ein einzelnes Feld. Der Vorteil des COUNT(*) liegt in der Behandlung der NULL-Werte. Da ein gesamter Datensatz niemals NULL sein kann, wird mit COUNT(*) die Anzahl der Datensätze unabhängig von irgendwelchen NULL-Werten bestimmt.

COUNT(*feldname*) bestimmt im Gegensatz dazu die Anzahl der Datensätze in denen das Feld *feldname* nicht NULL ist, kann also unter Umständen weniger Datensätze liefern.

COUNT(*feldname*) ist wiederum eine Kurzform für COUNT(ALL *feldname*), dass die Anzahl aller Werte liefert, die nicht NULL sind, während COUNT(DISTINCT *feldname*), die Anzahl unterschiedlicher Werte, die nicht NULL sind, berechnet.

Im Fall des Primärschlüsselattributes, hier *KBID* sind dann aber COUNT(*) und COUNT(*KBID*) und COUNT(DISTINCT *KBID*) gleichwertig, da der Primärschlüssel niemals NULL sei darf und in jedem Datensatz unterschiedlich sein muss.

Beispiele COUNT

In Tabelle 5.21 sind unterschiedliche Varianten einer COUNT-Anweisung zusammengestellt. Alle Varianten beziehen sich auf die Tabelle *tbPerson*.

SELECT-Anweisung	Ergebnis	Erläuterung
SELECT Count(*) FROM tbPerson;	20	Alle Datensätze werden berücksichtigt. Kein Datensatz kann den Wert **NULL** aufweisen.
SELECT Count(Vorname) FROM tbPerson;	19	Ein Vorname ist ein **NULL**-Wert. Daher werden nur die übrigen Vornamen berücksichtigt.
SELECT COUNT(DISTINCT Vorname) FROM tbPerson;	17	Zusätzlich zu dem **NULL**-Wert treten die Vornamen »Karl« und »Peter« jeweils doppelt auf. Daher zählen sie nur einmal.

Tabelle 5.31: Drei unterschiedliche Zählweisen in einer Tabelle

Neben der Aggregatfunktion COUNT( ) gibt es eine ganze Reihe weiterer Aggregatfunktionen.

Die Syntax ist immer

```
FUNKTIONSNAME ([ALL|DISTINCT] ausdruck)
```

Der Ausdruck sollte dabei nicht selbst eine Aggregatfunktion sein, sondern ein Datenfeld oder eine einfache Berechnung mit Operatoren und Skalarfunktionen.

SQL-Funktion	Erläuterung
COUNT(Ausdruck)->n	Es wird die Anzahl der Werte in den Datensätzen gezählt. **NULL**-Werte werden nicht gezählt. Oracle erlaubt auch ein COUNT(ALL a1), womit nicht nur die unterschiedlichen Werte gezählt werden. COUNT(*) zählt alle Datensätze. **NULL**-Werte in irgendwelchen Feldern verringern die Anzahl nicht.
SUM(Ausdruck)->n	Es wird die Summe der Werte eines Datenfeldes ermittelt. Nur auf numerische Werte anwendbar.
AVG(Ausdruck)->n	Arithmetisches Mittel der Werte des Feldes in einer Gruppe (Durchschnittswert). Nur auf numerische Werte anwendbar.
MAX(Ausdruck)->Typ des Ausdrucks	Größter Wert, der in allen Datensätzen auftritt.
MIN(Ausdruck)->Typ	Kleinster Wert, der in allen Datensätzen

des Ausdrucks	auftritt.
FIRST(Ausdruck)-> Typ des Ausdrucks	Ermittelt den Wert des Feldes im ersten Datensatz einer Gruppe.
LAST(Ausdruck)-> Typ des Ausdrucks	Ermittelt den Wert des Feldes im letzten Datensatz einer Gruppe.
VAR_POP(Ausdruck)/ VAR_SAMP(Ausdruck) ->n	Varianz der Werte. Während die POP–Version von einer Grundgesamtheit (Population) ausgeht, interpretiert die SAMP-Version die Werte als Stichprobe (Sample) einer größeren Grundgesamtheit.
STDDEV_POP(Ausdruck)/ STDDEV_SAMP(Ausdruck) ->n	Standardabweichung der Werte. Während die POP-Version von einer Grundgesamtheit (Population) ausgeht, interpretiert die SAMP-Version die Werte als Stichprobe (Sample) einer größeren Grundgesamtheit.
COVAR_POP(Ausdruck1, Ausdruck2) -> n COVAR_SAMP(Ausdruck1, Ausdruck2)-> n	Kovarianz zweier Ausdrücke (Felder) als Zusammenhangsmaß. Während POP von einer Grundgesamtheit (Population) ausgeht, interpretiert SAMP die Werte als Stichprobe (Sample) einer größeren Grundgesamtheit.
CORR(Ausdruck1, Ausdruck2) ->n	Korrelationskoeffizient zweier Ausdrücke (Felder). Es wird der Koeffizient von Pearson für numerische Angaben verwendet. Die Ausdrücke müssen daher numerisch sein.

Tabelle 5.32: Gängige Aggregatfunktionen

ANSI	MySQL	MS Access	Oracle
COUNT()	COUNT()	COUNT()	COUNT()
SUM()	SUM()	SUM()	SUM()
AVG()	AVG()	AVG()	AVG()
MAX()	MAX()	MAX()	MAX()
MIN()	MIN()	MIN()	MIN()
FIRST()	%	FIRST()	FIRST()
LAST()	%	LAST()	LAST()
STDDEV_POP()	%	STDevP()	STDDEV_POP()
STDDEV_SAMP()	STD()	STDev()	STDDEV_SAMP() STDDEV()

VAR_POP()	%	VARP	VAR_POP
VAR_SAMP()	%	VAR	VAR_SAMP() VARIANCE()
COVAR_POP()	%	%	COVAR_POP()
COVAR_SAMP()	%	%	COVAR_SAMP()
CORR()	%	%	CORR (Pearson) CORR_S(Spearman) CORR_K(Kendall)

Tabelle 5.33: Aggregatfunktionen in den Datenbanken Teil 1

Einige der neuen statistischen Aggregatfunktionen sind bereits in die Tabellen aufgenommen worden. Es sind noch weitere Funktionen insbesondere aus dem Bereich der Regression aufgenommen worden, wie REGR_SLOPE, REGR_INTERCEPT, REGR_COUNT, REGR_R2, REGR_AVGX, REGR_AVGY, REGR_SXX, REGR_SYY, REGR_SXY, die aber bisher nur in Oracle und PostgreSQL in jeweils etwas anderer Syntax verfügbar sind.

Beispiel Es soll für alle Personen ermittelt werden, wie viele Kurse sie besuchen. Zusätzlich soll berechnet werden, wie hoch die bisher gezahlten Beträge sind und wie hoch diese durchschnittlich pro Kurs sind. Da die Personen von besonderem Interesse sind, die besonders viel bezahlt haben, soll das Ergebnis absteigend nach den gezahlten Beträgen sortiert werden. Dafür muss auf die beiden Tabellen *tbPerson* und *tbKursbesuche* zugegriffen werden. Beide Tabellen werden daher über einen **INNER JOIN** verbunden. Dann soll ein Ergebnis pro Person ermittelt werden. Dies könnte über die **PID** in der Tabelle *tbPerson* oder über die **KTID** in der Tabelle *tbKursbesuche* erfolgen.

ANSI	Firebird	openBase	SQL Server	PostgreSQL
COUNT()	COUNT()	COUNT()	COUNT()	COUNT()
SUM()	SUM()	SUM()	SUM()	SUM()
AVG()	AVG()	AVG()	AVG()	AVG()
MAX()	MAX()	MAX()	MAX()	MAX()
MIN()	MIN()	MIN()	MIN()	MIN()
FIRST()	%	%	%	%
LAST()	%	%	%	%
STDDEV_POP()	%	STDDEV_POP()	STDEVP()	stddev_pop()
STDDEV_SAMP()	%	STDDEV_SAMP()	STDEV()	stddev_samp()
VAR_POP()	%	VAR_POP()	VARP()	var_pop()
VAR_SAMP()	%	VAR_SAMP()	VAR()	var_samp()
COVAR_POP()	%	%	%	covar_pop()
COVAR_SAMP()	%	%	%	covar_samp()
CORR()	%	%	%	corr()

Tabelle 5.34: Aggregatfunktionen in den Datenbanken Teil 2

Da die Gruppierung der Beträge letztlich über die Kursbesuche erfolgt, wird die **KTID** gewählt. Jetzt müssen alle Felder des Ergebnisses außer dem Gruppierungsfeld selbst mit einer Aggregatfunktion versehen werden, um je Gruppe einen eindeutigen Wert zu liefern. Das gilt letztlich auch für den Namen der Person, wobei einige Datenbanken wie MySQL dies nicht zwingend erfordern. Hier kann aber jede Funktion gewählt werden, die keine numerische Eingabe erfordert. Die Anzahl der Kurse kann über eine Zählung des Primärschlüsselfeldes, hier also der *KBID*, erfolgen, die eindeutig sein muss und keine **NULL**-Werte enthalten kann. Die anderen Funktionen **SUM** und **AVG** sind auf das Feld *GezahlterBetrag* anzuwenden, denn schließlich interessiert dessen Summe und Durchschnitt. Insgesamt ergibt sich die **SELECT**-Anweisung in Listing 5.23.

```
SELECT
MAX(p.Familienname) AS "Familienname",
MAX(p.Vorname) AS "Vorname",
COUNT(kb.KBID) AS "Anzahl Kursbesuche",
SUM(GezahlterBetrag) AS "Gesamtsumme",
AVG(GezahlterBetrag) AS "Durchschnitt pro Kurs"
```

```
FROM tbPerson p INNER JOIN tbKursbesuche kb ON (p.PID
= kb.KTID)
GROUP BY kb.KTID
ORDER BY 4 DESC;
```
Listing 5.23: Ermittlung interessanter Zahlen für die Kursbesucher

Das Ergebnis der Anweisung ist in Abbildung 5.17 zu sehen. Es sind wegen des **INNER JOIN** nur die Personen enthalten, die tatsächlich einen Kurs belegt haben.

Familienname	Vorname	Anzahl Kursbesuche	Gesamtsumme	Durchschnitt pro Kurs
Karmann	Thomas	3	880	293.33333333333
Schulze	Tanja	1	350	350
Ruppert	Nicola	1	350	350
Lisewski	Bernd	1	350	350
Müller	Claudia	2	350	175
Klötzer	Karl	2	330	165
Peredy	Helmut	1	300	300
Winter	Petra	1	300	300
Sander	NULL	1	260	260
Martens	Melanie	2	250	125
Schmidt	Karl	1	120	120
Plate	Ulrich	1	80	80
Magerkurth	Melissa	1	50	50

Abbildung 5.17: Ergebnis der Anweisung aus Listing 5.23

Übungen zur SELECT-Anweisung mit GROUP BY-Klausel

Erstellen Sie für die folgenden Aufgaben jeweils eine SELECT-Anweisung

1. Ermitteln Sie wie viele Kursteilnehmer mit Gutschein, bar oder mit Überweisung bezahlen und sortieren Sie die Zahlweise absteigend nach Häufigkeit. (Ü5.7.1)
2. Ermitteln Sie für das Feld Stundenzahl über alle Datensätze zumindest die Anzahl, die Summe der Kursstunden, die kleinste und die größte Stundenzahl sowie die durchschnittliche Stundenzahl. Verwenden Sie sinnvolle Alias. (Ü5.7.2)
3. Gruppieren Sie alle Kurse nach der KID und geben Sie die Kurskennung, die KID, die Summe der Zahlungen sowie die durchschnittliche Zahlungshöhe und wenn möglich die Standardabweichung der Zahlungen an. (Ü5.7.3)
4. Ermitteln Sie den Zusammenhang (Korrelationskoeffizienten) zwischen Rabatt und dem gezahlten Betrag (Ü5.7.4, nur Oracle)

6 Unterabfragen (Sub-SELECT)

6.1 Nutzung von Unterabfragen

Der grundsätzliche Aufbau einer Abfrage mit SELECT war Thema des Kapitels 4, gefolgt von den Funktionen in Verbindung mit den verschiedenen Datentypen.

Jetzt sollen weitere Möglichkeiten von Abfragen und Änderungen aufgezeigt werden, um komplexere Probleme zu lösen. Dafür sind sogenannte Unterabfragen in SQL vorgesehen. Eine Unterabfrage besteht aus einer eigenen SELECT-Anweisung, die wie üblich eine Menge von Datensätzen liefert. Das Besondere besteht dabei darin, dass die so ermittelte Datensatzmenge unmittelbar in der eigentlichen SELECT-Anweisung weiterverwendet wird. Es werden also mittels einer SELECT-Anweisung ein oder mehrere (virtuelle) Datensätze erstellt, die dann zumeist als Basis für Vergleiche oder Auswahlentscheidungen in der WHERE-Klausel der übergeordneten eigentlichen SELECT-Anweisung genutzt werden, siehe Abbildung 6.1.

Unterabfrage

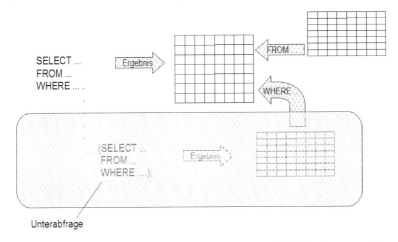

Abbildung 6.1: Unterabfrage wird als (virtuelle) Tabelle direkt verwendet.

Da es sich bei der Unterabfrage also prinzipiell um eine eigene SELECT-Anweisung handelt, spricht man häufig auch von einem SUB-SELECT oder einer SUB-Query ohne dass dies allerdings eigene SQL-Schlüsselworte oder Anweisungen sind.

SUB-SELECT

Es soll jetzt als erstes Beispiel die Liste aller Dozenten erstellt werden, deren Stundensatz mindestens genauso hoch ist wie der durchschnittliche Stundensatz aller Dozenten. Das Problem besteht dabei darin, dass

Beispiel

zunächst der durchschnittliche Stundensatz bekannt sein muss, um dann im zweiten Schritt zu ermitteln, ob der Stundensatz eines bestimmten Dozenten über diesem durchschnittlichen Stundensatz liegt.

1. Schritt

Bei Abfragen mit Unterabfragen sind mindestens zwei Schritte notwendig. Im ersten Schritt wird eine Menge von Datensätzen ermittelt, die im zweiten Schritt genutzt werden. Dabei kann es sich um einen oder mehrere Datensätze handeln. Hier kann mit

```
SELECT AVG(t.Stundensatz)
FROM tbDozent t;
```

zunächst der durchschnittliche Stundensatz ermittelt werden. Das Ergebnis ist in Abbildung 6.2 dargestellt. Es handelt sich um eine sehr kleine virtuelle Tabelle mit einer einzigen Spalte und einem einzelnen Datensatz.

avg(t.Stundensatz)
14.8

Abbildung 6.2: Ergebnismenge der (geplanten) Unterabfrage

2. Schritt

Das Prinzip ist jetzt immer dasselbe, egal wie klein oder groß die Ergebnismenge des ersten Schrittes ist. Im zweiten Schritt wird die eigentliche Hauptabfrage erstellt. Dabei handelt es sich zunächst um eine normale SELECT-Anweisung, die alle Datenfelder und alle Tabellen beinhaltet, die für das fertige Ergebnis benötigt werden. Hier sollen der Familienname, der Vorname, die *DID* sowie der Stundensatz für jeden Dozenten angegeben werden,

```
SELECT p.Familienname, p.Vorname, t.DID, t.Stundensatz
FROM tbDozent t INNER JOIN tbPerson p ON
(p.PID = t.PID);
```
Listing 6.1: Hauptabfrage noch ohne Unterabfrage

Das Ergebnis der **SELECT**-Anweisung sind alle Dozenten mit ihrer **DID** und ihrem Stundensatz. Über den **INNER JOIN** wird zusätzlich aus der Tabelle *tbPerson* auf den Familiennamen und den Vornamen der Dozenten zugegriffen, siehe Abbildung 6.3.

Familienname	Vorname	DID	Stundensatz
Weiss	Peter	812	17
Schlachter	Dieter	815	15
Weiss	Karin	821	13
Cromberg	Jörg	833	14
Bucz	Susanne	834	15

Abbildung 6.3: Alle Dozenten mit ihren Stundensätzen

Soweit lassen sich die beiden **SELECT**-Anweisungen einzeln jede für sich vorbereiten. Jetzt werden sie so zusammengebaut, dass der erste Schritt als **WHERE**-Klausel in die zweite Anweisung eingesetzt wird. Die Ergebnisse der Unterabfrage, hier der durchschnittliche Stundensatz, werden dabei verwendet, um mit den Ergebnissen der Hauptabfrage in Beziehung gesetzt zu werden. Hier werden alle Datensätze dahingehend überprüft, ob der Stundensatz größer ist als der in der Unterabfrage in der ersten und einzigen Spalte stehende Wert.

```
SELECT p.Familienname, p.Vorname, t.DID, t.Stundensatz
FROM tbDozent t INNER JOIN tbPerson p ON t.PID = p.PID
WHERE t.Stundensatz >=
    (SELECT AVG(t2.Stundensatz) FROM tbDozent t2);
```
Listing 6.2: Kombinierte Abfrage mit Unterabfrage

Konkret wird also für alle Datensätze geprüft, ob

```
t.Stundensatz >= AVG(t2.Stundensatz)
```

gilt. Man sieht die Bedeutung der Alias in diesem Fall. Die Tabelle *tbDozent* wird zweifach verwendet. Das Alias t bezeichnet die Tabelle in der Hauptabfrage. Hier verbergen sich alle einzelnen Datensätze der Tabelle tbDozent hinter dem Alias, während mit t2 die ebenfalls auf tbDozent beruhende, aber gruppierte und mittels der Aggregatfunktion **AVG()** zu einem Datensatz mit dem Durchschnittswert verdichtete, virtuelle Tabelle der Unterabfrage angesprochen wird.

Es werden also nacheinander alle Stundensätze der Dozenten mit dem durchschnittlichen Stundensatz »14.8« verglichen. Dann werden als Ergebnis der **WHERE**-Klausel nur diejenigen Datensätze angezeigt, deren Stundensatz mindestens »14.8« beträgt. Das Ergebnis zeigt Abbildung 6.4.

Familienname	Vorname	DID	Stundensatz
Weiss	Peter	812	17
Schlachter	Dieter	815	15
Bucz	Susanne	834	15

Abbildung 6.4: Ergebnis der Abfrage mit Unterabfrage

Eine solche Abfrage ist nicht durch eine geschickte einfache SQL-Anweisung zu ersetzen. Im Folgenden sind einige Ansätze zu sehen, die man vielleicht versuchen würde zu verwenden. Der naheliegendste Versuch:

```
SELECT
    p.Familienname, p.Vorname, t.DID, t.Stundensatz
FROM tbDozent t INNER JOIN tbPerson p ON t.PID = p.PID
WHERE t.Stundensatz >= AVG(t.Stundensatz);
```
Listing 6.3: Erster nicht funktionsfähiger Versuch eine Unterabfrage zu ersetzen

Der Versuch scheitert daran, dass die Aggregatfunktion **AVG()** zwingend eine Gruppierung voraussetzt. Nur wenn eine Gruppierung vorhanden ist, kann mittels einer Aggregatfunktion eine Gruppe von Datensätzen verdichtet, in diesem Fall der Mittelwert der gruppierten Datensätze ermittelt werden.

Das gleiche Problem ergibt sich auch, wenn die Aggregatfunktion unmittelbar in der Datenfeldliste verwendet wird:

```
SELECT
    p.Familienname, p.Vorname, t.DID, t.Stundensatz,
AVG(t.Stundensatz)
FROM tbDozent t INNER JOIN tbPerson p ON t.PID = p.PID
WHERE t.Stundensatz >= AVG(t.Stundensatz);
```
Listing 6.4: Zweiter nicht funktionsfähiger Versuch eine Unterabfrage zu ersetzen

Es ist also zwingend eine Gruppierung der Datensätze erforderlich, um den Mittelwert der Stundensätze ermitteln zu können. Die Gruppierung müsste allerdings derart gestaltet werden, dass alle Datensätze in die Gruppierung einbezogen werden, da der Mittelwert aller Datensätze benötigt wird, andererseits aber die Einzeldatensätze ermittelt werden, deren Stundensatz über dem Mittelwert liegt. Die folgenden Versuche funktionieren daher zwar syntaktisch, ermitteln aber wiederum nicht alle Datensätze, sondern nur die gruppierten Datensätze.

```
SELECT
    p.Familienname, p.Vorname, t.DID, t.Stundensatz
FROM tbDozent t INNER JOIN tbPerson p ON t.PID = p.PID
GROUP BY t.DID
HAVING t.Stundensatz >= AVG(t.Stundensatz);
```
oder
```
SELECT
    p.Familienname, p.Vorname, t.DID, t.Stundensatz
FROM tbDozent t INNER JOIN tbPerson p ON (t.PID =
p.PID)
INNER JOIN tbDozent t2 ON (t2.PID = p.PID)
GROUP BY t2.DID
HAVING t.Stundensatz >= AVG(t2.Stundensatz);
```
Listing 6.5: Erfolgreiche Gruppierung, die aber keine Einzeldatensätze mehr liefert

Eine Gruppierung über alle Datensätze wäre nur möglich, wenn es ein Datenfeld gäbe, dessen Wert in allen Datensätzen identisch ist. Das ist aber kaum die Idee einer relationalen Datenbank.

Zusammengefasst bedeutet das, dass immer wenn in mehreren Schritten zunächst eine Datenmenge ermittelt werden soll, die selbst wieder Basis für eine weitergehende Abfrage ist, eine Unterabfrage in Erwägung zu ziehen ist. Unterabfragen dürfen in der WHERE-Klausel zusätzlich zu bereits vorhandenen Beziehungen auftreten, so dass sich folgende Syntax ergibt:

Syntax

```
SELECT [DISTINCT|ALL] ausdruck [{, ausdruck}]
FROM tabelle [joinliste]
[WHERE ( SELECT ...)]
[GROUP BY feldname [{, feldname}]]
[HAVING( SELECT ...)]
[ORDER BY {feldnamenliste [ASC|DESC]}];
```

Man sieht an der Syntax bereits, dass analog zu der Verwendung in der **WHERE**-Klausel auch eine Verwendung einer Unterabfrage in der **HAVING**-Klausel für gruppierte Datensätze möglich ist.

So würde in obigem Beispiel auch die folgende SQL-Anweisung zu dem Resultat in Abbildung 9.4 führen, sie wäre allerdings umständlicher und in dieser Form nicht notwendig.

```
SELECT
   p.Familienname, p.Vorname, t.DID, t.Stundensatz
FROM tbDozent t INNER JOIN tbPerson p ON
 (t.PID = p.PID)
GROUP BY t.DID
HAVING t.Stundensatz >=
(SELECT AVG(t2.Stundensatz)
    FROM tbDozent t2);
```
Listing 6.6: Unterabfrage in der HAVING-Klausel

Unterabfragen können für eine Datenbank aufwendige Operationen sein. Besteht die Möglichkeit, das Ergebnis der Unterabfrage mit einem eigenen SELECT zu ermitteln und zwischenzuspeichern, beispielsweise im Rahmen der Programmierung, kann dies einfacher und performanter sein. Unter Umständen kann das Ergebnis auch mehrfach wiederverwendet werden.

Programmierung

Eine Unterabfrage ist oft nur ein Weg, eine Ergebnismenge zu erzeugen und unmittelbar weiterzuverwenden. Stehen alternative Wege zur Erreichung desselben Ergebnisses zur Verfügung, sollten diese stets geprüft werden.

6.2 Unterabfragen mit Vergleichsoperatoren

Unterabfragen werden wie im ersten Beispiel gern verwendet, um Vergleichswerte für die **WHERE**- oder **HAVING**-Klausel zu ermitteln. Die Logik beruht dann darauf, dass die Unterabfrage eine Zeile mit einem Datenfeld liefert. Dieses Feld stellt letztlich einen einzigen Wert dar, der als Vergleichswert verwendet werden kann und dann zumeist mit den

Vergleichsoperatoren =, >, <, >= oder <= mit den Werten in anderen Datenfeldern verglichen wird.

Die Unterabfrage tritt an die Stelle eines beliebigen Ausdrucks, Datenfelds oder Literals und hat alle Eigenschaften wie Datentyp, Länge oder NULL-Wert. Die Grundsyntax ist:

```
feldname Vergleichsoperator (SELECT ...)
```

wobei die Unterabfrage und der erste Operand auch ihre Position tauschen können. So liefert in der folgenden SQL-Anweisung die Unterabfrage die Anzahl der Kursbesuche. Da keine weitere Einschränkung erfolgt, handelt es sich um die Besuche aller Kurse:

```
SELECT KID
FROM tbKursbesuche t
WHERE
( SELECT COUNT(*) FROM tbKursbesuche) > 0;
```
Listing 6.7: Ermittlung aller Kurse, wenn mindestens ein Kurs besucht wird

Sinnvoller ist es, die Kurse zunächst zu gruppieren und dann die Anzahl der Teilnehmer je Kurs zu ermitteln, um dann die Kurse herauszufiltern, die tatsächlich Teilnehmer haben.

```
SELECT KID
FROM tbKursbesuche t
GROUP BY t.KID
HAVING (
    SELECT COUNT(*) FROM tbKursbesuche) > 0;
```
Listing 6.8: Alle Kurse mit mindestens einem Teilnehmer

Unterabfrage ohne Aggregation Grundsätzlich lassen sich Unterabfragen auch nutzen, um Werte zu ermitteln, ohne dabei Aggregatfunktionen zu verwenden. Im folgenden Beispiel wird mittels einer Unterabfrage zunächst ermittelt, welche Kursthemen-Identifikation (*KTHID*) der Kurs »CE23« hat, siehe Listing 6.9.

```
SELECT th.Kursthema
FROM tbKursthema th
WHERE th.KTHID =
   (SELECT t.KTHID FROM tbKurs t WHERE t.KID = 'CE23');
```
Listing 6.9: Ermittlung eines Wertes mit einer Unterabfrage

Dann wird der so ermittelte Wert genutzt, um ihn mit den *KTHID* in der Tabelle *tbKursthema* zu vergleichen und das eigentliche Kursthema des Kurses »CE23« auszugeben. Man sieht, dass hier eigentlich ein **JOIN** ausgeführt wird. Man könnte dasselbe Ergebnis auch mit der Anweisung in Listing 6.10 erreichen.

```
SELECT th.Kursthema
FROM tbKursthema th INNER JOIN tbKurs t ON
  (th.KTHID = t.KTHID)
WHERE (t.KID = 'CE23');
```
Listing 6.10: Nutzung eines JOIN statt einer Unterabfrage

Ein wenig sieht die Nutzung der Unterabfrage hier aus wie die Nutzung eines Werkzeugs für jedes Problem, getreu dem Motto »Wenn man einen Hammer hat, sieht jedes Problem wie ein Nagel aus«. Tatsächlich ist in vielen Fällen die Performance beider Varianten gegeneinander abzuprüfen und dann zu entscheiden, welche zu bevorzugen ist, auch wenn in der Regel der JOIN zumindest bei einem EQUI-JOIN zu bevorzugen ist.

Bei Unterabfragen mit Vergleichsoperatoren wird in den allermeisten Fällen ein Bezug zwischen einem Datenfeld der übergeordneten Abfrage und dem mit der Unterabfrage ermittelten Wert hergestellt. Das ist gerade der Zweck des Vergleichs.

Grundsätzlich lassen sich aber auch beide Seiten eines Vergleiches über Unterabfragen bestimmen, ohne dass ein Bezug zu einer Spalte der übergeordneten Abfrage entsteht, wie in Listing 6.11 zu sehen.

```
SELECT KID
FROM tbKursbesuche t
WHERE
  (SELECT COUNT(*) FROM tbKursbesuche t2)
=
  (SELECT SUM(t3.Fehltage) FROM tbKursbesuche t3);
```
Listing 9.11: Zwei Unterabfragen in der WHERE-Klausel

Es werden in diesem Fall zunächst die Kursbesuche insgesamt gezählt und danach die Fehltage aller Kursbesuche ermittelt. Sind diese identisch erfolgt eine Ausgabe der *KID*, sonst ist der Kurs nicht relevant.

Weil die Ermittlung der Werte in den Unterabfragen aber in keinem Zusammenhang mit den Werten in der Gesamtabfrage steht, erfolgt auch deren Ausgabe der *KID* unabhängig von dem Ergebnis der Unterabfragen. Der einzige Zweck der Unterabfragen besteht hier darin, zu ermitteln, ob die beiden Anzahlen gleich sind, nicht aber darin dies in irgendeinen Zusammenhang mit dem Endergebnis zu setzen. Der Zweck dieser Abfrage ist hier fragwürdig. Es gibt aber auch viele sinnvolle Beispiele derartiger Abfragen, die dann aber zumeist mehrere Datensätze und andere Operatoren beinhalten. Darauf soll im nächsten Abschnitt eingegangen werden.

Übungen zu Unterabfragen mit Vergleichsoperator

Übungen

Erstellen Sie für die folgenden Aufgaben jeweils eine SELECT-Anweisung

1. Ermitteln Sie den Vornamen und Familiennamen der jüngsten Person aus tbPerson. (Ü6.2.1)
2. Ermitteln Sie die KID und den durchschnittlichen Rabattsatz aller Kurse deren durchschnittlicher Rabattsatz mindestens so hoch ist wie der durchschnittliche Rabattsatz aller Teilnehmer aller Kurse. (Ü6.2.2)
3. Verwenden Sie jetzt die Artikeldatenbank. Ermitteln Sie die Artikelnummer (anr) und die Bezeichnung sowie den Listenpreis aller Artikel, deren Listenpreis größer als der durchschnittliche Listenpreis aller Artikel ist. (Ü6.2.3)
4. Ermitteln Sie die Artikelnummer (anr) und die Bezeichnung sowie den Listenpreis des teuersten Artikels. (Ü6.2.4)
5. Ermitteln Sie die Bezeichnung der Warengruppe und deren durchschnittlichen Listenpreis für alle Warengruppen, deren durchschnittlicher Listenpreis über dem Gesamtdurchschnitt aller Artikel liegt. (Ü6.2.5)

6.3 Unterabfragen mit ALL und ANY

Eng verwandt mit den bisherigen Abfragen sind Vergleichsabfragen mit den beiden Operatoren **ALL** und **ANY**. **ALL** und **ANY** sind prinzipiell nur Umschreibungen für die Verwendung der Aggregatfunktionen **MIN()** und **MAX()** zur Ermittlung des kleinsten respektive größten Wertes einer Gruppe von Werten.

Beispiel

Sollen beispielsweise alle Kursteilnehmer ermittelt werden, die bisher mindestens so viel bezahlt haben, wie derjenige Teilnehmer des Kurses »CE23«, der am meisten bezahlt hat, so kann dies mit der folgenden SQL-Anweisung ermittelt werden:

```
SELECT p.Familienname, p.Vorname, kb.GezahlterBetrag,
kb.KID
FROM tbPerson p INNER JOIN tbKursbesuche kb ON (p.PID
= kb.KTID)
WHERE kb.GezahlterBetrag >=
   ALL(SELECT kb2.GezahlterBetrag
FROM tbKursbesuche kb2
      WHERE kb2.KID='CE23'
);
```

Listing 6.12: Überdurchschnittliche Beitragszahler des Kurses »CE23«

Das Ergebnis ist in Abbildung 6.5 dargestellt.

Familienname	Vorname	GezahlterBetrag	KID
Karmann	Thomas	350	CE23
Müller	Claudia	350	CE23
Schulze	Tanja	350	CE23
Ruppert	Nicola	350	CE23
Lisewski	Bernd	350	CE24

Abbildung 6.5: Alle Teilnehmer, die mindestens soviel bezahlt haben wie das Maximum der Teilnehmer von Kurs CE23

Die Aussage der Abfrage war etwa »Ermittle diejenigen Teilnehmer, die mindestens soviel Beitrag bezahlt haben wie ALLE (anderen aber auch er selbst) Teilnehmer des Kurses CE23«. Das bedeutet, dass das Maximum des von den Teilnehmern des Kurses »CE23« bezahlten Betrags ermittelt werden muss und anschließend damit verglichen wird. Somit kann derselbe Effekt auch mit folgender SQL-Anweisung erzielt werden:

```
SELECT p.Familienname, p.Vorname, kb.GezahlterBetrag,
kb.KID
FROM tbPerson p INNER JOIN tbKursbesuche kb ON p.PID =
kb.KTID
WHERE kb.GezahlterBetrag >=
   (SELECT MAX(kb2.GezahlterBetrag)
FROM tbKursbesuche kb2
     WHERE kb2.KID='CE23'
);
```

Eng verwandt mit dem **ALL**-Operator ist der **ANY**-Operator. Mit **ANY** (übersetzt »irgendein«) werden alle Datensätze ausgewählt, deren Wert im Vergleichsfeld größer oder kleiner als irgendein Datensatz der Unterabfrage ist. Im folgenden Beispiel werden also alle Personen ausgewählt, die mehr bezahlt haben als irgendein Teilnehmer des Kurses »CE23« bezahlt hat. Somit wird de facto mit dem kleinsten gezahlten Betrag (also dem Minimum) verglichen und es werden alle Teilnehmer ermittelt, die NICHT den kleinsten Betrag bezahlt haben, siehe Listing 9.13

```
SELECT p.Familienname, p.Vorname, kb.GezahlterBetrag,
kb.KID
FROM tbPerson p INNER JOIN tbKursbesuche kb ON p.PID =
kb.KTID
WHERE kb.GezahlterBetrag >
   ANY (SELECT (kb2.GezahlterBetrag)
FROM tbKursbesuche kb2
     WHERE kb2.KID = 'CE23'
);
```
Listing 6.13: Alle Teilnehmer, die NICHT den kleinsten Betrag bezahlt haben

Damit können durch Negation dieser Aussage gerade die Teilnehmer ermittelt werden, die höchstens den kleinsten Betrag aus dem Kurs »CE23« bezahlt haben.

```
SELECT p.Familienname, p.Vorname, kb.GezahlterBetrag,
kb.KID
FROM tbPerson p INNER JOIN tbKursbesuche kb ON p.PID =
kb.KTID
WHERE NOT (kb.GezahlterBetrag >
   ANY (SELECT (kb2.GezahlterBetrag)
FROM tbKursbesuche kb2
      WHERE kb2.KID = 'CE23'
));
```

Listing 6.14: Alle Teilnehmer, die den kleinsten Betrag bezahlt haben

Somit wird mit der folgenden SQL-Anweisung derselbe Effekt erreicht:

```
SELECT p.Familienname, p.Vorname, kb.GezahlterBetrag,
kb.KID
FROM tbPerson p INNER JOIN tbKursbesuche kb ON p.PID =
kb.KTID
WHERE kb.GezahlterBetrag <=
   (SELECT MIN(kb2.GezahlterBetrag)
FROM tbKursbesuche kb2
      WHERE kb2.KID = 'CE23'
);
```

Die Verwendung der Funktionen MIN und MAX ist nicht überall möglich oder erfordert oft eine Gruppierung.

Übungen

Übungen zu Unterabfragen mit ALL/ANY

Erstellen Sie für die folgenden Aufgaben jeweils eine SELECT-Anweisung

1. Ermitteln Sie die KBID, die KID und den gezahlten Betrag für alle diejenigen Kursbesuche, die den maximalen Betrag bezahlt haben. (Ü6.3.1)
2. Schränken Sie das Ergebnis aus Ü6.3.1 so ein, dass nur noch Kursteilnehmer des Kurses »CE23« berücksichtigt werden. (Ü6.3.2)
3. Ermitteln Sie die KID und den durchschnittlichen von den Kursteilnehmern gezahlten Betrag von dem Kurs, bei dem dieser Durchschnitt am größten ist. (Ü6.3.3)
4. Ermitteln Sie die KTID, den gezahlten Betrag, den Rabatt, die Kurskennung und die Kursgebühr für den Teilnehmer, der den geringsten noch zu zahlenden Betrag (offener Betrag) hat. (Ü6.3.4)

6.4 Unterabfragen mit IN und EXISTS

Zwei weitere Operatoren arbeiten ebenfalls mit mehreren Datensätzen im Ergebnis. Mit **IN** beziehungsweise **NOT IN** kann ermittelt werden, ob der Wert eines Datenfeldes in der Hauptabfrage einem Wert eines Datenfeldes in der Unterabfrage entspricht, wenn die Unterabfrage mehrere Datensätze, also eine Wertemenge, liefert.

Sollen beispielsweise alle Personen der Kursdatenbank ermittelt werden, die mindestens einen Kurs besucht haben, so muss überprüft werden, ob ihre Personen-Identifikation (*PID*) in der Liste der Kursteilnehmer-Identifikationen (*KTID*) in der Tabelle *tbKursbesuche* auftaucht. Im folgenden Beispiel wird die Ergebnismenge zusätzlich auf die Personen eingeschränkt, deren Postleitzahl mit »29« beginnt:

Beispiel IN

```
SELECT p.Familienname, p.Vorname, p.PLZ
FROM tbPerson p
WHERE (p.PLZ LIKE '29%') AND
(p.PID IN (SELECT kb.KTID FROM tbKursbesuche
kb));
```
Listing 6.15: Alle Kunden, die mindestens einen Kurs belegt haben

Familienname	Vorname	PLZ
Karmann	Thomas	29227
Klötzer	Karl	29221
Müller	Claudia	29596
Peredy	Helmut	29221
Martens	Melanie	29221
Ruppert	Nicola	29301
Sander	NULL	29223
Schulze	Tanja	29308
Magerkurth	Melissa	29336
Winter	Petra	29320

Abbildung 6.6: Alle Kunden, die mindestens einen Kurs belegt haben

Der Operator **IN** prüft also auf inhaltliche Übereinstimmung mit mindestens einem Datensatz der Unterabfrage. Das ist nichts Anderes als die Verbindung = ANY, die ebenfalls bedeutet, dass mindestens ein Datensatz denselben Datenwert liefern muss. Die beiden Anweisungen

IN oder ANY

```
SELECT ... FROM ...
WHERE datenfeld IN (SELECT datenfeld FROM ...);

SELECT ... FROM ...
WHERE datenfeld = ANY (SELECT datenfeld FROM ...);
```

sind also identisch.

NOT IN oder ALL

Umgekehrt bedeutet die Verneinung **NOT IN**, dass kein Datensatz der Unterabfrage denselben Wert haben darf, dass also alle Werte ungleich sein müssen. Daher sind auch die beiden folgenden Abfragen identisch

```
SELECT ... FROM ...
WHERE datenfeld NOT IN (SELECT datenfeld FROM ...);

SELECT ... FROM ...
WHERE datenfeld != ALL (SELECT datenfeld FROM ...);
```

Streng genommen könnte man also auf **IN** praktisch verzichten, es ist aber recht beliebt, da zumeist leichter zu verstehen als die entsprechenden Abfragen mit **ANY** oder **ALL**.

Jede Abfrage auf Gleichheit oder Ungleichheit muss sehr exakt formuliert werden. So dürfen bei alphanumerischen Werten keine führenden oder folgenden Leerzeichen enthalten sein (diese können mit **TRIM** oder einer ähnlichen Funktion entfernt werden) und die Groß- und Kleinschreibung ist unter Umständen ebenfalls zu beachten (**UPPER**, **LOWER** oder eine ähnliche Funktion).

Bei numerischen Werten sind zumeist nur ganzzahlige Werte sinnvoll, da alle anderen Angaben immer die Gefahr kleiner Rundungsdifferenzen oder unterschiedlich genauer Angaben beinhalten. Gegebenenfalls sollte mit den entsprechenden Rundungsfunktionen gearbeitet werden.

Während bei **IN** auf die Gleichheit von Werten geprüft wird, erfordert **EXISTS** nur die Existenz mindestens eines Datensatzes in der Unterabfrage, der eine bestimmte Bedingung erfüllt. Es wird also wiederum mit der Unterabfrage eine Menge von Datensätzen ermittelt. Wesentlich ist aber bereits, ob ein Datensatz in der Unterbarfrage ist, nicht wie dieser aussieht.

Beispiel

Es soll festgestellt werden, zu welchen Kursthemen bereits Kurse angeboten werden. Dazu wird eine Liste aller Kursthemen ermittelt, zu denen bereits (mindestens) ein Kurs existiert.

```
SELECT kt.kursthema, kt.Kursbeschreibung
FROM tbKursthema kt
WHERE EXISTS (SELECT * FROM tbKurs k WHERE kt.KTHID = k.KTHID);
```

Listing 6.16: Kursthemen zu denen mindestens ein Kurs existiert

Das Ergebnis ist in Abbildung 6.7 dargestellt.

kursthema	Kursbeschreibung
Einstieg mit Windows	Windows bietet die Grundlage für alle modernen und anwe...
Windows für Fortgeschrittene	Der Kurs wendet sich an PC-Benutzer, die schon etwas Erf...
Word I	Einstieg in die Textverarbeitung mit Word. Grundlegende Fu...
Access I	Einstieg in das Datenbankmanagmentsystem Access. Tab...
Access II	Vertiefung der Arbeit mit MS Access. Komplexe Abfragen u...

Abbildung 6.7: Alle Kursthemen, zu denen mindestens ein Kurs existiert

Die Besonderheit des **EXISTS**-Operators ist, dass keine unmittelbare Verbindung zu einer Spalte der Hauptabfrage hergestellt wird. Die Unterabfrage steht vielmehr isoliert in der **WHERE**-Klausel. Daher ist fast immer eine eigene **WHERE**-Klausel auch in der Unterabfrage notwendig. Fehlt diese **WHERE**-Klausel in der Unterabfrage, ist die **EXISTS**-Bedingung allein durch das Vorhandensein eines einzigen Datensatzes in der angesprochenen Tabelle erfüllt.

Oft wird aber nicht nur irgendeine Bedingung in der Unterabfrage benötigt, sondern es wird ein Bezug auf die Datenfelder der Hauptabfrage genommen, wie bereits in Listing 6.16 so auch in Listing 6.17.

```sql
SELECT p.Familienname, p.Vorname, p.PID
FROM tbPerson p
WHERE NOT EXISTS
     (SELECT * FROM tbKursbesuche kb
WHERE p.PID = kb.KTID);
```

Listing 6.17: Personen, die noch an keinem Kurs teilgenommen haben

Hier werden wiederum alle Personen ermittelt, die noch nie einen Kurs besucht haben, siehe Abbildung 6.8

Familienname	Vorname	PID
Weiss	Peter	1
Bucz	Susanne	2
Weiss	Karin	6
Weiss	Peter	7
Meier	Kathrin	8
Schlachter	Dieter	17
Cromberg	Jörg	26

Abbildung 6.8: Alle Personen, die nie einen Kurs besucht haben

In diesem Zusammenhang spricht man auch von korrelierten Unterabfragen, worauf im nächsten Abschnitt eingegangen wird.

Übungen

Übungen zu Unterabfragen mit IN/EXISTS

Erstellen Sie für die folgenden Aufgaben jeweils eine SELECT-Anweisung

1. Ermitteln Sie die Artikelnummer und die Artikelbezeichnung aller Artikel für die noch keine Bestellposition vorliegt, die also noch nicht bestellt wurden (Ü6.4.1)
2. Ermitteln Sie die Bestellnummer und das Bestelldatum aller Bestellungen, die einen Artikel der Warengruppe 9 beinhalten. (Ü6.4.2)
3. Erweitern Sie Ihre Abfrage aus Ü6.4.2 so, dass für die ermittelten Bestellungen zusätzlich die Anzahl Bestellpositionen der Warengruppe 9 ermittelt wird. (6.4.3)
4. Ermitteln Sie den Nachnamen und den Vornamen der Personen in der Kundentabelle für die keine Bestellung existiert. (Ü9.4.4)

6.5 Synchronisierte und korrelierte Unterabfragen

Im Zusammenhang mit Unterabfragen tauchen immer wieder die Begriffe synchronisiert und korreliert (oder verbunden) auf.

korrelierte Unterabfragen

Unter korrelierten (verbundenen) Unterabfragen sind solche Unterabfragen zu verstehen, die Feldnamen aus der Hauptabfrage in der Unterabfrage verwenden. Korrelierte Unterabfragen sind somit nicht allein ausführbar sondern funktionieren nur im Zusammenspiel mit der jeweiligen Hauptabfrage.

```
SELECT p.Familienname, p.Vorname, p.PID
FROM tbPerson p
WHERE NOT EXISTS
    (SELECT * FROM tbKursbesuche kb
 WHERE p.PID = kb.KTID);
```

Listing 6.18: Hauptabfrage und Unterabfrage sind über das Feld p.PID korreliert

Hier wird *p.PID* in der Unterabfrage wieder aufgegriffen. Da dieses Feld in der Hauptabfrage »definiert« wird, ist die Unterabfrage allein nicht lauffähig. Im Gegensatz zu korrelierten Unterabfragen sind unkorrelierte (oder freie) Unterabfragen auch für sich allein ausführbar.

Für eine korrelierte Abfrage ist es aber nicht zwingend notwendig, dass tatsächlich ein Feld der in der Hauptabfrage verwendeten Tabelle in der

Unterabfrage verwendet wird. Es reicht bereits aus, wenn in der Unterabfrage Informationen aus der Hauptabfrage verwendet werden.

Im folgenden Beispiel wird in der Unterabfrage nur auf die in der Hauptabfrage verwendete Tabelle zugegriffen.

```
SELECT t.Kursthema
FROM tbKursthema t
WHERE EXISTS
(SELECT *
FROM tbKurs k
WHERE (t.KTHID = k.KTHID));
```
Listing 6.19: Hauptabfrage und Unterabfrage korreliert

Unter synchronisierten Unterabfragen sind solche Unterabfragen zu verstehen, bei denen in der Hauptabfrage und der Unterabfrage dieselbe Tabelle verwendet wird. In diesem Fall ist natürlich der Einsatz von Alias zwingend erforderlich, um die Feldnamen sauber auseinanderhalten zu können. Die bereits bekannte Abfrage in Listing 6.19 stellt hier ein typisches Beispiel dar.

Synchronisierte Unterabfragen

```
SELECT p.Familienname, p.Vorname, t.DID, t.Stundensatz
FROM tbDozent t INNER JOIN tbPerson p ON t.PID = p.PID
WHERE t.Stundensatz >=
     (SELECT AVG(t2.Stundensatz) FROM tbDozent t2);
```
Listing 6.20: Synchronisierte Unterabfrage

6.6 Regeln für Unterabfragen in der WHERE-Klausel

Die bisherigen Ergebnisse für Unterabfragen sollen an dieser Stelle zusammengefasst werden. Unterabfragen werden in der **WHERE**- oder **HAVING**-Klausel einer **SELECT**-Anweisung eingesetzt, um die Menge der ermittelten Datensätze einzuschränken. Dabei gilt, dass...

- Unterabfragen als eigene **SELECT**-Anweisung, die in Klammern gesetzt wird, formuliert werden.
- Unterabfragen mit einem Vergleichsoperator (=, >, >=, <, <=, != oder <>) mit einem Datenfeld verbunden werden, wenn es sich bei dem Ergebnis der Unterabfrage um eine einzelne Zeile mit einem einzelnen Wert handelt.
- Unterabfragen mit einem Vergleichsoperator mit **ALL** oder **ANY** oder einem **IN** oder **EXISTS** eingefügt werden, wenn es sich um mehrere Zeilen handelt.
- eine Sortierung mit **ORDER BY** in einer Unterabfrage unnötig (und in den meisten Datenbanksystemen auch unzulässig) ist.
- Unterabfragen in vielen Fällen durch einen **JOIN** ersetzt werden können, aber bei Weitem nicht in allen Fällen.

6.7 Erweiterungen der Unterabfragen

Neben den bisher angesprochenen Nutzungsmöglichkeiten existiert noch eine Reihe von Erweiterungen für Unterabfragen.

Unterabfragen in der FROM-Klausel

Unterabfragen können neben der Nutzung in der **WHERE**- und der **HAVING**-Klausel auch in der **FROM**-Klausel einer **SELECT**-Anweisung genutzt werden. In diesem Fall dienen sie dazu, eine eigene virtuelle Tabelle zu schaffen, die dann ihrerseits als Datenquelle für den Rest der **SELECT**-Anweisung nutzbar ist.

Beispiel

Es soll beispielsweise der größte Durchschnittsbetrag aller gezahlten Beträge je Kurs bestimmt werden. Dafür muss zunächst in der Tabelle *tbKursbesuche* eine Gruppierung nach der *KID* vorgenommen werden, um alle Datensätze eines Kurses zusammenfassen zu können. Dann muss mit der Aggregatfunktion **AVG()** der Durchschnitt je Kurs bestimmt werden. Dann muss wiederum für diese Durchschnitte mit einer weiteren Aggregatfunktion das Maximum bestimmt werden. Das Problem liegt also im Kern in einer zweifachen Aggregation. Die naheliegende Lösung

```
SELECT MAX(AVG(GezahlterBetrag))
FROM tbKursbesuche kb
GROUP BY kb.KID;
```

funktioniert leider nicht, weil die Gruppierungsfunktion nur einstufig anwendbar ist. Mit **ANY** oder **ALL** ließe sich hier eine Lösung schaffen, wie bereits in einer ähnlichen Fragestellung zu sehen war.

Näherliegend und verständlicher ist aber oft eine Lösung in einer zweistufigen Vorgehensweise, bei der zunächst nach der *KID* gruppiert und der Mittelwert ermittelt wird. Das Ergebnis wird dann als eigene Tabelle mit einer neuen Spalte *durchschnittsbetrag* aufgefasst und auf diese Tabelle wird dann die Aggregatfunktion **MAX()** angewendet.

```
SELECT MAX(kb2.durchschnittsbetrag)
FROM (
    SELECT AVG(kb.GezahlterBetrag) AS
"durchschnittsbetrag"
FROM tbKursbesuche kb
    GROUP BY kb.KID)AS kb2;
```

Listing 6.21: Unterabfrage in der FROM-Klausel erzeugt eine »virtuelle« Tabelle

Damit wird das gewünschte Ergebnis »273,33« ermittelt. Die ALIAS-Zuweisung mit **AS** ist dabei in den meisten Datenbanken unverzichtbar, um eindeutige Benennungen zu erhalten.

In manchen Systemen, so auch in MySQL können auch Unterabfragen verwendet werden, die nicht nur eine, sondern mehrere Spalten liefern und direkt mit vorgegebenen Werten verglichen werden. Das Prinzip entspricht dem der virtuellen oder temporären Tabellen, die in einigen Systemen auch dauerhafter erzeugt und für Abfragen innerhalb einer Session wiederverwendet werden können.

Abschließend wird noch ein Beispiel mit der neuen Funktion

`WIDTH_BUCKET (Werte, Minimum, Maximum, Anzahl_Klassen)`

vorgestellt. Die Funktion teilt den Wertebereich von Minimum bis Maximum in eine feste Anzahl gleich großer Klassen, also Wertebereiche, ein. Die Anzahl dieser Klassen wird über den letzten Parameter Anzahl_Klassen gesteuert. Dann wird für jeden Datensatz mittels des Eintrags im Feld Werte die Nummer der Klasse ermittelt, der der Datensatz zuzuordnen ist.

```
SELECT
   Klasse,
   (Klasse-1)*50 AS "ab",
   Klasse*50 AS "bis unter",
   COUNT(*) AS "Anzahl Kursbesuche"
FROM
   (SELECT WIDTH_BUCKET(GezahlterBetrag, 0, 400, 8)
   AS Klasse
FROM tbKursbesuche)
GROUP BY Klasse
ORDER BY Klasse ASC;
```

Listing 6.22: Klassierung der gezahlten Kursbeträge (Oracle)

Im vorliegenden Beispiel in Listing 6.21 werden also in der Tabelle *tbKursbesuche* die gezahlten Beträge untersucht. Es werden aus dem Bereich der Werte 0 bis 400 insgesamt 8 gleich große Klassen gebildet, so dass jede Klasse die Breite 50 hat. Es entsteht also eine virtuelle Tabelle, deren Anzahl Datensätze genau der Anzahl in der Tabelle *tbKursbesuche* entspricht. Diese Tabelle hat nur ein Feld mit der Klassennummer je Datensatz. Diese Tabelle wird dann in der Hauptabfrage gruppiert und für jede Gruppe wird die Anzahl Datensätze ermittelt. Das Ergebnis ist in Abbildung 6.9 dargestellt.

KLASSE	Ab	Bis Unter	Anzahl Kursbesuche
1	0	50	2
2	50	100	3
3	100	150	1
6	250	300	5
7	300	350	2
8	350	400	5

Abbildung 6.9: Unterabfrage mit WIDTH_BUCKET

Die Funktion ist zum jetzigen Zeitpunkt zunächst in Oracle verfügbar, soll aber auch in den anderen Systemen in einer der nächsten Versionen implementiert werden.

Übungen

Übungen zu erweiterten Unterabfragen

Erstellen Sie für die folgenden Aufgaben jeweils eine SELECT-Anweisung

1. Ermitteln Sie als Vorbereitung noch ohne Unterabfrage zunächst für alle Artikel die Artikelnummer, die Artikelbezeichnung, den Listenpreis als »Nettopreis« und einen »Bruttopreis« mit Aufschlag des Mehrwertsteuersatzes. Runden Sie den Bruttopreis auf zwei Nachkommastellen. (Ü6.7.1)
2. Ermitteln Sie mittels der Tabelle aus Ü6.7.1 als Unterabfrage jetzt die mid, die bnr, die pos sowie die Anzahl, die Artikelnummer und den Gesamtwert jeder Bestellposition netto und brutto. (Ü6.7.2)
3. Ermitteln Sie mittels der Tabelle aus Ü6.7.2 als Unterabfrage für alle Bestellungen die Bestellnummer, die Kundennummer, das Bestelldatum sowie den Bestellwert netto und den Bestellwert brutto als Summe der einzelnen Positionen der Bestellung. Verwenden Sie sinnvolle Alias bei der Anzeige. (Ü6.7.3)

6.8 Unterabfragen mit MS Access

MS Access beherrscht Unterabfragen, allerdings sind diese nicht wirklich in die grafische Oberfläche integriert. Eine Unterabfrage wird zumeist in der **WHERE**-Klausel definiert. Dementsprechend ist in MS Access auch nur eine Möglichkeit vorgesehen, in den Kriterien die komplette Unterabfrage in SQL-Syntax einzugeben. So wird das anfängliche Beispiel:

```
SELECT p.Familienname, p.Vorname, t.DID, t.Stundensatz
FROM tbDozent t INNER JOIN tbPerson p ON t.PID = p.PID
WHERE t.Stundensatz >=
   (SELECT AVG(t2.Stundensatz) FROM tbDozent t2);
```
in MS Access wie in Abbildung 6.10 dargestellt eingegeben.

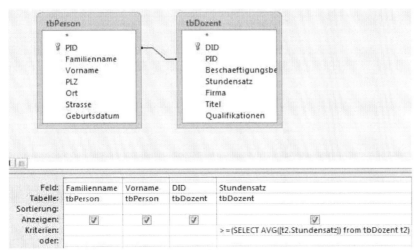

Abbildung 6.10: Abfrage mit Unterabfrage in MS Access

Das ist nicht wirklich komfortabel, aber es funktioniert wie in anderen Datenbanksystemen. Die entsprechende SQL-Anweisung, die von MS Access daraus generiert wird, zeigt bis auf die zusätzlichen Klammern eine praktisch identische SQL-Syntax:

```
SELECT
    tbPerson.Familienname,
    tbPerson.Vorname,
    tbDozent.DID,
    tbDozent.Stundensatz
FROM tbPerson INNER JOIN tbDozent ON tbPerson.PID =
tbDozent.PID
WHERE (((tbDozent.Stundensatz)>=
    (SELECT avg([t2.Stundensatz]) FROM tbDozent t2)));
```
Listing 6.23: Unterabfrage in MS Access

Allerdings besteht in MS Access die Möglichkeit, bei der Erstellung einer Abfrage über die grafische Oberfläche neben den Tabellen auch auf andere Abfragen zuzugreifen. Dabei wird dann ebenfalls die SQL-Anweisung der so verwendeten Abfrage als Unterabfrage verwendet, was allerdings nur bei einer Verwendung in der **FROM**-Klausel funktioniert. Auf diese Weise können also Abfragen als Datenquellen verwendet werden, nicht aber in der **WHERE**- oder der **HAVING**-Klausel.

7 Datenbankinhalte ändern

7.1 Neue Datensätze einfügen (INSERT)

Daten, die abgefragt werden sollen, müssen in der Datenbank vorhanden sein. Neue Datensätze in eine Datenbank einzufügen, ist daher eine elementare Aufgabe jeder Datenbank. SQL sieht dafür eine eigene Anweisung vor, die **INSERT INTO**-Anweisung.

7.1.1 INSERT mit Werten und Funktionen

Beispiel

Es soll zunächst in die Tabelle *tbPerson* ein neuer Datensatz für einen neuen Kursteilnehmer mit dem Nachnamen »Gerhardt« eingefügt werden. Adresse und Geburtsdatum sind gegeben. Leider ist der Vorname nicht bekannt. Der Datensatz kann dann mit folgender SQL-Anweisung eingefügt werden:

```sql
INSERT INTO tbPerson(
    PID, Familienname, Vorname, PLZ, Ort, Strasse,
Geburtsdatum)
VALUES(
    '51','Gerhardt',NULL,'29221',DEFAULT,
'Zöllnerstraße 12','1955-02-24'
);
```
Listing 7.1: Einfügen eines Datensatzes in die Personentabelle

Es werden nach der Angabe der Tabelle *tbPerson* zunächst die Feldnamen der Tabellenfelder aufgezählt, die im Folgenden eingefügt werden sollen. Dabei wird eine Reihenfolge vorgegeben, die nicht der Reihenfolge der Felder in der Tabelle entsprechen muss. Dann werden in einer zweiten Liste die Werte aufgezählt, die diesen Feldern zugeordnet werden sollen. Dabei ist die Reihenfolge einzuhalten, die zuvor durch die Liste der Feldnamen bestimmt worden ist. Also wird die *PID* in dem neuen Datensatz auf den Wert »51« gesetzt, der Familienname auf den Wert »Gerhardt« und so weiter bis zum Geburtsdatum.

Bei der Angabe der Werte ist eine Reihe von Bedingungen einzuhalten:

- Es wird ein neuer eindeutiger und noch nicht vorhandener Wert für den Primärschlüssel angegeben. (Gleiches gilt für andere Felder, die als eindeutig definiert sind).
- Die Werte haben für die Felder passende Datentypen, also Zahlen für numerische Felder, Texte für alphanumerische Felder, Datumsangaben für Felder mit dem Datentyp DATE und entsprechend für die anderen Datentypen.

- Es werden für alle Werte, für die in der Tabellendefinition keine NULL-Werte erlaubt sind, tatsächlich auch Werte angegeben. Also müssen alle Felder, die nicht leer sein dürfen, mit Werten belegt werden.

Wenn nur eine dieser Bedingungen verletzt ist, wird der gesamte Datensatz abgewiesen. Es erfolgt dann also überhaupt kein Eintrag in der Datenbank.

Die obige SQL-Anweisung hat zwei Besonderheiten. Für den Vornamen erfolgt die Angabe 'NULL'. Dies bedeutet, dass man den Vornamen nicht kennt. Die Frage ist: Was macht die Datenbank mit dieser Angabe? Dies wird zu klären sein.

Standardwerte

Zweitens ist für den Ortsnamen der Wert **DEFAULT** angegeben. Dies bedeutet, dass der Standardwert der Datenbank verwendet werden soll. Dieser Standardwert wird bei der Anlage der Tabelle angegeben.

Daher soll ein Vorgriff auf die Definition der Tabelle tbPerson erfolgen, ohne auf die Details jetzt genau einzugehen, siehe Listing 7.2.

```
CREATE TABLE IF NOT EXISTS tbPerson (
    PID int NOT NULL PRIMARY KEY,
    Familienname varchar(50) NOT NULL,
    Vorname varchar(50) NULL,
PLZ char(5) NULL,
    Strasse varchar(50) NULL,
    Ort varchar(50) NULL DEFAULT 'Celle',
    Geburtsdatum date
);
```
Listing 7.2: Definition der Tabelle tbPerson

Man sieht in der vierten Zeile an der Angabe **NULL**, dass **NULL**-Werte für den Vornamen zugelassen sind. Die Datenbank übernimmt daher die Angabe **NULL** als **NULL**-Wert. Der Datensatz wird daher nicht abgewiesen. Es gibt einfach keinen Vornamen.

Für den Ort wird mit **DEFAULT** 'Celle' der Wert »Celle« als Standardwert für das Feld Ort festgelegt. Die Angabe von **DEFAULT** in der obigen **INSERT**-Anweisung bewirkt daher, dass in dem neuen Datensatz für das Feld Ort der Wert »Celle« eingesetzt wird. Die Umsetzung geschieht bei der Ausführung der **INSERT**-Anweisung. Es gilt also bei der Angabe von **DEFAULT** immer der Standardwert, der bei der Definition der Tabelle festgelegt worden ist. Ist für ein Feld kein Standardwert angegeben, wird das Feld beim Einfügen des Datensatzes mit **NULL** belegt. Ist**NULL** nicht erlaubt, wird der Datensatz abgewiesen.

Die folgende Anweisung würde abgewiesen werden.

```
INSERT INTO tbPerson
   (PID, Familienname, Vorname, PLZ, Ort, Strasse,
 Geburtsdatum)
VALUES
   ('51',NULL,NULL,'29223',DEFAULT,
'Hauptstraße 2',1981);
```
Listing 7.3: Unerlaubte INSERT-Anweisung

Erstens ist der Familienname **NULL**. Dies ist nicht erlaubt und würde für sich allein schon zum Abweisen des Datensatzes führen. Zweitens ist die Angabe 1981 kein gültiges Datum und würde ebenfalls dazu führen, dass die Datenbank den Datensatz nicht einfügt. Zusätzlich würde ein Problem entstehen, wenn der Datensatz aus dem ersten Beispiel bereits eingefügt worden wäre. In diesem Fall würde nämlich als *PID* zum zweiten Mal '51' verwendet. Dies ist aber der Primärschlüssel, der für alle Datensätze eindeutig sein muss. Zwei Datensätze mit demselben Wert »51« als *PID* sind aber nicht eindeutig und daher nicht zulässig.

Die Syntax einer INSERT-Anweisung ist damit zunächst klar.

```
INSERT-Syntax
INSERT INTO tabellenname [(feldname1, feldname2, ...)]
VALUES (wert1, wert2, ...);
```

Beide Listen werden jeweils durch Kommata getrennt. Die Feldnamenliste ist optional, darf also fehlen. Fehlt diese Liste muss die Werteliste Einträge für alle Felder der Tabelle in der richtigen Reihenfolge – entsprechend der Definition der Tabelle – enthalten. Nur so kann der SQL-Interpreter entscheiden, welcher Wert für welches Feld bestimmt ist. Das Weglassen der Feldnamenliste spart natürlich Schreibarbeit. Trotzdem, nutzen Sie dies nur, wenn Sie ausnahmsweise direkt oder testweise einen Datensatz erfassen wollen und sicher sind, welche Struktur die Tabelle zur Zeit hat, da dieses Vorgehen fehleranfällig ist.

Bei maschineller Verarbeitung ist das Weglassen der Feldnamenliste fehleranfällig. Wird die Tabellenstruktur verändert, kann die **INSERT**-Anweisung fehlschlagen und der Datensatz abgewiesen werden, sei es, dass Felder fehlen oder Datentypen verändert sind. Im schlimmsten Fall merken Sie es nicht einmal, weil Felder eingefügt worden sind und **NULL**-Werte an den betroffenen Stellen erlaubt waren. Dann landen die Werte der neu eingefügten Datensätze in vollkommen falschen Feldern. Geben Sie also wann immer möglich die Feldnamenliste an.

Als Werte für die Felder sind nicht nur Zahlen, alphanumerische Angaben oder Datumsangeben erlaubt, sondern auch alle Ausdrücke, die einen Wert des richtigen Datentyps für das Feld berechnen. Dies bedeutet insbesondere, dass neben der direkten Wertangabe auch Funktionen verwendet werden können. In der folgenden SQL-Anweisung in MySQL-

Syntax wird die Kurskennung durch eine **CONCAT()**-Funktion zusammengesetzt. Der Kursbeginn wird auf zwei Wochen nach dem aktuellen Datum gesetzt. Das Kursende liegt 4 Tage nach dem Kursbeginn:

```sql
INSERT INTO tbKurs (
    KID,
    Kurskennung,
    KTHID,
    KursdauerStunden,
    Kursbeginn,
    Kursende,
    Zertifikat,
    Gebuehr,
    Ustpflichtig,
    DID)
VALUES (
    896,
CONCAT('CE24','-','Access'),
    3,
    40,
ADDDATE(Current_Date,14),
ADDDATE(Kursbeginn,4),
'N',
    400.00,
    'J',
    NULL);
```

Listing 7.4: Einfügen eines Datensatzes mit Funktionen

Die verfügbaren Funktionen entsprechen den in Kapitel 5 angesprochenen Funktionen. Sie sind datenbankabhängig.

7.1.2 INSERT mit Unterabfragen

In Kapitel 6 sind Unterabfragen beschrieben worden.

```sql
INSERT INTO tbKurs_Statistik
    ( KID, sum_fehltage, sum_rabatt, mittel_beitrag,
Anzahl )
SELECT tbKursbesuche.KID,
    SUM(tbKursbesuche.Fehltage),
    SUM(tbKursbesuche.Rabatt),
    AVG(tbKursbesuche.GezahlterBetrag),
    COUNT(tbKursbesuche.KBID)
FROM tbKursbesuche
GROUP BY tbKursbesuche.KID
HAVING (tbKursbesuche.KID)='CE23';
```

Listing 7.5: Einfügen eines Datensatzes mit einem Sub-Select

Die Tabelle ist nicht Bestandteil der Kursdatenbank, sondern dient hier nur als Beispiel. Die Anweisung ermittelt zunächst aus der Tabelle *tbKursbesuche* alle Teilnehmer der verschiedenen Kurse. Dabei wird das Ergebnis nach Kursen gruppiert. Dies geschieht über die Identifikationsnummer der Kurse, die *KID*. Dabei entsteht je Kurs ein Datensatz, der alle Informationen über die Kursbesuche dieses Kurses zusammenfasst. Anschließend wird der Datensatz für den Kurs »CE23« herausgefiltert, so dass letztlich nur ein einziger Datensatz übrig bleibt. Die Werte dieses Datensatzes werden dann paarweise den Feldern der Feldnamenliste zugeordnet. Dabei ist die Reihenfolge entscheidend.

Dem ersten Feld *KID* wird das erste Ergebnis *tbKursbesuche.KID* zugeordnet, also die Identifikationsnummer des Kurses selbst. Dies ist zugleich das Gruppierungsfeld, bei dem alle Kursteilnehmer denselben Wert »CE23« haben. Für die anderen Felder müssen die Werte der Einzeldatensätze der Teilnehmer zu einem Wert für die Gruppe aggregiert werden. Für das Feld *tbKursbesuche.Fehltage* soll die Anzahl der Fehltage aller Kursteilnehmer summiert werden. Daher wird die Aggregatfunktion **SUM()** verwendet. Dem zweiten Feld *sum_fehltage* wird mit **SUM**(*tbKursbesuche.Fehltage*) die Summe der Fehltage aller Teilnehmer des Kurses »CE23« zugeordnet. An dritter Stelle steht das Feld *sum_rabatt*. Diesem Feld wird über den an dritter Stelle des **SELECT** stehenden Ausdruck **SUM**(*tbKursbesuche.Rabatt*) die Summe der Rabatte aller Kursteilnehmer als Wert übertragen. Das vierte Feld *mittel_beitrag* wird mit dem Mittelwert der gezahlten Beiträge aller Kursteilnehmer **AVG**(*tbKursbesuche.GezahlterBetrag*) gefüllt. Schließlich wird noch die Anzahl der Kursteilnehmer mittels **COUNT**(*tbKursbesuche.KBID*) aus der Anzahl verschiedener Werte des Primärschlüssels ermittelt. Der Primärschlüssel stellt immer eine gute Grundlage für die Ermittlung der Datensatzanzahl dar, da sich dessen Werte nicht wiederholen dürfen.

```
INSERT INTO ... SELECT ...;
INSERT INTO tabellenname [(feld1, feld2, ...)]
SELECT Select-Anweisung;
```

Mehrere Datensätze einfügen

Mittels des **SELECT** als Datenquelle kann man die Werte neuer Datensätze aus bereits existierenden Tabellen übernehmen oder berechnen. Erlaubt sind dabei alle **SELECT**-Anweisungen, die die benötigte Anzahl Werte im benötigten Format ohne Primärschlüsselverletzung liefern. Mit anderen Worten, alle Anweisungen, die die Bedingungen eines **INSERT** erfüllen. Interessant ist, dass auf diese Weise mit einer einzigen **INSERT INTO**-Anweisung mehrere Datensätze gleichzeitig eingefügt werden können. Jeder Datensatz, den das **SELECT** liefert wird nämlich nacheinander mittels **INSERT** in die Tabelle eingefügt. Hätte man im obigen Beispiel auf das **HAVING** tbKursbsuche.KID = 'CE23' verzichtet, wäre für alle Kurse ein Datensatz eingefügt worden. Da die Tabelle *tbKursbesuche* die Teilnehmer von vier verschiedenen Kursen enthält, wären vier Gruppendatensätze gebildet und diese vier Datensätze in die Tabelle *tbKurs_Statistik* eingefügt worden.

Die obige **INSERT INTO**-Anweisung ist übrigens das Ergebnis eines mit MS Access generierten SQL-Befehls. Man sieht, dass man die **HAVING**-Klausel besser durch eine **WHERE**-Bedingung ersetzt hätte, um bereits vor dem Gruppieren zu filtern und so die Datenmenge einzuschränken. Das folgende SQL-Beispiel hätte also dasselbe Ergebnis und bei größeren Datenmengen einen geringeren Speicher- und Zeitbedarf.

```sql
INSERT INTO tbKurs_Statistik
   ( KID, sum_fehltage, sum_rabatt, mittel_beitrag,
 Anzahl )
SELECT tbKursbesuche.KID,
   SUM(tbKursbesuche.Fehltage),
   SUM(tbKursbesuche.Rabatt),
   AVG(tbKursbesuche.GezahlterBetrag),
   COUNT(tbKursbesuche.KBID)
FROM tbKursbesuche
WHERE tbKursbesuche.KID='CE23'
GROUP BY tbKursbesuche.KID;
```

Listing 7.6: Einfügen eines Datensatzes mit einer Unterabfrage (SubSelect)

Es gibt immer wieder Beispiele für die Erzeugung neuer Datensätze und sogar ganzer Tabelleninhalte mittels des INSERT INTO ... SELECT ...;. Dabei werden allerdings Informationen kopiert. Dies beinhaltet immer die Gefahr der Redundanz, also der mehrfachen Ablage einer Information. Die Anweisung sollte daher immer sehr bewusst und mit gutem Grund genutzt werden. Dies kann beispielsweise im Fall der Bereitstellung von Informationen als Backup oder für Auswertungen durch Reporting-Werkzeuge sinnvoll sein. Andererseits ist hier gerade bei großen Datenmengen ein spezielles Tool unter Umständen sinnvoller.

Beispiel Archiv

Eine Möglichkeit in Datenbanken alte Zustände zu konservieren, ist die Erzeugung von historischen Datensätzen, bevor die aktuellen Datensätze verändert werden. Sollen beispielsweise Informationen über den Kurs »CE23« archiviert werden, weil der Kurs nach seiner Beendigung irgendwann gelöscht werden soll, können die zu archivierenden Informationen in einer eigenen Tabelle *tbKursarchiv* archiviert werden. In diesem Fall werden alle benötigten – teilweise redundanten – Informationen in jeweils einem Datensatz zusammengefasst.

```sql
INSERT INTO tbKursarchiv (
   KID, Kursthema, Kurskennung, Kursbeginn,
 Kursende, PID,
      Familienname, Vorname, archiviert
)
```

```
SELECT
    tbKurs.KID, tbKursthema.Kursthema,
tbKurs.Kurskennung,
    tbKurs.Kursbeginn, tbKurs.Kursende,
tbPerson.PID,
tbPerson.Familienname, tbPerson.Vorname,
    current_date() AS archiviert
FROM tbPerson
INNER JOIN ((tbKursthema INNER JOIN tbKurs
        ON (tbKursthema.KTHID = tbKurs.KTHID))
    INNER JOIN tbKursbesuche ON
 (tbKurs.KID = tbKursbesuche.KID))
ON (tbPerson.PID = tbKursbesuche.KTID)
WHERE (tbKurs.KID='CE23');
```
Listing 7.7: Einfügen von Archivdatensätzen aus mehreren Tabellen

Die Ergebnisdatensätze sind in Abbildung 7.1 zu sehen. Diese Datensätze werden durch die **INSERT**-Anweisung in der Archivtabelle abgelegt. Die Reihenfolge der Feldnamen in der Zieltabelle stimmt wiederum genau mit der Reihenfolge in der **SELECT**-Anweisung überein. Dies entspricht genau der Übereinstimmung, die auch bei der Angabe der Feldnamen und der zuzuordnende Werte in der Grundform des **INSERT INTO**, wie am Anfang gesehen, entspricht.

Wieder muss bei der INSERT INTO-Anweisung die Liste der Zielfelder stets der Reihenfolge der Werte – egal wie sie ermittelt werden – entsprechen.

KID	KURSTHEMA	KURSKENNUNG	KURSBEGINN	KURSENDE	PID	FAMILIENNAME	VORNAME	ARCHIVIERT
CE23	Access I	Celle23-Access	08/06/2012	08/10/2012	4	Karmann	Thomas	11/30/2011
CE23	Access I	Celle23-Access	08/06/2012	08/10/2012	5	Kloetzer	Karl	11/30/2011
CE23	Access I	Celle23-Access	08/06/2012	08/10/2012	10	Mueller	Claudia	11/30/2011
CE23	Access I	Celle23-Access	08/06/2012	08/10/2012	15	Martens	Melanie	11/30/2011
CE23	Access I	Celle23-Access	08/06/2012	08/10/2012	24	Ruppert	Nicola	11/30/2011
CE23	Access I	Celle23-Access	08/06/2012	08/10/2012	31	Schulze	Tanja	11/30/2011
CE23	Access I	Celle23-Access	08/06/2012	08/10/2012	37	Magerkurth	Melissa	11/30/2011
CE23	Access I	Celle23-Access	08/06/2012	08/10/2012	32	Winter	Petra	11/30/2011

Abbildung 7.1: Ergebnis der Archivierung mittels einer INSERT INTO-Anweisung

7.1.3 INSERT mit SET

SET-Syntax

Eine Alternative zu der **INSERT**-Anweisung mit Feldnamenliste und Werteliste ist die **SET**-Syntax. Dabei werden die einzelnen Felder namentlich erwähnt und ihnen werden wie sonst auch Werte über Ausdrücke zugewiesen. Allerdings erfolgt die Zuordnung von Feldname und Wert nicht über die Reihenfolge in einer Liste sondern über eine ausdrückliche Zuordnung von Feldname und Wert.

```
INSERT INTO tbKurs SET
   KID=894,
   Kurskennung=CONCAT('CE24','-','Access'),
KTHID=3,
   KursdauerStunden=40,
   Kursbeginn=ADDDATE(CURRENT_DATE,14),
   Kursende=ADDDATE(Kursbeginn,4),
   Zertifikat='N',
   Gebuehr=400.00,
   Ustpflichtig='J',
   DID=NULL;
```
Listing 7.8: Einfügen eines Datensatzes mit der SET-Syntax

Diese Schreibweise ähnelt der Syntax wie sie auch bei der Änderung einzelner Werte in Datensätzen (**UPDATE**) verwendet wird. Alle in einem **SET** nicht erwähnten Felder werden mit den Standardwerten (**DEFAULT**) belegt. Alle Felder, die nicht erwähnt sind und für die auch kein **DEFAULT**-Wert vorliegt, werden mit **NULL** belegt. Sind Felder in der Tabellendefinition mit **NOT NULL** definiert, sind **NULL**-Werte also nicht erlaubt, wird die **INSERT**-Anweisung abgewiesen und der komplette Datensatz wird nicht eingefügt.

7.1.4 Besonderheiten des INSERT mit MS Access

Die Oberfläche von MS Access verfügt über spezielle Mechanismen zum Einfügen, Ändern und Löschen von Datensätzen. Die Aktivierung der entsprechenden Mechanismen ist einfach. Man geht dazu zunächst in die Entwurfsansicht einer »normalen« Abfrage. Hier findet man den Menübefehl ABFRAGE. Nach Auswahl dieses Befehls findet man eine Übersicht über die zur Verfügung stehenden Abfragetypen (siehe Abbildung 7.2).

MS Access

Abbildung 7.2: Spezialabfragen in MS Access

Sobald man auf die Anfügeabfrage wechselt, muss die Zieltabelle ausgewählt werden, in der die Daten gespeichert werden sollen (siehe Abbildung 7.3). Diese Tabelle entspricht dem **INSERT INTO**tabellenname.

Damit ist die Zieltabelle des **INSERT INTO** festgelegt. Die Tabelle *tbKurs_Statistik* beinhaltet für jeden Kurs ein Feld *KID* für die Identifikationsnummer, ein Feld *sum_fehltage* für die Anzahl der Fehltage aller Kursteilnehmer, ein Feld *sum_rabatt* für die Summe der Rabatte, ein Feld *mittel_beitrag* für den Mittelwert der Beiträge und ein Feld Anzahl für die Anzahl der Kursteilnehmer.

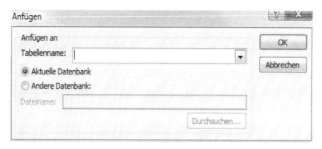

Abbildung 7.3: Zieltabelle einer Anfügeabfrage INSERT INTO)

Jetzt muss die Abfrage so konstruiert werden, dass alle Felder dieser Zieltabelle mit sinnvollen Werten belegt werden können. Als Quelle dieser Werte kommen feste Werte, Funktionen oder andere Tabellen aus der Datenbank in Frage. Beispielhaft soll hier die Tabelle *tbKursbesuche* verwendet werden, der alle Werte entnommen werden können. Dazu wird die Tabelle, wie bei Auswahlabfragen üblich, zunächst in die Abfrage übernommen. Wichtig ist also, dass oben in der Abfrage die Quelle der Informationen steht, das Ziel ist bereits festgelegt worden.

Nachdem die Abfrage als Anfügeabfrage markiert worden ist, wird im unteren Bereich des Abfragefensters zusätzlich eine neue Zeile zur Verfügung gestellt. In der neuen Zeile ANFÜGEN AN können die Namen der Felder in der Tabelle *tbKurs_Statistik* angegeben werden, die gerade als Zieltabelle gewählt worden ist. siehe Abbildung 7.4. Diese Feldnamen stellen das Ziel der **INSERT**-Anweisung dar, hier werden die Informationen gespeichert.

Abbildung 7.4: MS Access-Anfügeabfrage

Die Zeile FELD beinhaltet die Quelle der Werte, also die Werte und Ausdrücke, die in die entsprechenden Felder eingetragen werden sollen.

Die Werte in der oberen Zeile werden also in die Felder der unteren Zeile ANFÜGEN AN geschrieben. Die Zuordnung erfolgt paarweise, oben der Wert, unten der Feldname.

Die einzelnen Felder können durch Aufklappen ausgewählt werden. Jetzt muss noch festgelegt werden, wie die Werte berechnet werden sollen. Dazu wird die bereits bekannte Vorgehensweise für Auswahlabfragen genutzt. In diesem Fall müssen noch die Gruppierungsfunktion eingeschaltet werden und die einzelnen Aggregatfunktionen Summe, Mittelwert und Anzahl für die jeweiligen Felder ausgewählt werden. Diese Beschreibung ist bekannt. Der einzige Unterschied zu Auswahlabfragen besteht darin, dass das Ergebnis nicht am Bildschirm dargestellt, sondern direkt mittels **INSERT** in die Zieltabelle geschrieben wird.

Aus diesen Angaben erzeugt MS Access eine **INSERT**-Anweisung. Dies ist – mit Alias – genau die SQL-Anweisung, die bereits betrachtet wurde, nur ohne **WHERE**- beziehungsweise **HAVING**-Klausel.

```
INSERT INTO tbKurs_Statistik
    ( KID, sum_fehltage, sum_rabatt, mittel_beitrag,
Anzahl )
SELECT
    tbKursbesuche.KID,
    Sum(tbKursbesuche.Fehltage) AS [Summe von
Fehltage],
    Sum(tbKursbesuche.Rabatt) AS [Summe von Rabatt],
    Avg(tbKursbesuche.GezahlterBetrag) AS [Mittelwert
von
        GezahlterBetrag],
    Count(tbKursbesuche.KBID) AS [Anzahl von KBID]
FROM tbKursbesuche
GROUP BY tbKursbesuche.KID;
```
Listing 7.9: INSERT aus MS Access

Mit dem Symbol links oben kann in die Datenblattansicht umgeschaltet werden, und man erhält die vier Datensätze, die eingefügt würden (Abbildung 7.5). Damit kann die Abfrage getestet werden.

KID	Summevon1	Summevon1	Mittelwertv	AnzahlvonK
CE17	0	20	273,33 €	3
CE23	18	400	256,25 €	8
CE24	0	350	180,00 €	5
H90	1	20	100,00 €	2

Abbildung 7.5: Ergebnis des Tests der Anfügeabfrage

Man sieht die automatisch erzeugten Alias als Überschriften der Ergebnisspalten. Mit ABFRAGE/AUSFÜHREN oder dem entsprechenden Symbol (Ausrufezeichen) kann die Anfügeabfrage ausgeführt werden.

Dann wird die **INSERT INTO**-Anweisung ausgeführt. Da dies zu einer realen und nicht automatisch rückgängig zu machenden Änderung der Datenbank führt, muss die Anweisung bestätigt werden.

Nach der Bestätigung kann das Ergebnis in der Tabelle *tbKurs_Statistik* betrachtet werden. Hier sollten genau die vier Datensätze aus Abbildung 7.5 vorhanden sein. Um das obige Beispiel zu vervollständigen, soll jetzt gezielt nur der Kurs »CE23« in die Statistiktabelle eingefügt werden. Dazu müssen zunächst noch einmal die schon vorhandenen Datensätze aus der Tabelle tbKurs_Statistik gelöscht werden. Dann muss die Anfügeabfrage so geändert werden, dass Sie einen Filter auf den Kurs »CE23« setzt (Abbildung 7.6) und kann anschließend noch einmal ausgeführt werden. Dabei sollte jetzt noch eien Abfrage erscheinen, ob ein Datensatz eingefügtwerden soll. Nach der Bestätigung sollte dieser Datensatz mit der KID »CE23« wieder in der Tabelle tbKurs_Statistik enthalten sein.

Feld:	KID	Fehltage	Rabatt	GezahlterBetrag	KBID
Tabelle:	tbKursbesuche	tbKursbesuche	tbKursbesuche	tbKursbesuche	tbKursbesuche
Funktion:	Gruppierung	Summe	Summe	Mittelwert	Anzahl
Sortierung:					
Anzeigen:	✓	✓	✓	✓	✓
Kriterien:	='CE23'				
oder:					

Abbildung 7.6: Anfügeabfrage mit Filter

Entsprechend können alle anderen Funktionen, die von den Auswahlabfragen bekannt sind, hier genutzt werden, um neue Datensätze einzufügen. Wichtig ist nur, dass die Werte zu den Datentypen der Felder der Zieltabelle passen.

Als Werte können natürlich nicht nur Daten aus anderen Tabellen sondern sowohl Literale wie 'CE23' als KID oder '12' als auch Funktionen wie **Jetzt()** verwendet werden. In SQL werden bei MS Access daraus immer eine Feldnamenliste und eine Unterabfrage (**SELECT**), die paarweise die Werte den Feldern zuordnet. Als weiteres Beispiel soll dazu noch eine Einfügeabfrage für die Tabelle *tbKurs* betrachtet werden. (Abbildung 7.7).

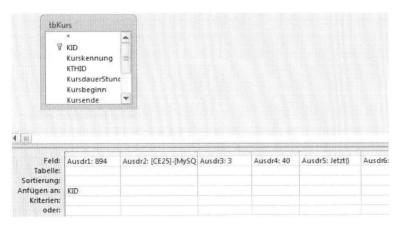

Abbildung 7.7: Einfügeabfrage mit festen Werten und einer Funktion

Daraus wird in SQL

```
INSERT INTO tbKurs (
    KID, Kurskennung, KTHID, KursdauerStunden,
Kursbeginn, Kursende,
    Zertifikat, Gebuehr, Ustpflichtig, DID )
SELECT 894 AS Ausdr1, 'CE25-MySQL' AS Ausdr2,
 3 AS Ausdr3,40 AS Ausdr4, Now() AS Ausdr5,
Ausdr5+18 AS Ausdr6,0 AS Ausdr7,
 400 AS Ausdr8, -1 AS Ausdr9, 812 AS Ausdr10;
```
Listing 7.10: Einfügeabfrage mit Literalen und Funktion

Man sieht, dass MS Access wiederum eine Anweisung mit **SELECT** erzeugt hat, obwohl in der Abfrage auf keine andere Tabelle Bezug genommen wurde. Daher besteht das SELECT aus der einfachen Form ohne FROM-Klausel.

Die Angaben Ausdr1, Ausdr2 und die weiteren Angaben werden von MS Access wieder automatisch als Alias generiert. Sie können verwendet werden, um sich in ihren Wertbestimmungen auf andere Ausdrücke zu beziehen, wie man am Ausdruck

```
Ausdr5+18 AS Ausdr6
```

für das Kursende erkennen kann. Natürlich können die Alias umbenannt und eigene Ausrücke verwendet werden.

Wenn diese Abfrage in MS Access ausgeführt wird, fragt MS Access wiederum in einer Kontrollabfrage, ob der neue Datensatz wirklich eingefügtwerden soll.

Die Abfrage mit dem **SELECT** als Datenquelle sieht relativ kompliziert aus. Viel einfacher könnte MS Access auch mit einer Feldnamenliste und einer Werteliste arbeiten und dann etwa folgende INSERT-Anweisung generieren:

```
INSERT INTO tbKurs (
  KID, Kurskennung, KTHID, KursdauerStunden,
Kursbeginn, Kursende,Zertifikat, Gebuehr,
Ustpflichtig, DID )
VALUES (894,'CE25-MySQL',3,40,Now() AS a, a+18,0,
400,-1,812);
```

Listing 7.11: Alternative vereinfachte Einfügeabfrage

Diese Anweisung erfüllt denselben Zweck und würde normalerweise immer verwendet werden, wenn die Anweisung manuell eingegeben wird. Für eine automatisch generierte Anweisung stellt der zusätzliche »Schreibaufwand« aber kein Hindernis dar. Ein weiterer Vorteil des SELECT ist die größere Allgemeingültigkeit der SELECT-Anweisung als Datenquelle gegenüber der VALUES-Syntax.

> Hinweis:
>
> Wenn man Anfügeabfragen in MS Access erstellt, ist die gesamte Beschreibung der Datenherkunft identisch mit einer normalen Auswahlabfrage. Man kann das Ergebnis in Ruhe testen, indem man in die Datenblattansicht wechselt (Symbol links in Symbolleiste). Was man hier als Ergebnis der Abfrage sieht, wird genau das sein, was die Datenbank bei einer Anfügeabfrage an das INSERT INTO als Daten schickt. Man ändert aber noch nichts in der Datenbank. Stimmt das Ergebnis, führt man die Anfügeabfrage tatsächlich aus (ABFRAGE/AUSFÜHREN).

Übungen

INSERT-Übungen

Erstellen Sie für die folgenden Aufgaben jeweils eine INSERT-Anweisung.

1. Fügen Sie ein neues Kursthema in die Tabelle tbKursthema ein. Das neue Thema soll die KTHID »12« haben, »MySQL« heißen und 40 Stunden umfassen. Voraussetzung ist der Kurs Nummer 2. Die Kursbeschreibung bleibt Ihnen überlassen, die Kursdemo ist unbekannt. (Ü7.1.1)
2. Richten Sie einen neuen Kurs »CE25« zu dem eben angegebenen Thema ein. Der Kurs soll am Montag 27.8.2009 beginnen und bis Freitag gehen. Der Kurs soll 40 Stunden umfassen und mit einem eigenen Zertifikat abschließen. Als Kursleiter soll Peter Weiss aus Hannover eingesetzt werden. Der Kurs ist umsatzsteuerpflichtig und die Gebühr beträgt EUR 400,-. (Ü7.1.2)
3. Zu dem eben eingerichteten Kurs hat sich Ulrich Plate angemeldet. Er erhält die KBID »443«. Er bezahlt selbst per

Überweisung und hat noch nichts eingezahlt. Rabatt und Fehltage sind die Standardwerte. Ein Zeugnis wird nicht erstellt. (Ü7.1.3)

4. Es hat sich noch ein neuer Teilnehmer angemeldet, Frau Martina Kasten aus 30514 Hannover, Am Sägewerk 12. Das Geburtsdatum ist unbekannt. Erstellen Sie alle notwendigen Einträge. Sie hat sich zu denselben Konditionen wie Ulrich Plate angemeldet. (Ü7.1.4)

5. Was bewirkt die folgende SQL-Anweisung theoretisch? Welche Fehler werden wahrscheinlich bei der Ausführung auftreten? (Ü7.1.5)

```
INSERT INTO tbKurs (KID, Kurskennung, KTHID,
KursdauerStunden, Kursbeginn, Kursende,
Zertifikat, Gebuehr, Ustpflichtig, DID )
SELECT KID, Kurskennung, KTHID,
KursdauerStunden,Kursbeginn+7, Kursende+7,
DEFAULT, Gebuehr, Ustpflichtig, NULL
FROM tbKurs;
```

6. Zum 1.1.2009 ist die Person mit der PID 34 zum Dozententeam gestoßen. Er arbeitet selbstständig zum Stundensatz von 15 EUR. Titel und Qualifikation sind nicht bekannt. Fügen Sie ihn mit der DID 835 ein. (Ü7.1.6)

Wenn Sie jetzt den Ausgangszustand wieder herstellen wollen, sollten Sie in Abschnitt 7.3.4 die erste Übung durchführen. Lesen Sie dort auch die vorausgehenden Hinweise zum **DELETE**-Befehl. Sie können aber auch hier weiterarbeiten und die Löschungen vornehmen, wenn Sie in dem Abschnitt angekommen sind.

7.2 Vorhandene Datensätze ändern (UPDATE)

Datensätze können natürlich nicht nur eingefügt werden, sondern vorhandene Datensätze können auch geändert werden. Man stelle sich vor, die Preise von Produkten sollen geändert werden, Menschen wechseln die Wohnung, ziehen um oder heiraten und ändern ihren Namen. In Kursen sind die Zahlungen zu ändern, Fehltage zu erhöhen und Zeugnisse auszustellen. Es gibt also viele gute Gründe Datensätze in der Datenbank zu ändern.

Daher bietet SQL auch eine Anweisung, um Datensätze zu ändern. Diese Anweisung heißt UPDATE.

7.2.1 UPDATE-Anweisungen

Beispiel

Das neue Kursprogramm soll im Kursthema bereits darauf hinweisen, dass es sich um EDV-Kurse handelt, da künftig auch andere Kursarten geplant sind. Um die Datenbankstruktur nicht ändern zu müssen, soll daher allen Kursthemen ein »EDV: « vorangestellt werden. Dies kann mit einem

```
UPDATE tbKursthema SET
kursthema = concat('EDV: ',kursthema);
```

geschehen. Man sieht bereits an der Syntax, dass die Tabelle *tbKursthema* geändert werden soll. Dabei wird die bereits von der **INSERT**-Anweisung bekannte Syntax mit **SET** verwendet. Mit einer **UPDATE**-Anweisung können ein oder mehrere Felder gleichzeitig geändert werden. Es können auch mehrere und sogar alle Datensätze einer Tabelle mit einer einzigen **UPDATE**-Anweisung geändert werden.

Rückgängig machen

Eine **UPDATE**-Anweisung verändert die Datenbank. Dies ist – sofern nicht die in Band 2 beschrieben Transaktionen verwendet werden – unwiderruflich. Das aus Windows gewohnte »Rückgängig« gibt es in SQL nicht. Bevor eine **UPDATE**-Anweisung daher in der Datenbank verwendet wird, sollte man sich angewöhnen, das Ergebnis zuvor so gut wie möglich zu testen. Es sollte immer zunächst eine »normale« **SELECT**-Anweisung verwendet werden, um zu testen, welche Datensätze geändert würden. Die **SELECT**- und die **UPDATE**-Anweisung arbeiten hinsichtlich der betroffenen Datensätze identisch. Bei den mittels **SELECT** ermittelten Datensätzen sollte zumindest der Primärschlüssel, die bisherigen Werte der zu ändernden Felder und die neuen Werte angezeigt werden.

```
SELECT KTHID, kursthema, concat('EDV: ',kursthema)
FROM tbKursthema;
```

Dies ergibt die Datensätze aus Abbildung 7.8.

Nachdem das Ergebnis in Ordnung ist, kann dann die entsprechende **UPDATE**-Anweisung,wie oben beschrieben, formuliert und ausgeführt werden.

Bei jeder **UPDATE**-Anweisung muss der SQL-Interpreter wissen, welche Spalten und welche Zeilen der Tabelle geändert werden sollen. Die Spalten ergeben sich aus den Feldnamen, die in der **SET**-Anweisung aufgeführt werden. Ohne weitere Angaben bezieht sich die Änderung auf die gesamte Tabelle, was in den wenigsten Fällen gewünscht ist.

KTHID	kursthema	concat('EDV: ',kursthema)
1	Einstieg mit Windows	EDV: Einstieg mit Windows
2	Windows für Fortgeschrittene	EDV: Windows für Fortgeschrittene
3	Ordnung im Dateisystem	EDV: Ordnung im Dateisystem
4	Word I	EDV: Word I
5	Access I	EDV: Access I
6	Excel I	EDV: Excel I
7	Access II	EDV: Access II
8	Datenbankentwurf	EDV: Datenbankentwurf
9	VBA-Datenbankprogrammierung	EDV: VBA-Datenbankprogrammierung
10	Word II	EDV: Word II
11	Excel II	EDV: Excel II

Abbildung 7.8: Ergebnis des SELECT in Vorbereitung auf die UPDATE-Anweisung

Eine **UPDATE**-Anweisung ohne **WHERE**-Klausel ändert alle Datensätze in der Tabelle. Daher muss jede **UPDATE**-Anweisung vor ihrer Ausführung immer sorgfältig getestet werden. Mit Einschränkung durch die bereits bekannte **WHERE**-Klausel ergibt sich dann die Syntax der **UPDATE**-Anweisung

```
UPDATE tabellenname
SET feldname1=ausdruck1 [{, feldname = ausdruck}]
[WHERE bedingungsliste];
```

UPDATE-Syntax

Jetzt sollen alle Kurse, die sich auf »Access« beziehen den Zusatz »Datenbank: « erhalten. Außerdem sollen alle Kursdauern dieser Kurse um 50% erhöht werden.

Beispiel

Zunächst wird mit einer **SELECT**-Anweisung getestet.

```
SELECT
   KTHID,
   Kursthema,
   CONCAT('Datenbank: ',SUBSTRING(Kursthema,6)),
DauerPlan,
ROUND(DauerPlan * 1.5,0)
FROM tbKursthema
WHERE Kursthema LIKE '%Access%';
```
Listing 7.12: Testweise Auswahl aller Kurse zum Thema Access (MySQL)

Neu ist in der Anweisung die **WHERE**-Klausel, die dafür sorgt, dass der **UPDATE** auf die Datensätze beschränkt wird, die »Access« in der Kursbeschreibung enthalten. Im Ergebnis erhalten wir zwei Zeilen mit den gewünschten Ergebnissen. Danach wird diese **SELECT**-Anweisung mit wenigen Änderungen in eine **UPDATE**-Anweisung umgewandelt.

```
UPDATE tbKursthema SET
Kursthema = CONCAT('Datenbank:
',SUBSTRING(Kursthema,6)),
DauerPlan = ROUND(DauerPlan * 1.5,0)
WHERE Kursthema LIKE '*Access*';
```
Listing 7.13: Die Anweisung als UPDATE-Anweisung (MySQL)

Das Ergebnis ist eine geänderte Tabelle tbKursthema, in der die beiden Datenbankkurse jetzt einen entsprechenden Zusatz erhalten haben, wie in Abbildung 7.9 zu sehen.

KTHID	Kursthema	Kursbeschreibung	Kursdemo	DauerPlan	Voraussetzung
1	EDV: Einstieg mit Windows	Windows bietet die Grundlage für alle mode...		20	NULL
2	EDV: Windows für Fortge...	Der Kurs wendet sich an PC-Benutzer, die s...		20	1
3	EDV: Ordnung im Dateisy...	Wie schaffe ich Ordnung auf dem PC? Wie...		8	2
4	EDV: Word I	Einstieg in die Textverarbeitung mit Word. G...		40	2
5	Datenbank: Access I	Einstieg in das Datenbankmanagmentsyste...		60	2
6	EDV: Excel I	Einstieg in die Tabellenkalkulation mit Excel...		40	2
7	Datenbank: Access II	Vertiefung der Arbeit mit MS Access. Kompl...		60	5
8	EDV: Datenbankentwurf	Entwurf relationaler Datenbanken und Ums...		80	7
9	EDV: VBA-Datenbankpro...	Programmierung von Anwendungen auf der...		80	7
10	EDV: Word II	Vertiefung des Umgangs mit Word. Mehrsp...		40	4
11	EDV: Excel II	Vertiefung des Umgangs mit Excel, Funktio...		40	6

Abbildung 7.9: Gezieltes Update auf zwei Datensätze mit WHERE-Klausel

Die **UPDATE**-Anweisung besitzt eine Reihe von Erweiterungen. So kann mit **LOW PRIORITY** die Ausführung des UPDATE bei hoher Belastung der Datenbank verzögert werden. Ein UPDATE erfordert Sperren in der Datenbank, die dann andere Benutzer unter Umständen behindern. Ist die unmittelbare Ausführung nicht notwendig, kann dies daher sinnvoll sein. Mehr dazu in Band 2. Zu Testzwecken kann auch die Anzahl der zu ändernden Datensätze beschränkt werden.

```
UPDATE [LOW PRIORITY] tabellenname
SET feldname = ausdruck1 [{, feldname = ausdruck}]
[WHERE bedingungsliste]
[LIMIT anzahl];
```

Weitere Zusätze sind für die einzelnen Datenbanken verfügbar.

7.2.2 Besonderheiten des UPDATE bei MS Access

MS Access bietet auch für die Erstellung von **UPDATE**-Anweisungen eine eigene Möglichkeit im Rahmen der grafischen Benutzeroberfläche. Dazu wird wiederum zunächst eine neue Abfrage geöffnet und im Entwurfsmodus über ABFRAGE/AKTUALISIERUNGSABFRAGE auf die sogenannte Aktualisierungsabfrage umgeschaltet.

Wie gewohnt kann jetzt die Datenquelle für die Abfrage gewählt werden. Neu ist allerdings, dass Datenquellen zugleich das Ziel der Änderung, also des Updates bilden können. Dazu wird wiederum im unteren Teil des Entwurfsfensters eine neue Zeile AKTUALISIEREN eingeblendet.

Jetzt ist jede Spalte so zu lesen, dass der Feldname in der Zeile FELD das Ziel der Aktualisierung angibt, während der in derselben Spalte unter AKTUALISIEREN stehende Ausdruck den Wert bestimmt, der in dem Feld gespeichert werden soll. Abbildung 7.10 zeigt eine solche Situation, bei der das Feld Kursthema aktualisiert wird. Es können weitere Felder in die Abfrage aufgenommen werden, die als Filter oder für andere Zwecke dienen. Auch zu aktualisierende Felder können ein weiteres Mal aufgenommen werden.

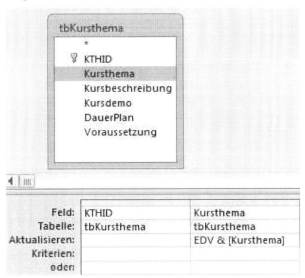

Abbildung 7.10: Aktualisieren des Kursthemas

MS Access generiert aus diesen Angaben eine SQL-Anweisung, die wie in Listing 7.14 aussieht.

```
UPDATE tbKursthema
SET tbKursthema.Kursthema = "EDV:" & [Kursthema];
```

Listing 7.14: UPDATE-Anweisung in MS Access

Das &-Zeichen repräsentiert hier die Funktion CONCAT, wie sie andere Datenbanksysteme verwenden würden. Durch Umschalten auf die Datenansicht kann die Abfrage getestet werden. Allerdings können damit nur die ausgewählten Datensätze überprüft werden, nicht aber die Funktionsfähigkeit der Ausdrücke für die Aktualisierung. Ist man hier unsicher, muss zunächst eine Auswahlabfrage erstellt und die Ausdrücke in der obersten Zeile FELD als berechnete Felder getestet werden. Die Ausdrücke können identisch verwendet werden. Dies ist zwar etwas umständlich, schützt aber vor unliebsamen Überraschungen.

Sobald man die Aktualisierungsabfrage tatsächlich ausführt – entweder mit ABFRAGE/AUSFÜHREN oder mit dem entsprechenden nebenstehenden Symbol – wird die Änderung tatsächlich vorgenommen. Zur Sicherheit erscheint noch eine Kontrollabfrage (Abbildung 7.11), die noch einmal zumindest eine Plausibilitätsprüfung der Anzahl Datensätze erlaubt. Gerade wenn man gezielt einzelne Datensätze ändern will und dann hier eine unerwartet große Zahl sieht, wird deutlich, dass man die Kriterien für die **WHERE**-Bedingung vergessen hat.

Wenn man diese Abfrage bestätigt, sind die Änderungen unwiederbringlich durchgeführt.

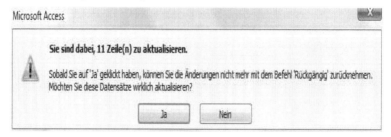

Abbildung 7.11: Kontrollabfrage Aktualisierung: Sind wirklich so viele Datensätze betroffen?

7.2.3 Zusammenfassung

Mit der SQL-Anweisung **UPDATE** können einzelne oder Gruppen von Datensätzen bis hin zu ganzen Tabelleninhalten geändert werden. Die Syntax der **UPDATE**-Anweisung ist im Allgemeinen

```
UPDATE-Syntax
UPDATE tabellenname
SET feldname1 = ausdruck [{, feldname = ausdruck}]
[WHERE bedingungsliste];
```

Bevor eine **UPDATE**-Anweisung an den SQL-Interpreter gesendet wird, sollten sie als einfache Auswahlabfrage mit **SELECT** getestet werden. Die funktionsfähige Abfrage kann dann in eine **UPDATE**-Anweisung umgebaut werden. Wichtig ist in jeder **UPDATE**-Anweisung die Verwendung der **WHERE**-Klausel zu überprüfen. Ohne **WHERE**-Klausel werden alle Datensätze der Tabelle geändert.

Update-Übungen

Erstellen Sie für die folgenden Aufgaben jeweils eine **UPDATE**-Anweisung.

Hinweis: Nutzen Sie in der Datenbank gegebenenfalls eine Kopie der Tabellen, damit Sie die ursprünglichen Tabellen nicht zerstören. In MS Access können Sie die Tabellen dafür im Datenbankfenster kopieren, in den anderen Systemen können Sie die ursprünglichen Tabellen neu laden (siehe Kapitel 3).

1. Die Familiennamen »Weiss« sind irrtümlich alle ohne ß eingefügt worden und sollen in »Weiß« umbenannt worden. Ändern Sie alle betroffenen Datensätze. Hinweis: Sie können die Änderung mit einem SELECT überprüfen. (Ü7.2.1)
2. Machen Sie die eben gemachten Änderungen mit einer neuen UPDATE-Anweisung wieder rückgängig. (Ü7.2.2)
3. Erhöhen Sie den Stundensatz aller Dozenten, die EUR 15,- oder weniger verdienen um 10%. (Ü7.2.3)
4. Machen Sie die eben gemachten Änderungen mit einer neuen UPDATE-Anweisung wieder rückgängig. (Ü7.2.4)

7.3 Datensätze löschen (DELETE)

7.3.1 DELETE-Grundlagen

Die dritte Möglichkeit den Inhalt von Tabellen zu ändern, besteht im Löschen von Datensätzen. Gelöscht werden wie beim Einfügen grundsätzlich komplette Datensätze. Sollen einzelne Felder »gelöscht« werden, kann dies über das Ändern auf einen NULL-Wert geschehen.

In Kapitel 7.1 wurde mit der folgenden SQL-Anweisung ein neuer Datensatz in die Personentabelle eingefügt.

Beispiel

```
INSERT INTO tbPerson(
   PID, Familienname, Vorname, PLZ, Ort, Strasse,
 Geburtsdatum)
VALUES(
   '51','Gerhardt',NULL,'29221',DEFAULT,
'Zöllnerstraße 12','1955-02-24'
);
```

Diese Zeile soll jetzt wieder gelöscht werden. Jede DELETE-Anweisung sollte zunächst als normale SELECT-Anweisung getestet werden, da ein »Rückgängig« nicht möglich ist.

Um gezielt einen einzelnen Datensatz auszuwählen, der gelöscht werden soll, ist eine WHERE-Klausel auf den Primärschlüssel sinnvoll. Mit dieser

Anweisung kann getestet werden, ob es sich um den gewünschten Datensatz handelt:

```
SELECT *
FROM tbPerson
WHERE PID=51;
```

Jetzt wird die **SELECT**-Anweisung dann auf die gewünschte **DELETE**-Anweisung umgestellt:

```
DELETE
FROM tbPerson
WHERE PID=51;
```

Man sieht, dass der Aufwand wie auch die Fehleranfälligkeit sich dabei in Grenzen hält.

DELETE-Syntax

Die allgemeine Syntax für die DELETE-Anweisung lautet

```
DELETE
FROM tabellenname
[WHERE bedingungsliste];
```

Die Bedingungsliste mit der **WHERE**-Klausel entspricht der Syntax der **SELECT**-Anweisung. Damit kann gezielt ein Datensatz für eine **DELETE**-Anweisung ausgewählt werden, aber natürlich auch Bedingungen angegeben werden, die dazu führen, dass viele Datensätze gelöscht werden. Alle nach Auswertung der **WHERE**-Klausel übrig bleibenden Datensätze werden aus der Tabelle gelöscht.

Weiteres Beispiel

Angenommen, es sollen alle Kursteilnehmer des Kurses »CE24« aus der Tabelle der Kursteilnehmer *tbKursbesuche* gelöscht werden. Dann lautet die Syntax

```
DELETE
FROM tbKursbesuche
WHERE KID = 'CE24';
```

Es werden alle Datensätze gelöscht, die die WHERE-Klausel erfüllen.

7.3.2 Alle Datensätze löschen(TRUNCATE)

Löschen aller Datensätze

Über die WHERE-Klausel wird gesteuert, welche Datensätze gelöscht werden. Es werden immer alle Datensätze gelöscht, die die angegebene WHERE-Klausel erfüllen. Das bedeutet in der Konsequenz auch, dass bei fehlender WHERE-Klausel – wenn diese beispielsweise einfach vergessen wird – alle Datensätze aus einer Tabelle gelöscht werden:

```
DELETE
FROM tbKursbesuche;
```

Diese einfache Anweisung hat also unter Umständen die fatale Folge, dass alle Datensätze verschwunden sind. Nach einem Test kann die Tabelle wie in Kapitel 3 beschrieben anschließend durch einen Import wieder hergestellt – beziehungsweise auf eine Kopie der MS Access-Datenbank Kurse zurückgriffen werden.

Es wird allerdings nicht die Tabelle selbst gelöscht. dazu gibt es die DROP-Anweisung, die nicht nur die Datensätze einer Tabelle sondern auch deren Struktur löscht.

Im Normalfall sollen aber mit einer DELETE-Anweisung nicht alle Datensätze und erst recht nicht die Tabellenstruktur gelöscht werden.

TRUNCATE

Wenn allerdings wirklich alle Datensätze einer Tabelle gelöscht werdenwollen, so kann dies prinzipiell mit einem DELETE ohne WHERE-Klausel erreicht werden. Von einigen Datenbanken wird als Alternative zum Löschen aller Datensätze einer Tabelle die TRUNCATE-Anweisung angeboten. Auch TRUNCATE löscht nicht die Tabellenstruktur selbst, sondern »nur« alle Datensätze in der Tabelle. Die TRUNCATE-Anweisung ist allerdings beim Löschen zumeist deutlich performanter als eine DELETE-Anweisung für die gesamte Tabelle.

Wenn alle Datensätze in einer Tabelle gelöscht werden sollen, kann die DELETE-Anweisung sehr zeitaufwendig sein, da die Datensätze alle einzeln gelöscht werden. Eine Alternative stellt hier die TRUNCATE-Anweisung dar, die alle Datensätze ohne aufwendige Protokollierung »am Stück« löscht.

```
TRUNCATE FROM tabellenname;
```

Viele Datenbanken – so auch MySQL und Oracle unterstützen diese Anweisung, MS Access hält sich hier leider zurück.

7.3.3 Besonderheiten des DELETE bei MS Access

MS Access

MS Access bietet in der grafischen Oberfläche eine Möglichkeit auch Löschabfragen zu stellen. Das Vorgehen entspricht weitgehend dem beim INSERT und UPDATE beschriebenen Verfahren. Man sollte allerdings hier noch einmal besondere Vorsicht walten lassen. Am besten man legt zunächst eine »normale« SELECT-Abfrage – in MS Access Auswahlabfrage genannt – an. Mit dieser Abfrage kann man testen, ob mit den Kriterien wirklich die gewünschten Datensätze ermitteln können, die mit einer Löschabfrage entfernt werden sollen.

Wenn man beispielsweise aller Teilnehmer des Kurses »CE24« löschen will, wählt man nur das Feld *KID* aus der Tabelle *tbKursbesuche* aus. Als Kriterium tragen Sie ="CE24" ein. Diese Abfrage kann man jetzt wie gewohnt ausführen und erhält die gewünschten fünf Datensätze. Bei Bedarf kann man weitere Attribute hinzunehmen. Dies ist besonders sinnvoll während der Testphase, wenn man prüfen will, ob man wirklich die gewünschten Datensätze erhält. Für die eigentliche Löschabfrage benötigen Sie nur die Felder, die Teil der **WHERE**-Klausel werden sollen.

Man kann jetzt einfach über den Menüpunkt ABFRAGE/LÖSCHABFRAGE auf eine Löschabfrage umschalten. MS Access generiert dann daraus eine DELETE-Anweisung:

```
DELETE tbKursbesuche.KID
FROM tbKursbesuche
WHERE (tbKursbesuche.KID="CE24");
```

Man sieht, dass MS Access die ausgewählten Felder zusätzlich in die **DELETE**-Anweisung aufnimmt. Das ist zwar nicht notwendig und eigentlich auch nicht vorgesehen, funktioniert aber. Wenn man die Abfrage dann ausführt, werden die fünf Datensätze, die bereits mit der Auswahlabfrage ermittelt wurden, nach einer Sicherheitsabfrage tatsächlich gelöscht. Die MS Access-Löschabfrage ist also die grafische Umsetzung der **DELETE**-Anweisung.

Übungen zur DELETE-Anweisung

Übungen
Erstellen Sie für die folgenden Aufgaben jeweils eine **DELETE**-Anweisung.

Hinweis: Nutzen Sie in der Datenbank gegebenenfalls eine Kopie der Tabellen, damit Sie die ursprünglichen Tabellen nicht zerstören. In MS Access können Sie die Tabellen dafür im Datenbankfenster kopieren, in den anderen Systemen können Sie die ursprünglichen Tabellen neu laden (siehe Kapitel 3).

1. Löschen Sie alle Datensätze, die in den Übungen des Abschnitts »INSERT-Übungen« eingefügt wurden. (Ü7.3.1)
2. Es sollen alle Kursteilnehmer aus der Tabelle tbKursbesuche entfernt werden, die einen oder mehr Fehltage haben. (Ü7.3.2)
3. Es sollen alle Kursteilnehmer aus der Tabelle tbKursbesuche entfernt werden, die mit einem Gutschein bezahlen. (Ü7.3.3)
4. Löschen Sie alle Kursthemen aus der Tabelle tbKursthema, bei denen aus der Kursbeschreibung zu entnehmen ist, dass der Kurs

etwas mit Programmen oder Programmierung zu tun hat. (Ü7.3.4)
5. Löschen Sie alle Dozenten aus der Tabelle tbDozent, die entweder selbstständig sind oder als Titel »Meister« tragen. (Ü7.3.5)

8 Unterabfragen in der DML

In Kapitel 6 sind Unterabfragen im Zusammenhang mit der SELECT-Anweisung besprochen worden. Unterabfragen können aber auch im Zusammenhang mit der Erstellung von Tabellen (CREATE) sowie mit der Änderung von Daten in den Tabellen (INSERT, UPDATE, DELETE) genutzt werden.

Sie werden in diesem Zusammenhang ebenfalls stets als SELECT-Anweisung formuliert, die dann als Unterabfrage beispielsweise für ein INSERT oder UPDATE die relevanten Daten oder bereitstellt.

8.1 UPDATE mit Unterabfragen

Die Änderung von Daten mittels der UPDATE-Anweisung lässt sich ebenfalls mit Unterabfragen sehr flexibel gestalten.

Beispiel

Es soll dazu zunächst allen Dozenten, deren Stundensatz bisher geringer als der Durchschnitt war, ein Stundensatz bezahlt werden, der genau dem Durchschnitt entspricht. Um dabei nicht die Originaldaten zu zerstören, wird zunächst eine neue Tabelle angelegt. Dies geschieht mit einem CREATE TABLE mit Unterabfrage (näheres im Band 2)

```
CREATE TABLE gehaltsanpassung AS22
(SELECT * FROM tbDozent);
```
Listing 8.1: Erstellen einer Arbeitstabelle

In MS Access (und wahlweise openBase) kann eine solche Tabelle stattdessen auch über die Standarddatenbankoberfläche kopiert werden.

Jetzt soll der durchschnittliche Stundensatz ermittelt und dann in den Datensätzen als neuer Stundensatz verwendet werden, die bisher einen niedrigeren Stundensatz aufweisen. Dazu wird in der WHERE-Klausel mit einer Unterabfrage der durchschnittliche Stundensatz ermittelt und darauf basierend die Datensätze ausgewählt, die geändert werden müssen. Dann wird in der SET-Klausel wiederum mit einer (in diesem Fall identischen) Unterabfrage der zu verwendende Stundensatz ermittelt und dem Feld Stundensatz in den ausgewählten Datensätzen zugewiesen.

```
UPDATE gehaltsanpassung g
SET g.Stundensatz =
  (SELECT AVG(d1.Stundensatz) FROM tbDozent d1)
WHERE g.Stundensatz <
  (SELECT AVG(d2.Stundensatz) FROM tbDozent d2);
```
Listing 8.2: Änderung des Stundensatz auf den Durchschnittsstundensatz

Das Ergebnis in der Tabelle *gehaltsanpassung* ist in Abbildung 8.1 in Ausschnitten dargestellt.

DID	PID	Beschaeftigung...	Stundensatz
812	1	2003-07-01	17
815	17	2002-01-01	15
821	6	2005-09-15	14.8
833	26	2003-08-01	14.8
834	2	2001-01-01	15

Abbildung 8.1: Tabelle gehaltsanpassung nach dem UPDATE

In dem Beispiel wurde in den Unterabfragen jeweils die Tabelle *tbDozent* statt der Tabelle *gehaltsanpassung* verwendet. Das hatte nicht nur den Sinn, die Abfrage wiederholt durchführen zu können, da die Basisdaten durch die Abfrage nicht verändert werden, sondern auch den einfachen Grund, dass nur wenige Datenbanksysteme – wie beispielsweise Oracle – die Verwendung derselben Tabelle in einer Unterabfrage einer UPDATE-Anweisung erlauben. Hätte sich also die Unterabfrage in der FROM-Klausel wieder auf die Tabelle *gehaltsanpassung* bezogen, hätte die Abfrage in vielen Fällen schlicht nicht funktioniert, in anderen Fällen hätte sie zu immer neuen veränderten Werten geführt.

Übungen zu UPDATE TABLE mit Unterabfragen **Übungen**

Erstellen Sie für die folgenden Aufgaben jeweils eine SELECT-Anweisung.

1. Die Gebühren für die teuren Kurse sollen gesenkt werden. Ermitteln Sie zunächst die durchschnittliche Kursgebühr, um sich ein Bild zu machen, welche Kurse betroffen sind. (Ü8.1.1)
2. Ermitteln Sie jetzt die ID und die Gebühr aller Kurse sowie die DID des Dozenten, deren Kursgebühr über der durchschnittlichen Kursgebühr liegt. (Ü8.1.2)
3. Erhöhen Sie jetzt den Stundensatz aller Dozenten um 10%, die in mindestens einem Kurs unterrichten, dessen Gebühr über dem Durchschnitt aller Kurse liegt. (Ü8.1.3)
4. Senken Sie jetzt die Preise aller Kurse, deren Preis über dem Durchschnitt aller Kurse liegt um 10%. (Ü8.1.4)

8.2 INSERT mit Unterabfragen

Die INSERT-Anweisung erlaubt das Einfügen von Datensätzen in bestehende Tabellen. Wiederum können dabei neben der direkten Angabe von Werten diese Werte auch mittels einer Unterabfrage gewonnen und dann in die Tabelle eingefügt werden.

Direkte Werteingabe

In Kapitel 7 ist die Syntax der INSERT-Anweisung als (optionale) Liste von Feldnamen und den Feldern zugeordneten Werten beschrieben, wobei die sich entsprechende Reihenfolge der Felder und Werte entscheidend ist.

```
INSERT INTO tabellenname [(feldname1, feldname2, ...)]
VALUES (wert1, wert2, ...);
```

Die Werte werden dabei in die Felder der angegebenen Tabelle eingetragen. Werden die Feldnamen nicht angegeben, werden die Werte in der Reihenfolge der Definition in der CREATE TABLE-Anweisung eingetragen.

Beispiel

Bei Verwendung einer Unterabfrage kann diese genutzt werden, um die einzufügenden Werte bereitzustellen. Entsprechend tritt die Unterabfrage an die Stelle der VALUES-Klausel. Die Anweisung in Listing 8.3 fügt einen neuen Datensatz in die Tabelle tbKursbesuche ein. Dafür wird der Datensatz mit der PID »1« aus der Tabelle *tbPerson* ausgewählt. Die entsprechende Person wird in einen neuen Kurs »Cexx« eingetragen. Die Fehltage werden auf »0« gesetzt. Es gibt kein Zeugnis, dafür wird auch Gebühr verlangt.

```
INSERT INTO tbKursbesuche
(SELECT p.PID +
1000,p.PID,'CExx',0,'N','N','Gutschein',0,0
FROM tbPerson p
    WHERE p.PID = '1'
);
```

Listing 8.3: Einfügen eines Kursbesuches mit einer Unterabfrage

Nach erfolgreicher Eingabe existiert ein neuer Datensatz mit der KBID »1001«. Sie können den Datensatz leicht in der Tabelle kontrollieren.

Jetzt soll das Beispiel erweitert werden und alle Personen diesem neuen Kurs »Cexx« zugewiesen werden, die bisher noch keinen Kurs besucht haben. Dazu wird zunächst der ursprüngliche Zustand wiederhergestellt und der eben eingefügte Datensatz gelöscht. Die KBID kann direkt angesprochen werden. Es reicht ein einfaches

```
DELETE FROM tbKursbesuche WHERE KBID = 1001;
```

Jetzt soll die neue INSERT-Anweisung erstellt werden. Statt einen Datensatz mit der festen PID=1 auszuwählen, wird wiederum eine Unterabfrage in die Unterabfrage geschachtelt, die mittels des EXISTS-Operators ermittelt, welche Personen noch keinen Eintrag in der Tabelle tbKursbesuche besitzen. Diese werden ermittelt und in identischer Form wie oben in die Tabelle eingetragen, siehe Listing 8.4.

```
INSERT INTO tbKursbesuche
```

```
    (SELECT
p.PID+1000,p.PID,'CExx',0,'N','N',
'Gutschein',0,0
FROM tbPerson p
    WHERE NOT EXISTS
        (SELECT *
         FROM tbKursbesuche k2
         WHERE p.PID = k2.KTID
)
    );
```

Listing 8.4: Alle Personen, die noch keinen Kurs besuchen, werden für CExx eingetragen

Das Ergebnis der Abfrage lässt sich dann in der Tabelle tbKursbesuche überprüfen. Eine **SELECT**-Anweisung sollte in etwa das Ergebnis in Abbildung 10.4 liefern. Man sieht die »1000er«-PID-Datensätze, die sich jetzt alle auf den Kurs »CExx« beziehen.

KBID	KTID	KID	Fehltage	Zeugnis	Selbstzahler	Zahlweise	Rabatt	GezahlterBetrag
310	25	CE17	0	J	J	Überweisung	20	260
312	4	CE24	0	N	N	Gutschein	100	250
314	4	CE17	0	J	N	Gutschein	0	280
315	5	CE17	0	J	N	Gutschein	0	280
354	34	H90	1	N	J	Überweisung	20	80
361	9	H90	0	N	N	Gutschein	0	120
412	4	CE23	2	N	N	Gutschein	0	350
413	5	CE23	0	N	J	Überweisung	100	50
415	15	CE23	5	N	J	Bar	100	250
416	10	CE23	0	N	N	Gutschein	0	350
418	31	CE23	1	N	N	Gutschein	0	350
419	32	CE23	0	N	J	Überweisung	50	300
420	24	CE23	2	N	J	Bar	0	350
421	37	CE23	8	N	J	Überweisung	150	50
423	10	CE24	0	N	J	Bar	100	0
432	15	CE24	0	N	J	Bar	100	0
438	11	CE24	0	N	N	Gutschein	0	350
442	23	CE24	0	N	J	Überweisung	50	300
1001	1	CExx	0	N	N	Gutschein	0	0
1002	2	CExx	0	N	N	Gutschein	0	0
1006	6	CExx	0	N	N	Gutschein	0	0
1007	7	CExx	0	N	N	Gutschein	0	0
1008	8	CExx	0	N	N	Gutschein	0	0
1017	17	CExx	0	N	N	Gutschein	0	0
1026	26	CExx	0	N	N	Gutschein	0	0

Abbildung 8.2: Tabelle tbKundenbesuche nach erfolgreichem INSERT

Je nach Datenbanksystem sind hier unterschiedlich komplexe Ausdrücke, beispielsweise auch Aggregatfunktionen möglich. Die prinzipielle Syntax beim Einsatz einer Unterabfrage bleibt aber gleich:

Syntax

```
INSERT INTO tabellenname [(feldname1, feldname2, ...)]
(SELECT ...);
```

Für weitere – auch komplexere – Beispiele sei an dieser Stelle auf das Kapitel 7 verwiesen, wo im Zusammenhang mit der INSERT-Anweisung bereits auf Unterabfragen in der INSERT-Anweisung eingegangen wurde, weil diese gerade im Zusammenhang mit dem Einfügen von Werten eine zentrale Rolle spielen.

Firebird und MS Access erlauben keine Klammern um die SELECT-Anweisung. Lassen Sie einfach die Klammern weg, dann funktioniert die Unterabfrage wie im Standard.

Übungen

Übungen zu INSERT TABLE mit Unterabfragen

Erstellen Sie für die folgenden Aufgaben jeweils eine SELECT-Anweisung.

1. Ulrich Plate (siehe Tabelle tbPerson) soll als Dozent in die Tabelle tbDozent aufgenommen werden. Seine DID wird 835. Er wird zum 1.1.2009 aufgenommen. Sein Stundensatz ist 15,- EUR. Er ist selbstständig, Titel und Qualifikationen sind noch nicht bekannt. Nutzen Sie bei der Erstellung die Tabelle tbPerson, um die PID zu ermitteln. (Ü8.2.1)
2. Melissa Magerkurth soll ebenfalls als Dozent aufgenommen werden. Sie wird mit dem aktuellen Tag aufgenommen. Ihre DID wird 836. Ihr Stundensatz ist der durchschnittliche Stundensatz aller anderen Dozenten. Sie ist bei der Dreher KG als Leiterin der Buchhaltung (Titel) tätig. Die Qualifikationen sind Windows und Buchhaltung. (Ü8.2.2)

8.3 DELETE mit Unterabfragen

Auch die DELETE-Anweisung lässt sich mit einer Unterabfrage kombinieren. Die grundsätzliche Syntax ist bekannt:

```
DELETE
FROM tabellenname
[WHERE bedingungsliste];
```

Hier bietet sich für die Unterabfrage wiederum die WHERE-Klausel an, die dazu dient, die zu löschenden Datensätze zu identifizieren.

Beispiel

Es wird mittels MySQL mit folgendem Beispiel eine neue Tabelle erstellt

```
CREATE TABLE tbce23
   (SELECTp.Familienname,p.Vorname,kb.KID,
kb.Fehltage,kb.Zeugnis
   FROM tbKursbesuche kb INNER JOIN tbPerson p
      ON (p.PID = kb.KTID)
   WHERE KID = 'CE23');
```
Listing 8.5: Erstellen einer neuen Tabelle für den Kurs »CE23«

Es sollen alle Kursteilnehmer des Kurses »CE23« gelöscht werden, die bereits 50% oder mehr Fehltage der Kursdauer haben. Dazu wird die Tabelle *tbce23* verwendet, weil dies den Vorteil hat, dass keine Daten aus den Originaltabellen gelöscht werden. Zunächst soll die Unterabfrage mit einer einfachen SELECT-Anweisung getestet werden. Dazu wird bei den Kursen von täglich 8 Stunden ausgegangen. Entsprechend wird die Kursdauer in Stunden durch acht geteilt. Dies ergibt die Anzahl der Kurstage. Durch Multiplikation mit 0.5 wird dann die Hälfte der Kurstage ermittelt und mit der Anzahl der Fehltage verglichen, siehe Listing 10.8.

```
SELECT *
FROM tbce23
WHERE fehltage >=
   (SELECT (kursdauerStunden/8)*0.5
    FROM tbKurs k
    WHERE k.KID = 'CE23');
```
Listing 8.6: Alle Teilnehmer des Kurses »CE23« mit mindestens 50% Fehlzeit

Das Ergebnis sind die zwei Kursteilnehmer aus Abbildung 8.3.

Familienname	Vorname	KID	Fehltage	Zeugnis
Martens	Melanie	CE23	5	N
Magerkurth	Melissa	CE23	8	N

Abbildung 8.3: Teilnehmer mit mindestens 50% Fehlzeit

Das sind die beiden Teilnehmer, die jetzt mit einer Löschabfrage gelöscht werden sollen. Dazu wird einfach diese Abfrage als Unterabfrage in die **WHERE**-Klausel der **DELETE**-Anweisung eingebaut.

```
DELETE FROM tbce23
WHERE fehltage >=
   (SELECT (kursdauerStunden/8)*0.5
    FROM tbKurs k
    WHERE k.KID = 'CE23'
);
```
Listing 8.7: Löschen aller Kursteilnehmer des Kurses »CE23« mit mindestens 50% Fehlzeit

Nach Ausführung der Anweisung sollten die beiden Zeilen in der Tabelle *tbce23* gelöscht worden sein.

Um jetzt ein wenig aufzuräumen und die restliche Tabelle auch noch komplett mit Struktur zu löschen, kann dies mit einem DROP erreicht werden (näheres in Band 2):

```
DROP TABLE tbce23;
```

Abschließend soll noch einmal die Syntax für die **DELETE**-Anweisung mit Unterabfrage zusammengefasst werden.

```
DELETE
FROM tabellenname
[WHERE (SELECT-Anweisung)];
```

9 Mengenoperationen

9.1 Überblick

Alle Ergebnisse von SELECT-Anweisungen sind Mengen. Das gilt für die Hauptabfragen eines einfachen SELECT genauso wie für Unterabfragen in zusammengesetzten Abfragen. Mengen werden in der Mathematik in der Mengenlehre beschreiben. Auf Mengen sind dort typische Mengenoperationen beschrieben. Genau diese Mengenoperationen sind auch in SQL definiert.

Operation	Grafik	SQL-Operator
Vereinigungsmenge $A \cup B$	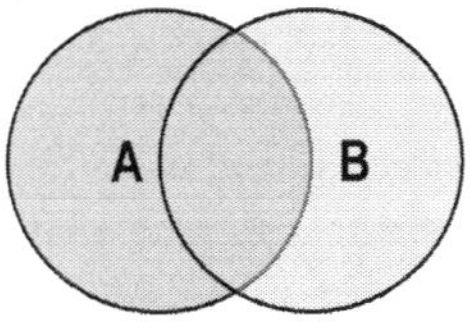	UNION
Schnittmenge $A \cap B$	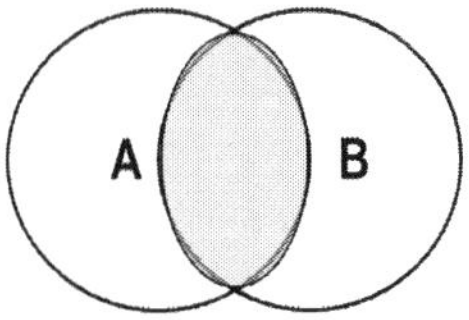	INTERSECT
Differenzmenge $A \setminus B$	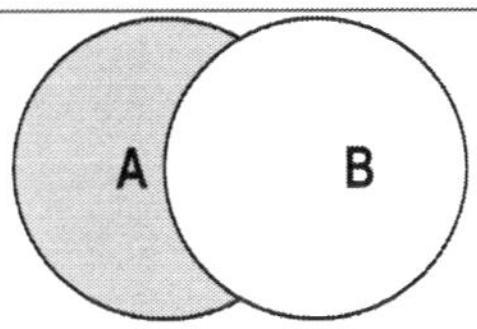	EXCEPT/MINUS

Abbildung 9.1: Mengenoperationen in SQL

Abbildung 9.1 zeigt die drei Grundoperationen UNION, INTERSECT und EXCEPT/MINUS, was der Bildung der Vereinigungsmenge, der Schnittmenge und der Differenzmenge entspricht. In SQL bedeutet das, dass Mengen von Datensätzen, die normalerweise mit SELECT-Abfragen gewonnen werden, anschließend miteinander vereinigt, geschnitten oder voneinander abgezogen werden.

Es geht also um die Kombination der Ergebnisse verschiedener SELECT-Anweisungen, nachdem diese ausgeführt worden sind. Diese Kombination erfolgt stets in horizontaler Richtung, also als Kombination kompletter Datensätze. Mit UNION, INTERSECT oder EXCEPT/MINUS werden keine neuen Datensätze aus vorhandenen Datensätzen kombiniert, sondern bereits vorhandene Datensätze werden verwendet.

Man stellt sich einfach vor, dass jede SELECT-Anweisung eine Liste von Datensätzen erzeugt. Diese Listen werden jetzt beispielsweise untereinander geschrieben (UNION). Die Listen können auch miteinander verglichen werden und nur die Datensätze, die in allen Listen vorhanden sind, werden verwendet (INTERSECT). Schließlich können aus einer Liste auch diejenigen Datensätze gestrichen werden, die in einer anderen Liste vorhanden sind (EXCEPT/MINUS).

Gleichartige Datensätze

Voraussetzung für eine Kombination der Datensätze in dieser Form ist jeweils, dass die Datensätze einen identischen Aufbau haben. Listen in denen schon die Spalten unterschiedlich sind, lassen sich schwer miteinander vergleichen.

Im Normalfall werden die Datensatzmengen in den Listen jeweils durch eine SELECT-Anweisung erzeugt, sodass darauf zu achten ist, dass die SELECT-Anweisungen Datensätze desselben Formats liefern: also eine gleiche Anzahl Datenfelder mit einer gleichen Reihenfolge in Datentyp und Bedeutung, nicht aber unbedingt gleicher Herkunft. Die Daten können aus unterschiedlichen Tabellen oder sogar unterschiedlichen Datenbankschemata stammen.

9.2 Die Vereinigungsmenge (UNION)

UNION

Mit der SQL-Anweisung UNION werden die Ergebnismengen zweier SELECT-Anweisungen miteinander verbunden oder einfacher ausgedrückt »ohne Duplikate« untereinander geschrieben.

Beispiel

Der Kursbetreiber und der Büroartikelhändler wollen ihren Kundenstamm gegenüberstellen. Dabei soll zunächst eine Liste aller bekannten Personen der beiden Firmen erstellt werden. Dies bedeutet, dass die Daten aus der Tabelle *tbPerson* des Schemas *kurse* und aus der Tabelle *kunden* des Schemas *artikel* zusammen dargestellt werden. Man könnte jetzt versuchen, mittels eines INSERT die eine Tabelle in die andere Tabelle zu übertragen. Das kann aber zu mindestens drei Problemen führen

- Die Daten sind strukturell unterschiedlich, da die Felder nicht gleich sind.
- Die Primärschlüssel sind doppelt.
- Die Firmen möchten überhaupt nicht, dass die Daten übertragen werden.

Daher wäre es schöner, die Daten gemeinsam darzustellen und dabei die Felder zu verwenden, die sich entsprechen. So könnte mittels der UNION-Anweisung eine gemeinsame »Kundenliste« erstellt werden.

```sql
SELECT p.Familienname, p.Vorname, p.Geburtsdatum,
'Kurse'
FROM kurse.tbPerson p
UNION
    SELECT k.Nachname, k.Vorname, CURRENT_DATE,
'Artikel'
    FROM artikel.kunden k
ORDER BY 1;
```
Listing 9.1: Vereinigung der Personen aus zwei Datenbankschemata

Mit der **UNION**-Anweisung werden hier die Kunden und Personennamen aus zwei vollkommen unterschiedlichen Datenbankschemata zusammengeführt. Daher werden die beiden Tabellen auch mit den Schemanamen *kurse* beziehungsweise *artikel* qualifiziert. Das funktioniert nur, wenn man mit einem Benutzer angemeldet ist, der die Berechtigungen für beide Schemata besitzt. In MySQL, SQL Server und PostgreSQL ist das der Standardbenutzer für *kurse*, in Oracle SYSTEM. Die anderen Systeme erlauben in der hier verwendeten Oberfläche jeweils nur den Zugriff auf ein Schema. Um das Beispiel nachzustellen müsste man also beispielsweise jeweils die Tabelle *kunden* zusätzlich in das Schema *kurse* importieren.

Beispielhaft ist hier nicht die Spalte *geburtsdatum* aus der Artikeldatenbank verwendet worden, was inhaltlich sinnvoll gewesen wäre. Die Spalte ist mit **CURRENT_DATE** belegt worden, um zu zeigen, wie man mit einer Spalte umgehen würde, die in einer der beteiligten **SELECT**-Anweisungen »fehlt«, wenn man das entsprechende Feld aus der anderen **SELECT**-Anweisung gern hätte. Grundsätzlich besteht immer die Möglichkeit, »fehlende« Spalten durch entsprechende Literale oder Funktionen in einer **SELECT**-Anweisung zu ergänzen. So lassen sich Lücken in der Struktur ausgleichen. Auch ein Casting (siehe Kapitel 5), um den Datentyp in einer **SELECT**-Anweisung an die andere anzupassen, kann hilfreich sein. In jedem Fall müssen alle beteiligten **SELECT**-Anweisungen strukturgleiche Datensätze liefern.

Fehlende Spalten

Die letzte Spalte ist mit den Literalen 'Artikel' beziehungsweise 'Kurse' belegt worden, um besser zu verdeutlichen, welcher Datensatz aus welchem Schema stammt.

Das Ergebnis der Anweisung ist in Abbildung 9.2 als Ausschnitt zu sehen.

Die Ergebnismenge ist hier zusätzlich sortiert worden, indem am Ende der Anweisung ein ORDER BY eingefügt wurde. Die Sortierung muss am Ende geschehen, da erst jetzt die gesamte Ergebnismenge bekannt ist.

Familienname	Vorname	Geburtsdatum	Kurse
Ammermann	Udo	2011-11-29	Artikel
Bauer	Tatjana	2011-11-29	Artikel
Behn	Heinrich	2011-11-29	Artikel
Behrens	Cornelia	2011-11-29	Artikel
Bit	Hans-Joachim	2011-11-29	Artikel
Bothe	Frieda	2011-11-29	Artikel
Brase	Jan	2011-11-29	Artikel
Bucco	Arnold	2011-11-29	Artikel
Bucz	Susanne	1976-04-06	Kurse
Bühren	Tamara	2011-11-29	Artikel
Bühring	Uwe	2011-11-29	Artikel
Büttner	Detlef	2011-11-29	Artikel
Böger	Werner	2011-11-29	Artikel
Cromberg	Jörg	1991-06-07	Kurse
Dreyer	Manfred	2011-11-29	Artikel
Dricksen	Anja	2011-11-29	Artikel
Eggers	Harald	2011-11-29	Artikel
Elsner	Rudolf	2011-11-29	Artikel
Falk	Hermann	2011-11-29	Artikel
Franck	Bruno	2011-11-29	Artikel
Förster	Iris	2011-11-29	Artikel
Förster	Ernst-Jürgen	2011-11-29	Artikel
Gertendorf	Rainer	2011-11-29	Artikel
Grambow	Siegfried	2011-11-29	Artikel
Guhr	Bernd	2011-11-29	Artikel
Havenstein	Katrin	2011-11-29	Artikel

Abbildung 9.2: Ergebnis der UNION-Anweisung

In einer UNION-Anweisung sollte nach Möglichkeit mit der Spaltennummer (gezählt in der Reihenfolge der Spalten ab 1) sortiert werden, da die Spalten in den verschiedenen **SELECT**-Anweisungen meistens unterschiedliche Feldnamen besitzen.

UNION   Das Beispiel soll jetzt verallgemeinert werden. Die komplette Syntax für die **UNION**-Anweisung lautet:

```
SELECT (...)
UNION [ALL|DISTINCT]
SELECT (...)
{UNION [ALL|DISTINCT]
SELECT (...)
[ORDER BY Spaltennummer [, Spaltennummer]]};
```

Es können also mehrere **UNION**-Anweisungen kombiniert werden. Mit der zusätzlichen Angabe **ALL** oder **DISTINCT** kann entschieden werden, ob doppelte Datensätze angezeigt werden sollen oder nicht. Dazu noch einmal ein Beispiel, das außerdem eine Sortierung beinhaltet. »Petra Winter« ist sowohl Kundin in der Artikeldatenbank als auch Kursteilnehmerin und somit in der Tabelle *tbPerson* enthalten. Daher liefert

```
SELECT p.Familienname, p.Vorname, p.Geburtsdatum,
'Kurse'
  FROM kurse.tbPerson p
  WHERE p.Familienname LIKE 'W%'
UNION ALL
SELECT k.Nachname, k.Vorname, CURRENT_DATE, 'Artikel'
  FROM artikel.kunden k
  WHERE k.nachname LIKE 'W%'
ORDER BY 1;
```
Listing 9.2: Alle Personen aus beiden Datenbanken, die mit »W« beginnen

zwei Datensätze für »Petra Winter«. Die Einschränkung auf alle Personen, die mit W beginnen ist übrigens nur der Übersichtlichkeit wegen erfolgt, bereits das Listing 9.1 erzeugt die doppelten Datensätze. Abbildung 0.3 zeigt das Ergebnis der neuen **UNION**-Anweisung.

Familienname	Vorname	Geburtsdatum	Kurse
Weiss	Karin	1962-10-05	Kurse
Weiss	Peter	1963-11-07	Kurse
Weiss	Peter	1974-03-02	Kurse
Wieckenberg	Peter	2011-11-29	Artikel
Winter	Petra	1989-12-30	Kurse
Winter	Petra	2011-11-29	Artikel

Abbildung 9.3: Vereinigungsmenge mit Duplikaten

Jetzt sind die beiden Datensätze für »Petra Winter« aus Sicht des SQL-Interpreters noch keine doppelten Datensätze, da nur der Name und der Vorname gleich sind, die beiden anderen Spalten aber unterschiedliche Werte beinhalten. Reduziert man die Abfrage auf die beiden Namensfelder sieht man den Unterschied.

```
SELECT p.Familienname, p.Vorname
     FROM kurse.tbPerson p
     WHERE p.Familienname LIKE 'W%'
UNION ALL
   SELECT k.Nachname, k.Vorname
     FROM artikel.kunden k
     WHERE k.nachname LIKE 'W%'
ORDER BY 1;
Listing 11.3: UNION mit doppelten Datensätzen
```

```
SELECT p.Familienname, p.Vorname
    FROM kurse.tbPerson p
    WHERE p.Familienname LIKE 'W%'
UNION DISTINCT
   SELECT k.Nachname, k.Vorname
       FROM artikel.kunden k
       WHERE k.nachname LIKE 'W%'
ORDER BY 1;
```
Listing 11.4: UNION ohne doppelte Datensätze

Es ergibt sich die Liste in Abbildung 11.4. Die Ergebnisse der beiden Abfragen sind in Abbildung 11.4 und Abbildung 11.5 dargestellt. Man sieht dabei auch, dass sich das **DISTINCT** auch auf Duplikate aus einem einzelnen **SELECT** bezieht, denn während das Duplikat »Petra Winter« aus der **UNION** der beiden Schemata entstanden ist, war »Peter Weiss« schon innerhalb der Kursdatenbank ein »Duplikat«.

FAMILIENNAME	VORNAME
Weiss	Peter
Weiss	Karin
Weiss	Peter
Wieckenberg	Peter
Winter	Petra
Winter	Petra

6 rows returned in 0,00 seconds   CSV Export

Abbildung 9.4: Vereinigungsmenge mit Duplikaten (UNION ALL)

FAMILIENNAME	VORNAME
Weiss	Karin
Weiss	Peter
Wieckenberg	Peter
Winter	Petra

4 rows returned in 0,00 seconds   CSV Export

Abbildung 9.5: Vereinigungsmenge ohne Duplikate (UNION DISTINCT)

Standard: DISTINCT — Wird weder **ALL** noch **DISTINCT** angegeben, gilt in den meisten Systemen der Standardwert **DISTINCT**. In Oracle, SQL Server wie in MS Access darf das Schlüsselwort **DISTINCT** überhaupt nicht verwendet werden, der **UNION**-Operator ist ohne zusätzliche Angabe von **ALL** automatisch **DISTINCT**. **UNION** ist in den meisten Datenbanksystemen realisiert, im Gegensatz zu den jetzt zu besprechenden Operatoren

INTERSECT und EXCEPT/MINUS, die von den hier besprochenen Systemen in der Oberfläche zurzeit überhaupt nur Oracle, der SQL Server und PostgreSQL bereitstellt.

9.3 Die Schnittmenge (INTERSECT)

Ähnlich wie bei der Erstellung der Vereinigungsmenge zweier SELECT-Anweisungen kann mit der Anweisung INTERSECT die Schnittmenge zweier SELECT-Anweisungen ermittelt werden.

Sollen die gemeinsamen Kunden des Büroartikelversands und des Kursanbieters ermittelt werden, so kann dies in Oracle mit der folgenden SQL-Anweisung geschehen:

Beispiel

```
SELECT p.Familienname, p.Vorname, p.geburtsdatum
   FROM kurse.tbPerson p
INTERSECT
   SELECT k.nachname, k.Vorname, k.geburtsdatum
      FROM artikel.kunden k
ORDER BY 1;
```
Listing 9.5: Gemeinsame Kunden in beiden Schemata

Unsere Tests mit den beiden UNION-Anweisungen haben bereits gezeigt, dass nur Petra Winter in beiden Datenbeständen enthalten ist. Daher ist es nicht überraschend, wenn man das Ergebnis in Abbildung 11.6 erhält.

Familienname	Vorname	geburtsdatum
Winter	Petra	1989-12-30

Abbildung 9.6: Schnittmenge der beiden Kundentabellen

Die Syntax der INTERSECT-Anweisung ist derjenigen der UNION-Anweisung sehr ähnlich. Das Schlüsselwort INTERSECT wird zwischen zwei SELECT-Anweisungen gesetzt. Dieses Konstrukt kann beliebig oft wiederholt werden.

```
SELECT (...)
INTERSECT [ALL]
SELECT (...)
{INTERSECT [ALL]
SELECT (...)
[ORDER BY Spaltennummer [ , Spaltennummer]]};
```

Das Schlüsselwort INTERSECT wird nicht von allen Datenbanksystemen unterstützt. Oracle (und das hier nicht besprochene DB2) kennen aber INTERSECT. Werden INTERSECT und UNION-Anweisungen kombiniert, werden zunächst die INTERSECT-Anweisungen ausgeführt.

Es gibt auch die **INTERSECT ALL**-Anweisung, die Duplikate in der Ergebnismenge zulässt.

Beispiel:

```
WEISS
WINTER
WINTER
INTERSECT ALL
WINTER
WINTER
```

liefert

```
WINTER
WINTER
```

im Gegensatz zu einem einfachen **WINTER** bei einem **INTERSECT** ohne **ALL**.

9.4 Die Differenzmenge (MINUS/EXCEPT)

Die dritte Mengenoperation ist die Bildung der Differenzmenge. Die Differenzmenge ist nicht symmetrisch. Es werden vielmehr die Datensätze der ersten Menge (erste **SELECT**-Anweisung) ermittelt und von diesen werden die Datensätze der zweiten Menge (zweite **SELECT**-Anweisung) »abgezogen«.

Beispiel Sie wollen nur die Kursteilnehmer ermitteln, die nicht Kunden des Büroartikelversands sind:

```
SELECT p.Familienname, p.Vorname, p.geburtsdatum
   FROM kurse.tbPerson p
MINUS
   SELECT k.nachname, k.vorname, k.geburtsdatum
FROM artikel.kunden k;
```

Listing 11.6: Personen aus der Kursdatenbank, die keine Kunden der BüroFix sind

Dies ergibt folgerichtig die Datensätze in Abbildung 11.7.

Familienname	Vorname	geburtsdatum
Weiss	Peter	1963-11-07
Bucz	Susanne	1976-04-06
Karmann	Thomas	1954-08-04
Klötzer	Karl	1971-03-13
Weiss	Karin	1962-10-05
Weiss	Peter	1974-03-02
Meier	Kathrin	1981-05-03
Schmidt	Karl	1949-06-25
Müller	Claudia	NULL
Lisewski	Bernd	1960-06-06
Peredy	Helmut	1956-02-23
Schlachter	Dieter	1961-02-02
Martens	Melanie	1911-02-17
Ruppert	Nicola	1962-02-25
Sander	NULL	1953-02-05
Cromberg	Jörg	1991-06-07
Schulze	Tanja	1992-11-09
Magerkurth	Melissa	1951-09-04
Plate	Ulrich	1986-12-02
Klever	Klaus	1981-04-02

Abbildung 9.7: Alle Kursteilnehmer, die nicht Kunden der BüroFix sind.

Die Syntax (für Oracle) lautet

```
SELECT (...)
MINUS
SELECT(...)
{MINUS
SELECT(...)]
[ORDER BY Spaltennummer [, Spaltennummer]]};
```

SQL sieht im Original das Schlüsselwort EXCEPT statt MINUS vor. EXCEPT wird vom SQL Server, von PostgreSQL und beispielsweise von DB2 unterstützt. Dort gibt es auch ein EXCEPT ALL, das im Sinne einer echten Subtraktion funktioniert. Liefert die erste Abfrage beispielsweise zwei identische Datensätze und die zweite Abfrage einen weiteren identischen Datensatz, würde bei einem EXCEPT ALL ein Datensatz übrig bleiben.

WINTER

WINTER

EXCEPT ALL

WINTER

ergibt somit

WINTER

9.5 Besonderheiten der Datenbanksysteme

MySQL — MySQL bietet nur den Operator **UNION** mit den Zusätzen **DISTINCT** und **ALL** an. Als Standard wird **DISTINCT** verwendet. **INTERSECT** wie auch **EXCEPT/MINUS** sind in der aktuellen Version noch nicht verfügbar. Durch Qualifizierung mit dem Schemanamen, also kurse.tbPerson.PID statt nur tbPerson.PID sind Auswertungen über verschiedene Schemata möglich.

MS Access — In MS Access steht ebenfalls nur der Operator **UNION** beziehungsweise **UNION ALL** zur Verfügung. Die Eingabe muss direkt als Eingabe in das SQL-Fenster der Abfrage erfolgen. Die grafische Benutzeroberfläche bietet hier keine besondere Unterstützung an. MS Access kennt immer nur ein Schema, so dass eine Auswertung über Schemata hinweg so nicht möglich ist.

Oracle — Oracle kennt alle drei Operatoren **UNION**, **INTERSECT** und **MINUS** (also nicht **EXCEPT**). **UNION** entspricht **UNION DISTINCT**, wobei es das Schlüsselwort **DISTINCT** nicht gibt. Zusätzlich steht **UNION ALL** zur Verfügung. Wenn man in Oracle über mehrere Schemata hinweg auswerten will, muss man die entsprechenden Rechte haben. Hier kann man sich als SYSTEM anmelden, muss dann aber immer mit dem Schemanamen qualifizieren, also *kurse.tbPerson.PID* statt nur *tbPerson.PID*.

SQL Server — Der SQL Server kennt alle drei Operatoren **UNION**, **INTERSECT** und **EXCEPT**. **UNION** entspricht **UNION DISTINCT**, wobei es das Schlüsselwort **DISTINCT** nicht gibt. Zusätzlich steht **UNION ALL** zur Verfügung. Die Implementierung entspricht also weitgehend dem Standard.

PostgreSQL — PostgreSQL kennt ebenfalls alle drei Operatoren **UNION**, **INTERSECT** und **EXCEPT**. **UNION** entspricht **UNION DISTINCT**, wobei es das Schlüsselwort **DISTINCT** nicht gibt. Zusätzlich steht **UNION ALL** zur Verfügung. Auch bei **INTERSECT** und **EXCEPT** steht das Schlüsselwort **ALL** zusätzlich zur Verfügung. **DISTINCT** ist Standard, wenn nichts anderes angegeben wird, darf aber nicht als Schlüsselwort verwendet werden. Die Implementierung entspricht also ebenfalls weitgehend dem Standard.

Firebird — In Firebird steht ebenfalls nur der Operator **UNION** beziehungsweise **UNION ALL** zur Verfügung. Die Eingabe muss direkt als Eingabe in das

SQL-Fenster der Abfrage erfolgen. Firebird kennt zwar verschiedene Schemata, die hier verwendete Oberfläche lässt aber keine Auswertung über Schemata hinweg zu.

openBase kennt alle drei Operatoren, also **UNION**, **INTERSECT** und **EXCEPT**. Problematisch ist nur deren Verwendung im Abfragefenster. Eigentlich handelt es sich bei den mit UNION oder einem der anderen Operatoren zusammengesetzten SELECT-Anweisungen ebenfalls um Abfragen, wie sie im Abfragefenster abgearbeitet werden können. Diese Anweisungen liefern schließlich auch ein Ergebnis in Form einer Menge von Datensätzen. Das sieht openBase aber keineswegs genauso, die Abfragen im Abfragefenster funktionieren in der Regel nicht. Bei Problemen gibt es eine andere Möglichkeit. Man gibt die SQL-Anweisung im Fenster EXTRAS/SQL ein. Hier werden alle drei Operatoren ausgeführt. Das Problem ist jetzt allerdings, dass in diesem Fenster keine Ergebnisse angezeigt werden. Daher muss ein **CREATE VIEW** angefügt werden, also beispielsweise wie in Listing 9.7.

openBase

```
CREATE VIEW "keineDozenten" AS
(SELECT p."PID", p.Geburtsdatum", 'Person'
 FROM "tbPerson" p
   UNION
SELECT d."PID", CURRENT_DATE, 'Dozent'
FROM "tbDozent" d);
```
Listing 9.7: Erzeugung einer VIEW mit einem UNION-Operator

Danach müssen in der Ansicht die Tabellen diese aktualisiert werden.. Das Ergebnis kann man sich dann wiederum im Abfragefenster mit einem einfachen

```
SELECT * FROM "keineDozenten";
```
ansehen.

openBase kennt immer nur ein Schema, so dass eine Abfrage über Schemata hinweg so nicht möglich ist.

9.6 Zusammenfassung

Mit den Mengenoperationen können Ergebnisse verschiedener SELECT-Anweisungen miteinander in Beziehung gesetzt werden. Sie können in beliebiger Menge miteinander kombiniert werden. Die Unterstützung ist in den meisten Datenbanksystemen eher spärlich. Dies entspricht auch der Bedeutung in der Praxis, die eher gering ist.

Die Reihenfolge der Abarbeitung der **UNION-**, **INTERSECT-** und **MINUS-**Anweisungen richtet sich im Normalfall nach der angegebenen Reihenfolge von links nach rechts beziehungsweise oben nach unten.

Es gibt allerdings Optimierungen, die versuchen zunächst kleinere Mengen zu ermitteln und zu verarbeiten. Daher hat dann **INTERSECT** Vorrang vor den beiden anderen Anweisungen. Auch wird oft ein **UNION DISTINCT** mit Vorrang vor einem **UNION ALL** behandelt.

Die Reihenfolge der Abarbeitung lässt sich außerdem natürlich durch Klammern beeinflussen.

Übungen

Erstellen Sie für die folgenden Aufgaben jeweils eine SQL-Anweisung.

1. Ermitteln Sie die Personen-ID und das Geburtsdatum aller Personen aus der Kursdatenbank und verbinden Sie diese mit den Dozenten mit deren Personen-ID. Fügen Sie statt des Geburtsdatums das aktuelle Datum ein. Markieren Sie mit einer zusätzlichen Spalte die Herkunft der Datensätze als »Person« beziehungsweise »Dozent«. Es sollen nur unterschiedliche Datensätze angezeigt werden. (Ü9.6.1)
2. Ermitteln Sie alle Postleitzahlen und Orte, aus denen die Personen der Kursdatenbank oder die Kunden der Artikeldatenbank stammen. Fügen Sie zunächst als zusätzliche Spalte eine Markierung hinzu, aus der Sie erkennen können, ob ein Datensatz aus der Kursdatenbank oder der Artikeldatenbank stammt. Sortieren Sie Ihr Ergebnis nach Postleitzahlen und innerhalb der Postleitzahlen nach der Herkunftsdatenbank. Lassen Sie Duplikate zu. (Ü9.6.2)
3. Entfernen Sie aus der Abfrage in Ü9.6.2 die Markierung der Herkunftsdatenbank und erstellen Sie eine Abfrage ohne Duplikate. (Ü9.6.3)
4. Ermitteln Sie die Personen-ID aus den Tabellen tbPerson und tbDozent, die in beiden Tabellen enthalten sind. (Ü9.6.4)
5. Ermitteln Sie die Personen-ID aus den Tabellen tbPerson und tbDozent, die nur in der Tabelle tbPerson enthalten sind. (Ü9.6.5)

Index

%	130
||	135
ABSOLUTE	129
ALL	46, 165
alphanumerisch	101, 118
ANSI	8
ANY	165
ASC	49
ASCII	135
Attribut siehe Datenfeld	20
AUTOWERT	148
AVG	154
Bedingung	58
BETWEEN	59
Beziehung	7, 21, 22
BIGINT	102, 108
BIT	102, 115
BLOB	102, 115
BOOLEAN	102
CamelCase	19
CAST	146
CEILING	129
CHAR	136
CHARACTER	101
CHARACTER VARYING	101
CLOB	102
CONCATENATE	135
CONVERT	147
CORR	155, 156
COUNT	89, 153
COVAR_SAMP	155, 156
COVAR_POP	155, 156
CURRENCY	111
CURRENT_DATE	140
CURRENT_TIME	140
CURRENT_TIMESTAMP	140
Data Dictionary	13
DATE	102, 114, 115
Datenbankschema	18
Datenfeld	19
Datensatz	20
Datentyp	20, 100
alphanumerisch	118
Datum/Uhrzeit	118
numerisch	118
DATETIME	114
Datum/Uhrzeit	118
Datum/Zeit	102
DCL	9
DDL	9
DECIMAL	102, 111
DEFAULT	179
DELETE	197
DESC	49
DISTINCT	46
DML	9, 15
DOUBLE	102, 111
EXCEPT	217
EXISTS	170
EXP	129
EXTRACT	140
Feld siehe Datenfeld	19
FIRST	154
FLOAT	102, 111
FLOOR	129
Fremdschlüssel	23
GREATEST	130
GROUP BY	86
HAVING	96
IF	149
IN	59, 168
INSERT	178
INT	108
INTEGER	102, 108
INTERSECT	215
INTERVAL DAY	102
INTERVAL HOUR	102
Intervall	102
IS	58
JOIN	62
alte Syntax	66
CONDITION JOIN	72
CROSS JOIN	80
INNER JOIN	64
NATURAL JOIN	73
NON-EQUI-JOIN	74
OUTER JOIN	76
Self Join	66

LAST	154	Schlüssel	siehe
LEAST	129	Primärschlüssel	21
LENGTH	136	SELECT	37
LIKE	59	SET	*Siehe* INSERT
Literal	118	SIGN	130
LN	129	SINGLE	111
LOG	129	SMALLINT	102, 108
LOWER	136	Speicherverwaltung	14
LTRIM	136	SQL	
MAX	154	DCL	9
MEDIUMINT	108	DDL	9
MIN	154	Definition	5
MINUS	217	DML	9, 15
MOD	130	Geschichte	7
NULL	116	Grundstruktur	17
NUMERIC	102, 111	SQRT	130
numerisch	102, 118	Standardisierung	8
Oberfläche	10	*STDDEV_POP*	154
Prinzip	10	*STDDEV_SAMP*	154
OLE	115	*SUB-Query*	158
ORDER BY	47	*SUB-SELECT*	158
Parser	13	*SUBSTRING*	136
PI	130	*SUM*	154
Platzhalter	40	Tabelle	19
POSITION	136	Name	19
POWER	129	test	5
Präfix	19	TIME	102, 114, 115
Primärschlüssel	21	TIMESTAMP	102
künstliche	22	TINYINT	108
mehrere	23	Transaktionsmanager	14
sprechend	22	*TRIM*	136
Primary key siehe		TRUNCATE	130
Primärschlüssel	21	Tupel siehe Datensatz	20
Programmierschnittstelle	13	UNION	210
Qualifizierung	41	*Unterabfrage*	158
RANDOM	130	korrelierte	171
REAL	102, 111	*Unterabfragen*	
Recoverymanager	14	synchronisierte	172
Reguläre Ausdrücke	59	UPDATE	192
Relation	7	*UPPER*	136
REPLACE	136	*VAR_POP*	154
ROUND	130	*VAR_SAMP*	154
RTRIM	136	WHERE	52
Rückgabewert	122		